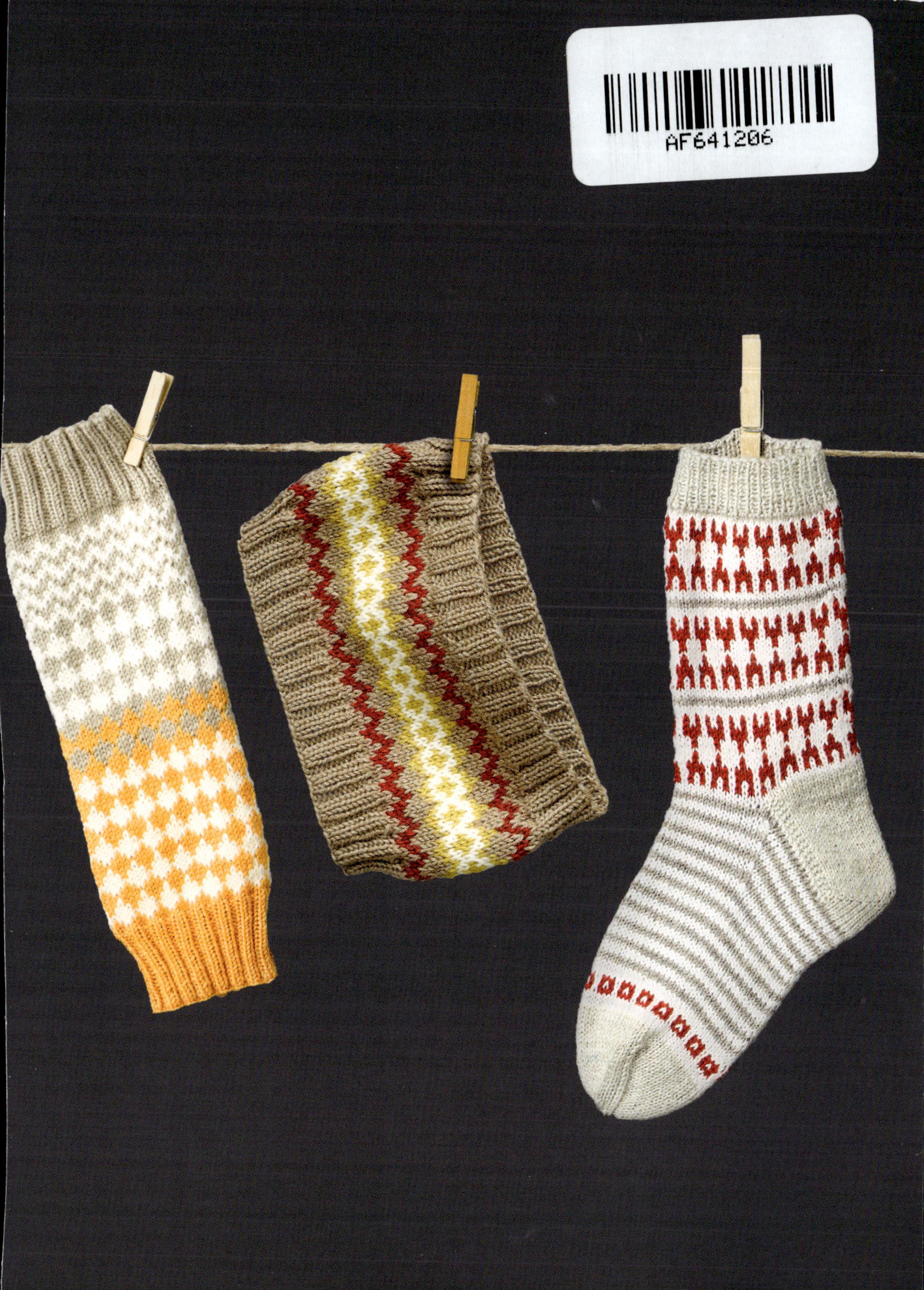

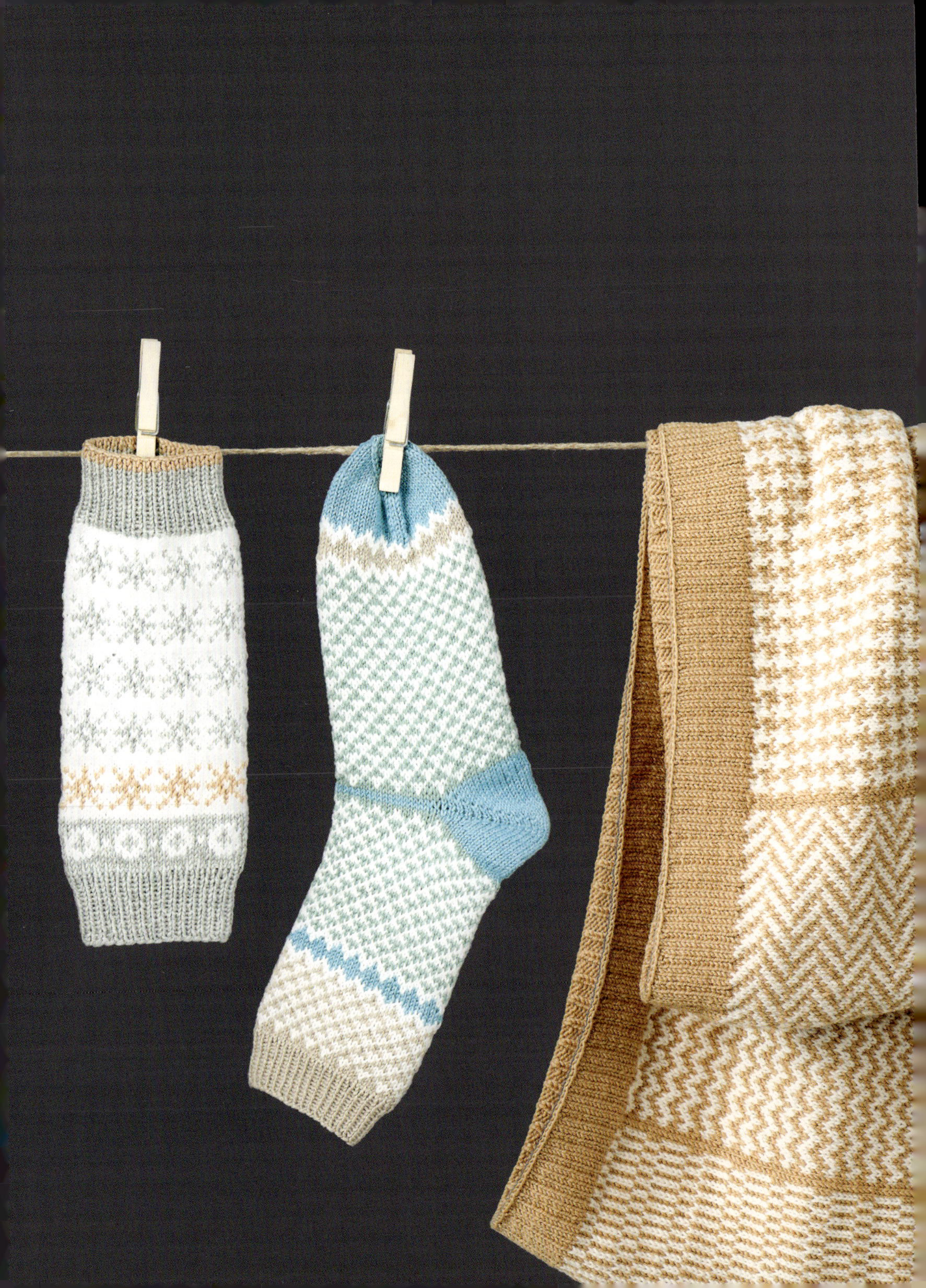

KERSTIN BALKE

SOXX LOOK

by Stine & Stitch

Mustersocken UND ACCESSOIRES stricken

Make every day a Soxx day

I love people who make me Soxx

Make Soxx simple but significant

When in doubt wear Soxx!

Wear Soxx that matter

Soxx are always a good idea

Grundanleitung

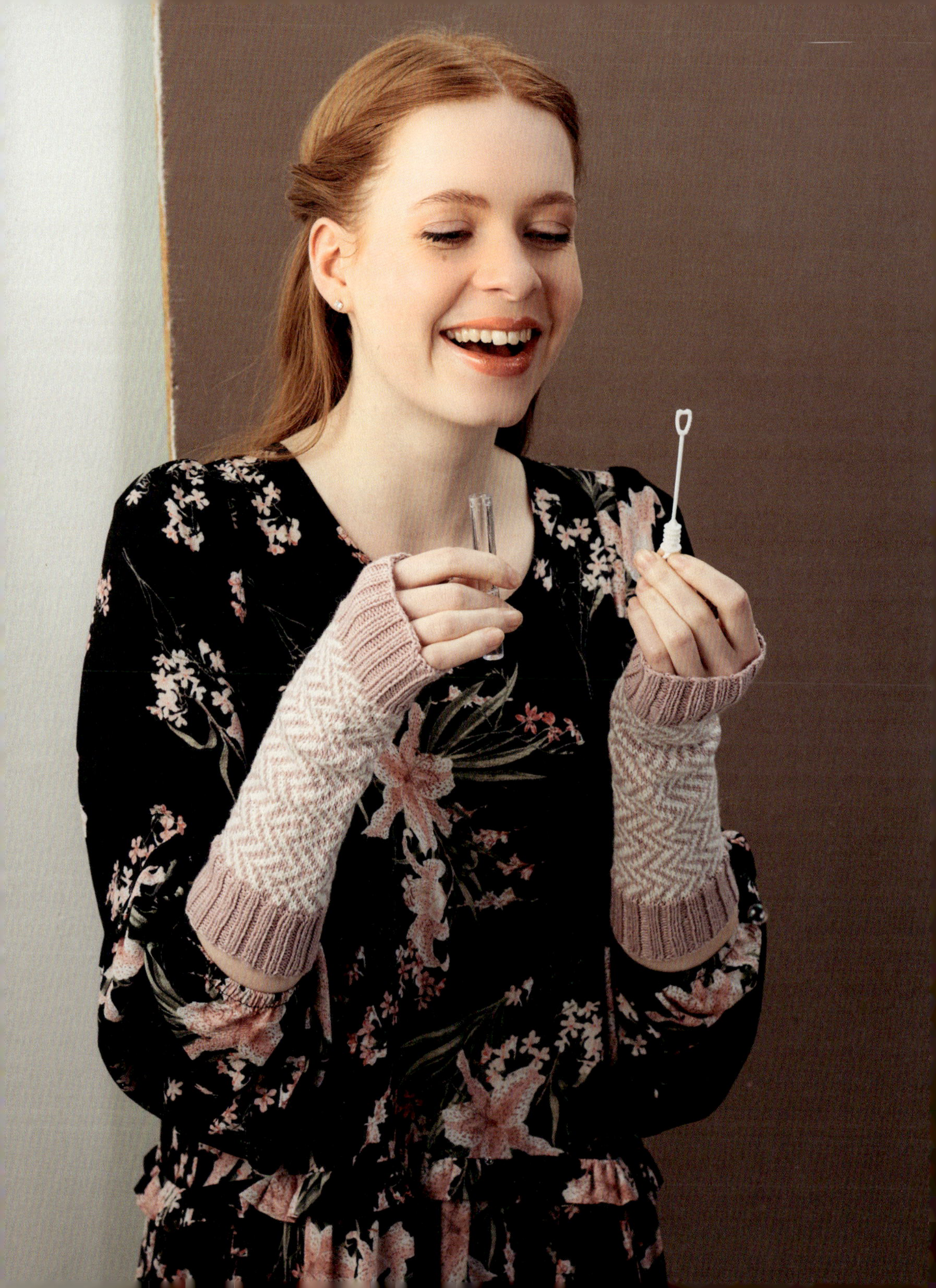

Süchtig nach bunten Mustern

Strickaccessoires begleiten mich durchs ganze Jahr. Da ich zwischen den Meeren lebe, weht bei uns auch im Sommer immer ein leichtes Lüftchen, im Frühjahr und Herbst sind es eher Stürme, deshalb gehören Mütze und Loop zu meiner Grundausstattung. Dabei geht es bei mir immer bunt zu! Gestrickt wird mit zwei Fäden und das ist gar nicht so schwer, wie es vielleicht aussieht. Mit etwas Übung und Geduld entstehen farbenfrohe, individuelle Accessoires, die dich von Kopf bis Fuß warm einhüllen.

Ich zeige dir, wie du selber kreativ werden kannst, denn die Muster sind vielseitig einsetzbar und lassen sich problemlos austauschen. Vielleicht hast du Lust, eine ganze Kollektion mit einem Muster zu stricken, oder du kombinierst verschiedene Muster mit den gleichen Farben.

Da die Rapporte der Sockenanleitungen sehr klein sind, lassen sie sich mühelos von Größe 36 bis 45 stricken.

Ich würde mich sehr freuen, wenn ich deine Werke bei Instagram unter dem Hashtag SoxxLook fände, und wünsche dir ganz viel Spaß beim Stricken.

Kerstin Balke

Grundanleitungs-Videos in der TOPP Digitalen Bibliothek **online**

Die Videos für den perfekten Einstieg findest du nach erfolgter Registrierung in deiner Digitalen Bibliothek:

www.topp-kreativ.de/digibib

Den Freischaltcode findest du im Impressum.

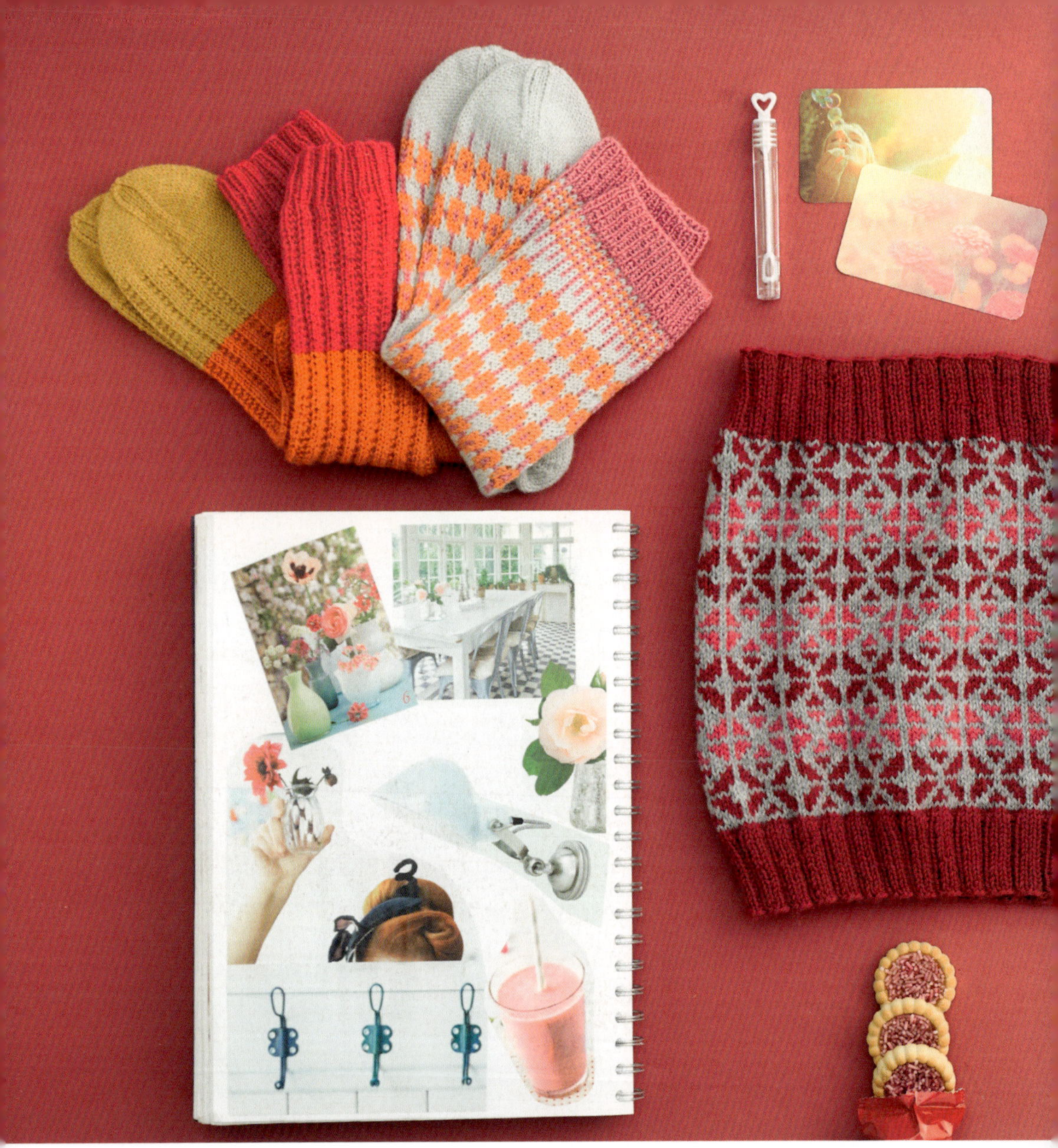

Make every day

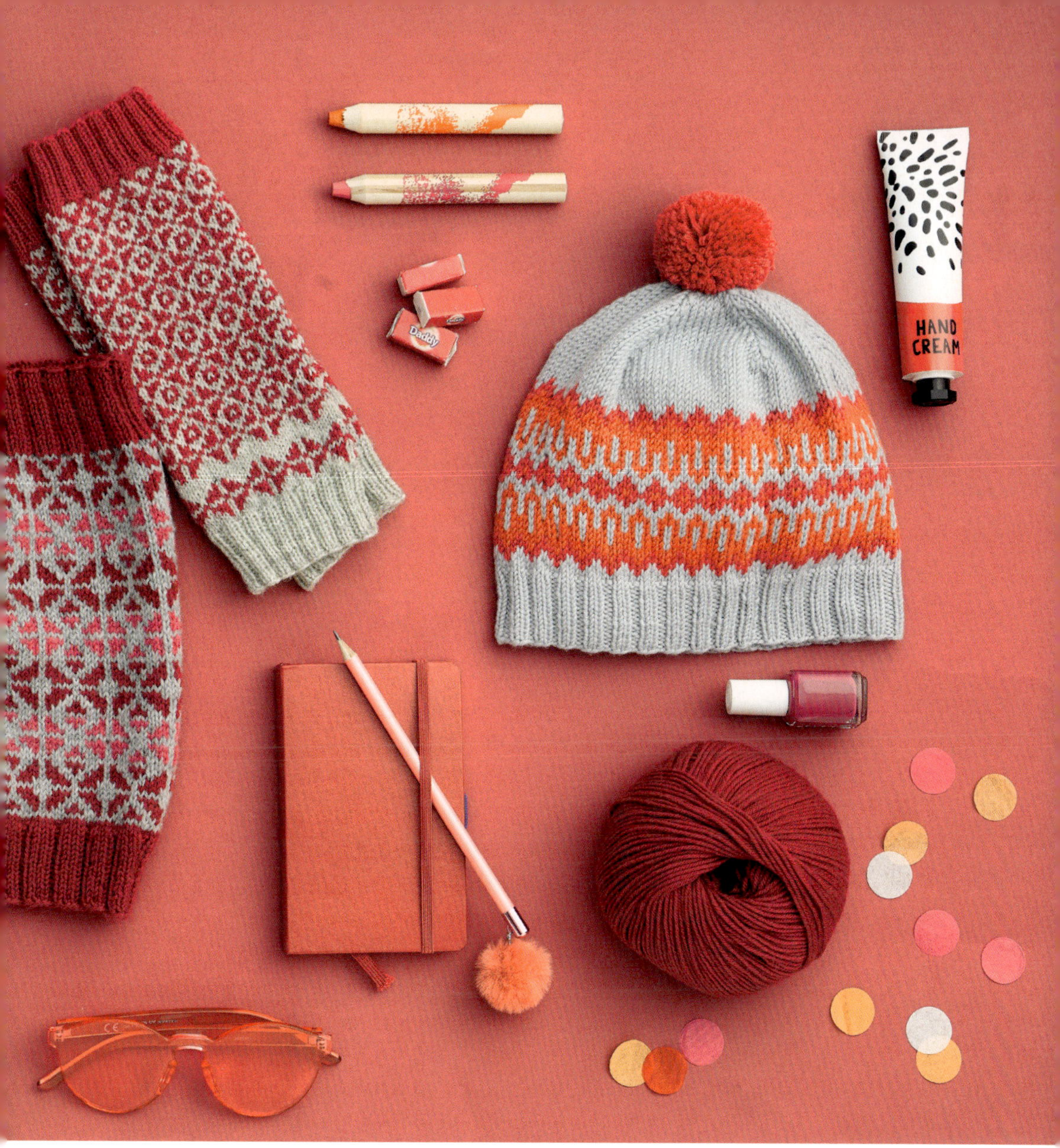

a Soxx day >>>>>>>>>

SOXXLOOK No.1

SCHWIERIGKEITSGRAD 2

GRÖSSE

Kopfumfang: 54–57 cm
Höhe ohne Bommel: 22 cm

MATERIAL

Lang Yarns Cashmerino (LL ca.125 m/50 g) in Silber (Fb 23), Pink (Fb 85) und Melone (Fb 29), je 50 g

Nadelspiele 3,0 mm und 3,5 mm, 20 cm lang

6 Maschenmarkierer

Pompon-Maker oder Schablonen aus Pappe

MASCHENPROBE

Im Jacquardmuster mit Nd 3,5 mm
28 M und 32 Rd = 10 cm x 10 cm

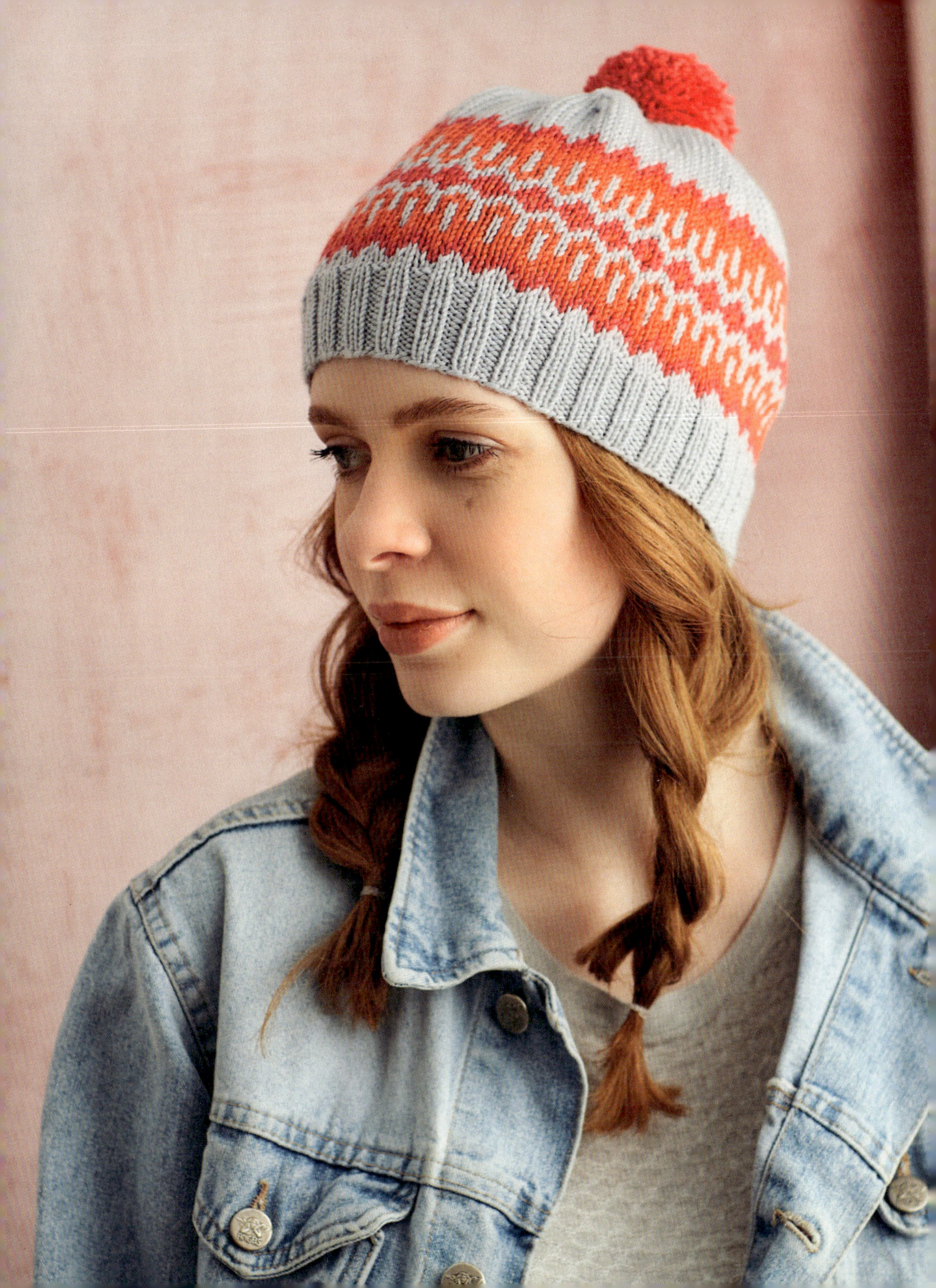

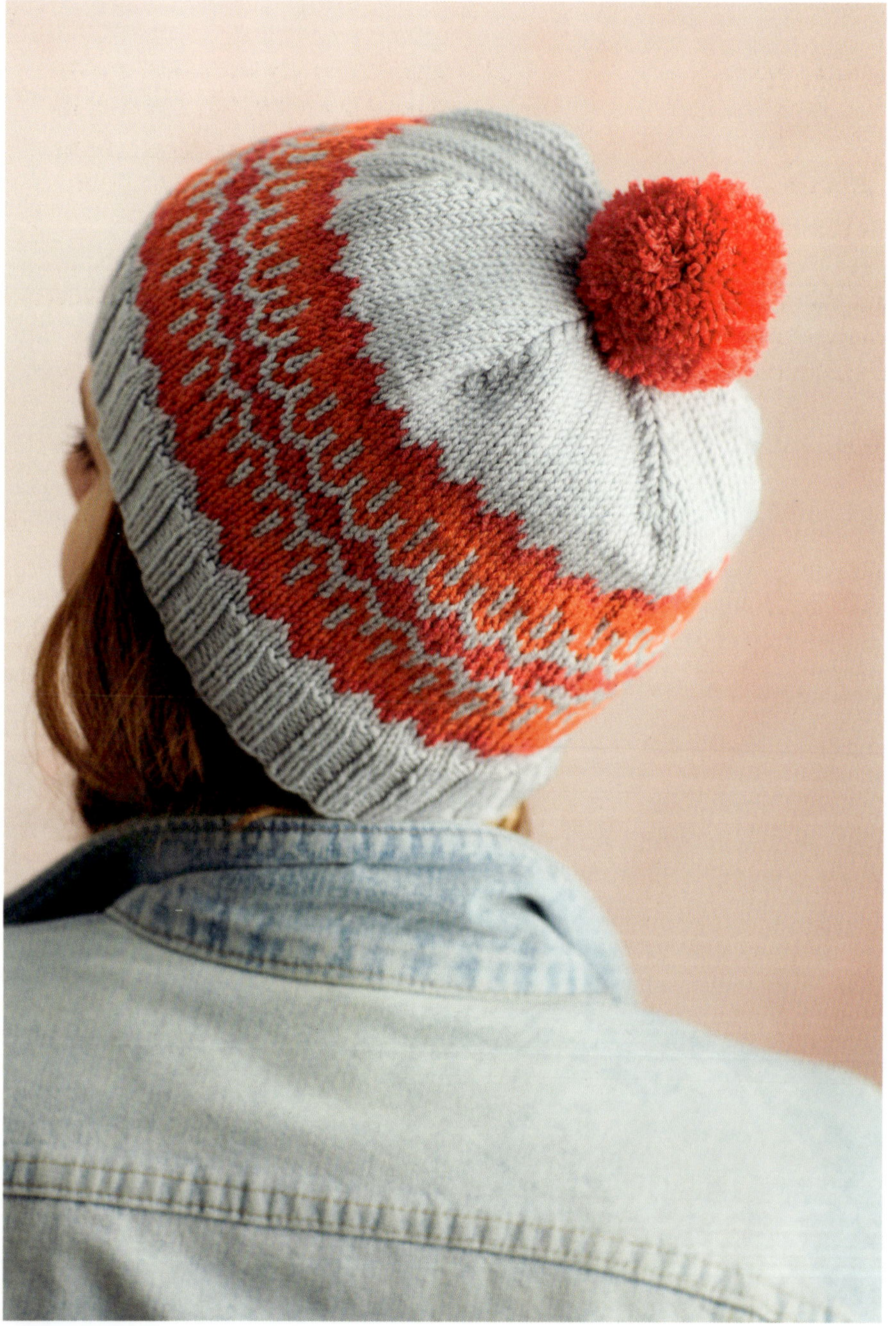

Glatt rechts

In Rd alle M rechts str.

Bündchenmuster

2 M rechts, 2 M links im Wechsel str.

Jacquardmuster

M-Zahl teilbar durch 4. In allen Rd glatt rechts nach dem Zählmuster str. Den Rapport von 4 M fortlaufend wdh.

Jacquardmuster

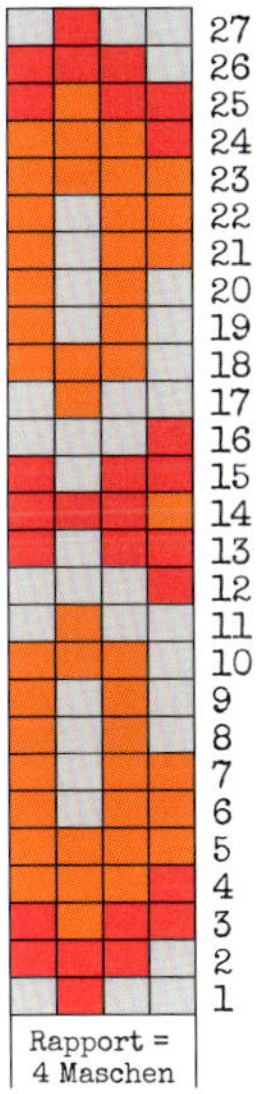

= Silber
= Pink
= Melone

ANLEITUNG

132 M in Silber mit Nd 3,0 mm anschl, gleichmäßig auf 4 Spielnd verteilen (= 33 M pro Nd) und zur Rd schließen. Für das Bündchen 15 Rd (= 3,5 cm) im Bündchenmuster str.

Anschließend zu Nd 3,5 mm wechseln und 1 Rd rechte M in Silber arb. Danach im Jacquardmuster in Silber, Pink und Melone weiterstr. Die 1.–27. Rd des Zählmusters 1x arb. Die Fäden in Pink und Melone abschneiden. Danach die Mütze in Silber weiterstr. Nach 15 cm ab Anschlag mit den Abnahmen beginnen und wie folgt str:

1. Rd: * 2 M rechtsgeneigt zusammenstr (siehe Seite 162), 18 M rechts str, 2 M linksgeneigt zusammenstr (siehe Seite 162), einen M-Markierer setzen, ab * 5x wdh.

2. Rd: Alle M rechts str.

3. Rd: * 2 M rechtsgeneigt zusammenstr, rechte M str bis 2 M vor dem M-Markierer, 2 M linksgeneigt zusammenstr, ab * 5x wdh.

4. Rd: Alle M rechts str.

Die 3. und 4. Rd so oft wdh, bis nur noch 12 M übrig sind. Den Faden abschneiden und mit einer stumpfen Woll-Nd durch die M ziehen.

Alle Fäden vernähen.

In Pink einen Pompon mit ca. 5 cm Durchmesser arb (siehe Seite 186) und fest an die Mütze nähen.

SOXXLOOK No.2

SCHWIERIGKEITSGRAD 2

GRÖSSE

Umfang: 66 cm
Höhe: 27 cm

MATERIAL

Lang Yarns Fantomas (LL ca. 140 m/50 g) in Grau Mélange (Fb 303) und Fuchsia (Fb 366), je 50 g, und in Azalee (Fb 167), 100 g

Maschenmarkierer

Rundstricknadel 3,0–3,5 mm, 50 cm lang

MASCHENPROBE

Im Jacquardmuster mit Nd 3,0–3,5 mm
30 M und 36 Rd = 10 cm x 10 cm

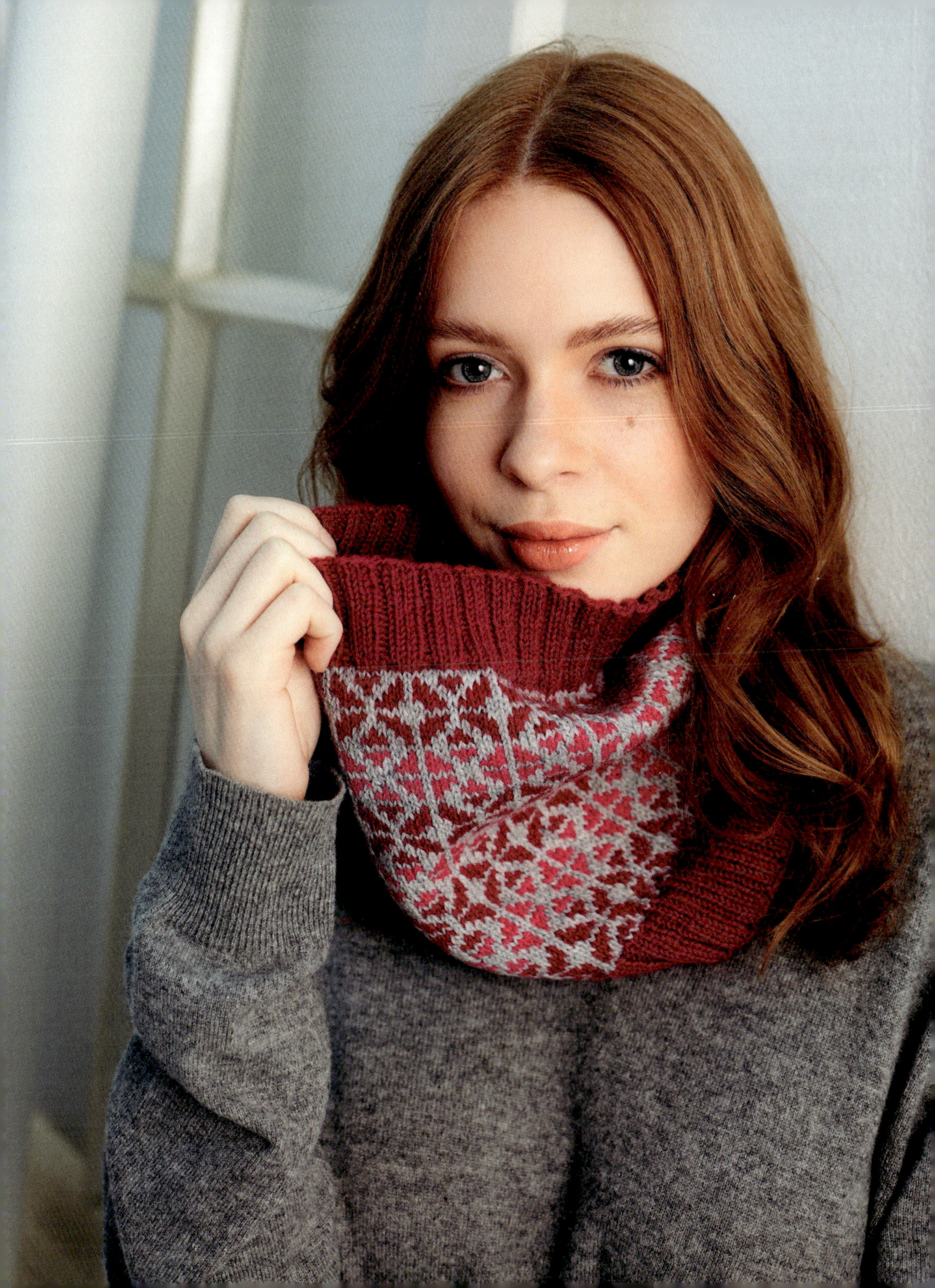

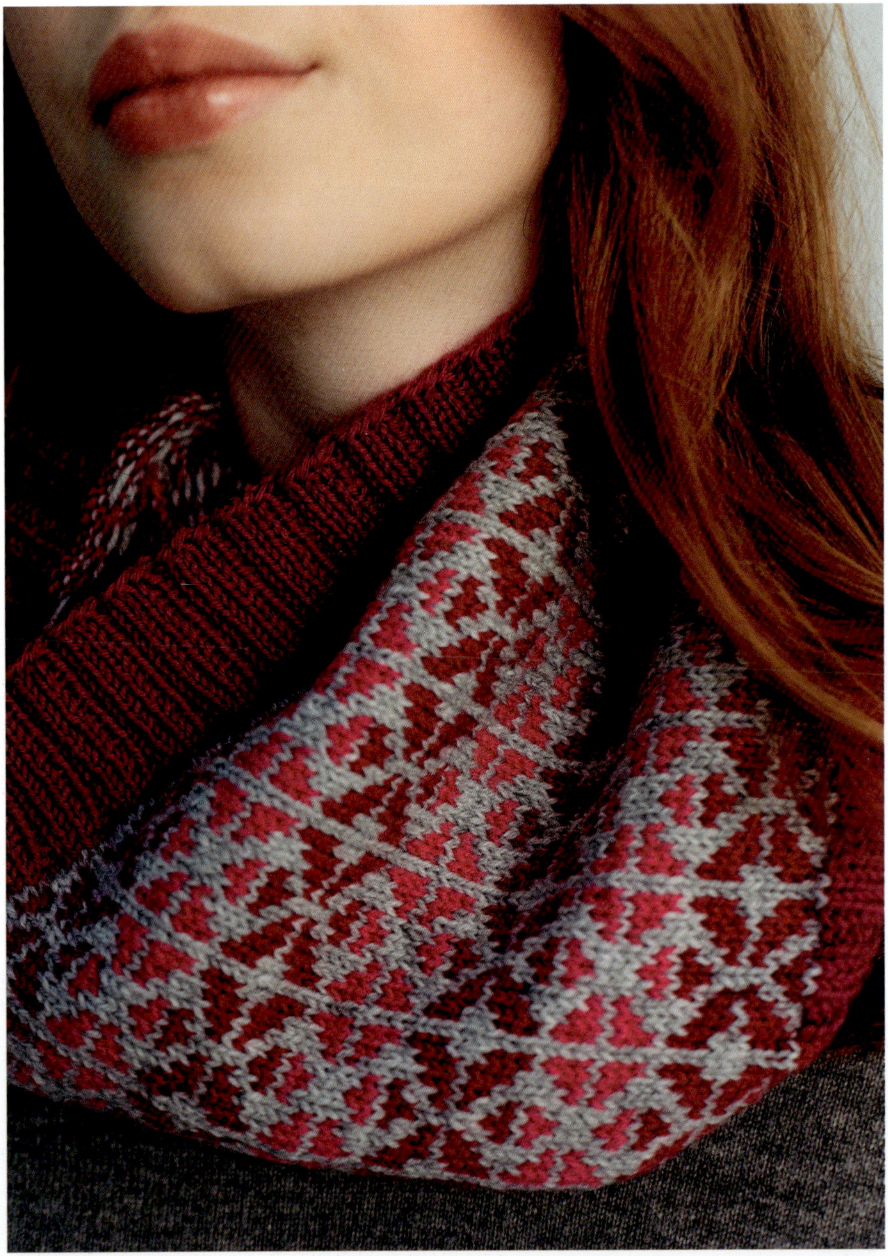

" Make every day a Soxx day "

Glatt rechts

In Rd alle M rechts str.

Bündchenmuster

3 M rechts, 2 M links im Wechsel str.

Jacquardmuster

M-Zahl teilbar durch 10. In allen Rd glatt rechts nach dem Zählmuster str. Den Rapport von 10 M fortlaufend wdh.

Jacquardmuster

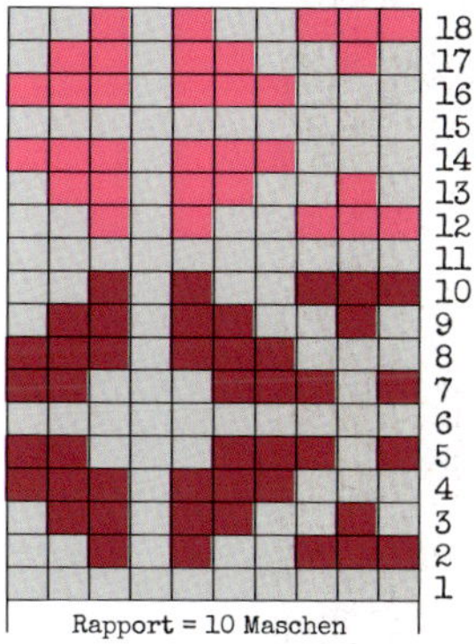

= Grau Mélange
= Azalee
= Fuchsia

ANLEITUNG

190 M in Azalee anschl und zur Rd schließen. Den Rd-Beginn mit einem M-Markierer kennzeichnen.
Zunächst 15 Rd (= 4 cm) im Bündchenmuster str.
1 Rd glatt rechts in Azalee arb.
Anschließend im Jacquardmuster in Grau Mélange, Azalee und Fuchsia weiterstr.
Die 1.–18. Rd des Zählmusters 3x und die 1.–11. Rd 1x arb. Die Fäden in Fuchsia und Grau Mélange abschneiden.
Danach 1 Rd in Azalee str.
Den Loop mit 15 Rd (= 4 cm) im Bündchenmuster in Azalee beenden.
Die M abk, wie sie erscheinen (siehe Seite 166).
Anschließend alle Fäden vernähen.

SOXXLOOK NO.3

SCHWIERIGKEITSGRAD 2

GRÖSSE

Umfang: 18 cm
Höhe: 25,5 cm

MATERIAL

Lana Grossa Meilenweit 50 (LL ca. 210 m/50 g) in Natur meliert (Fb 1102) und Pink (Fb 1313), je 50 g

Nadelspiel 2,5–3,0 mm

MASCHENPROBE

Im Jacquardmuster mit Nd 2,5–3,0 mm
34 M und 38 Rd = 10 cm x 10 cm

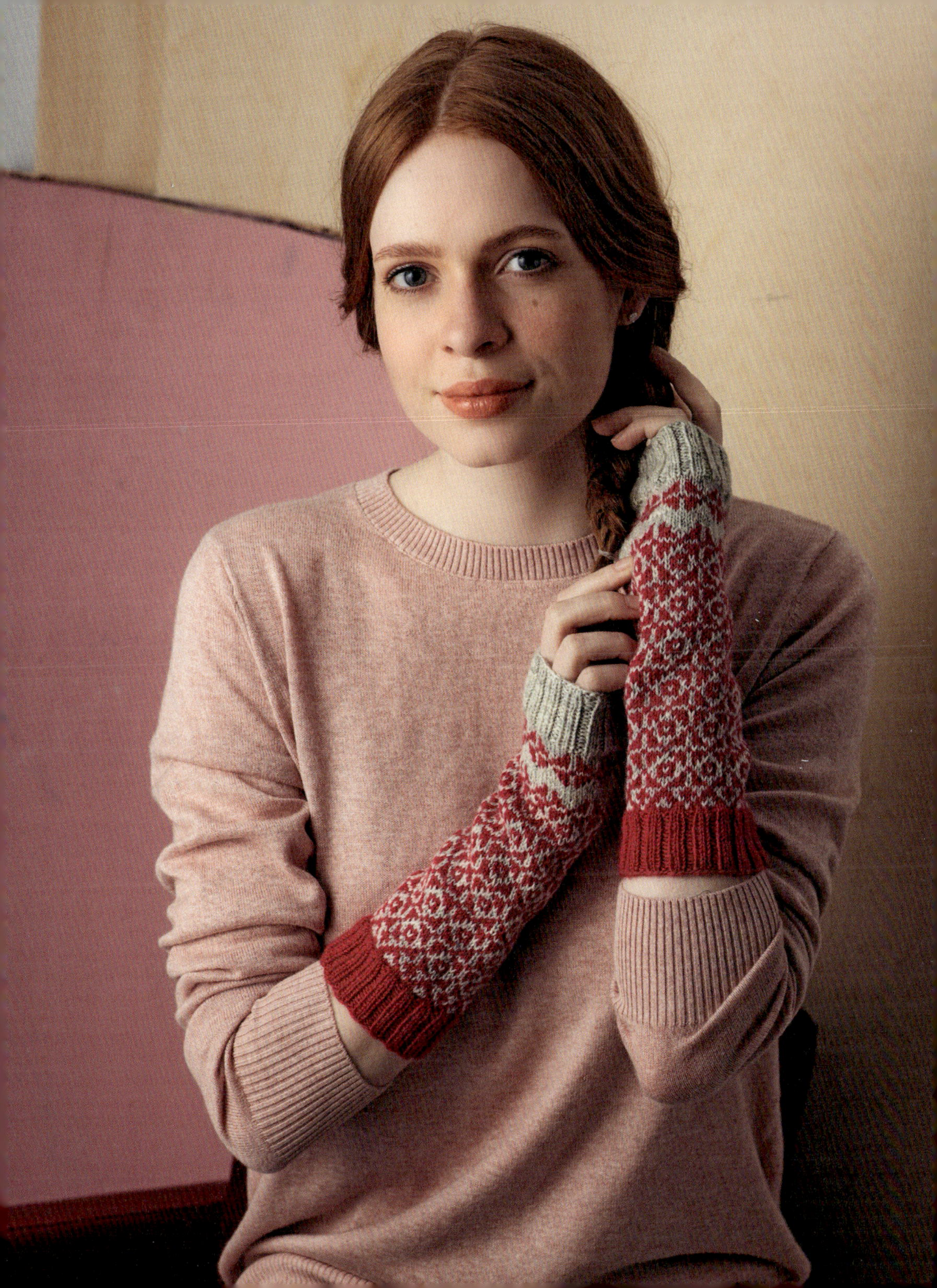

Glatt rechts

In Rd alle M rechts str.

Bündchenmuster

2 M rechts, 2 M links im Wechsel str.

Jacquardmuster A, B und C

M-Zahl jeweils teilbar durch 8.
In allen Rd glatt rechts nach dem jeweiligen Zählmuster str. Den Rapport von 8 M fortlaufend wdh.

Jacquardmuster A

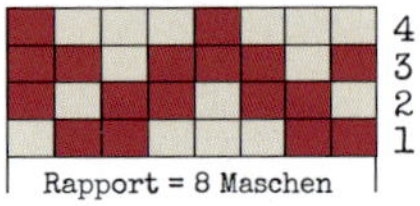

= Pink
= Natur meliert

Jacquardmuster B

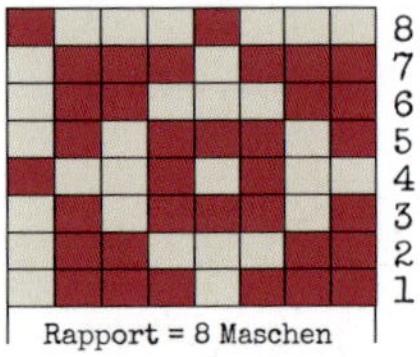

= Pink
= Natur meliert

Jacquardmuster C

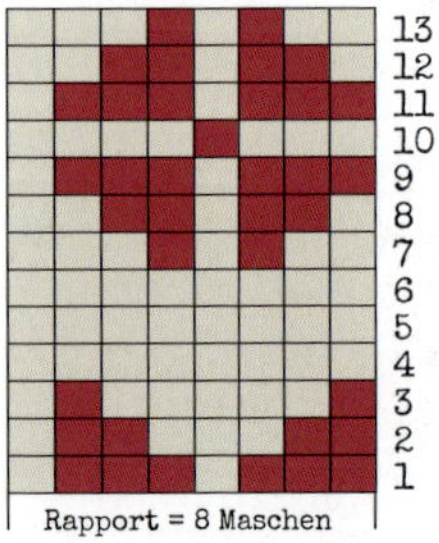

= Pink
= Natur meliert

ANLEITUNG

64 M in Pink anschl, gleichmäßig auf 4 Spielnd verteilen (= 16 M pro Nd) und zur Rd schließen. Für das Bündchen 15 Rd (= 3,5 cm) im Bündchenmuster str. Anschließend 1 Rd glatt rechts in Pink arb. Dann im Jacquardmuster A in Pink und Natur meliert weiterstr. Die 1.–4. Rd des Zählmusters 1x arb. Danach im Jacquardmuster B weiterstr. Die 1.–8. Rd des Zählmusters 6x str. Nun im Jacquardmuster C weiterarb. Die 1.–13. Rd des Zählmusters 1x str. Den Faden in Pink abschneiden. 2 Rd in Natur meliert arb und anschließend die Stulpe mit 15 Rd (= 3,5 cm) in Natur meliert im Bündchenmuster beenden. Die M abk, wie sie erscheinen (siehe Seite 166).
Anschließend alle Fäden vernähen.
Die zweite Stulpe genauso arb.

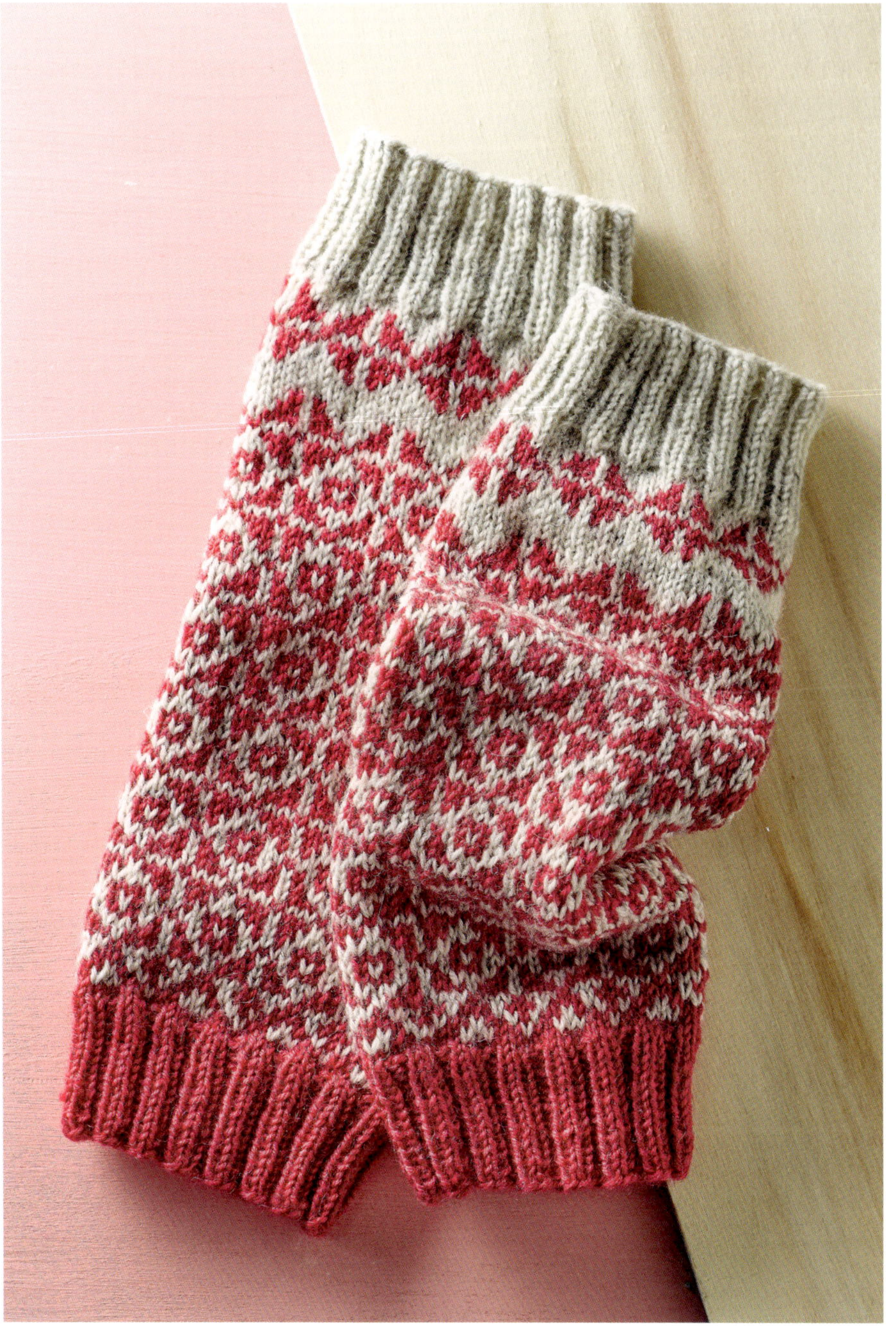

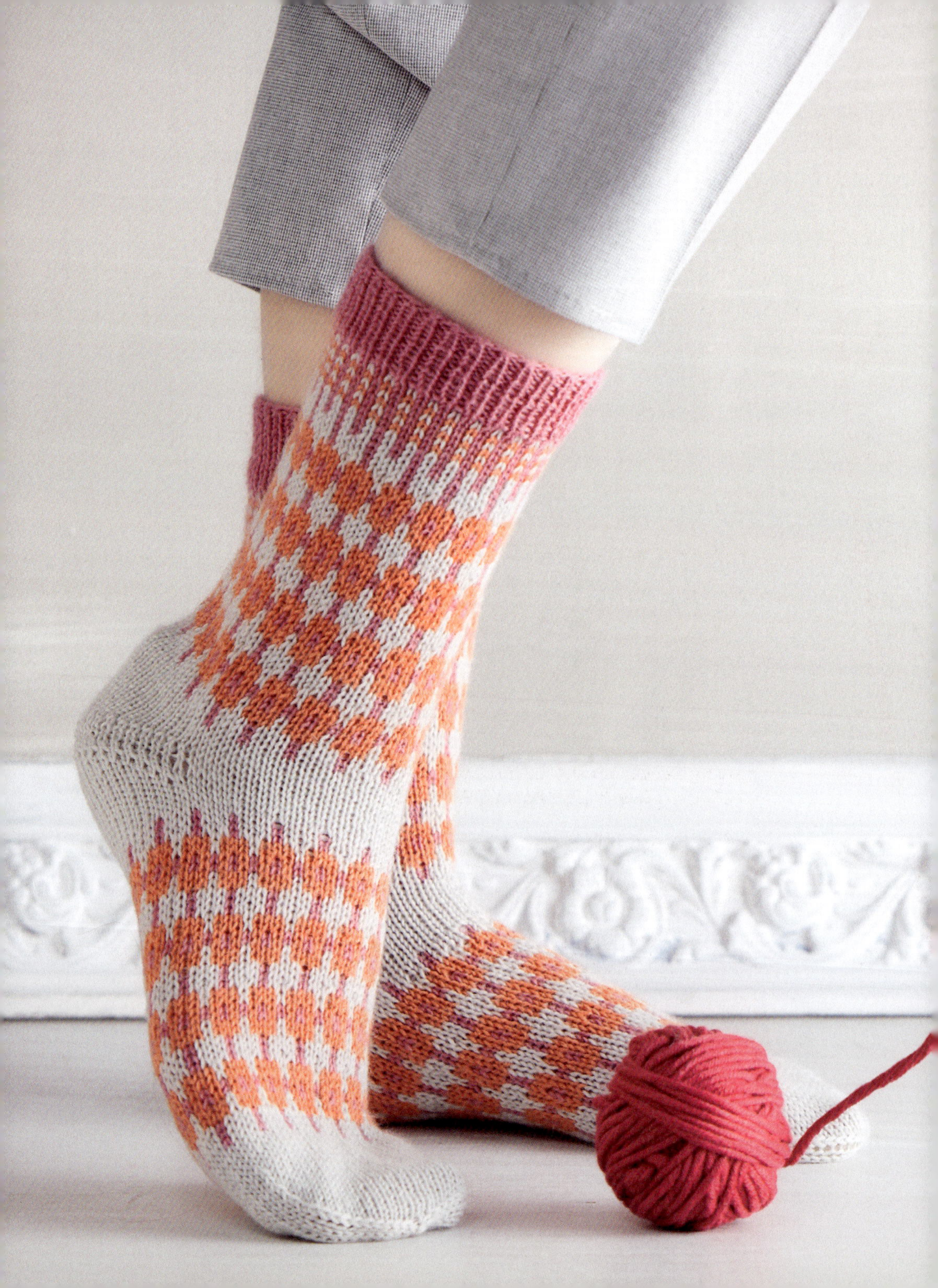

SOXXLOOK
NO. 4

SCHWIERIGKEITSGRAD 3

GRÖSSE

38/39

MATERIAL

Lang Yarns Jawoll (LL ca. 210 m/50 g) in Beige (Fb 226), Lachs (Fb 228) und Rosa (Fb 119), je 50 g

Nadelspiel 2,5–3,0 mm

MASCHENPROBE

Im Jacquardmuster mit Nd 2,5–3,0 mm
36 M und 36 Rd = 10 cm x 10 cm

Glatt rechts

In Hinr rechte M, in Rückr linke M str, bzw. in Rd alle M rechts str.

Bündchenmuster

1 M rechts, 1 M links im Wechsel str.

Jacquardmuster A, B und C

M-Zahl jeweils teilbar durch 4.
In allen Rd glatt rechts nach dem jeweiligen Zählmuster str. Den Rapport von 4 M fortlaufend wdh.

ANLEITUNG

64 M in Rosa anschl, gleichmäßig auf 4 Spielnd verteilen (= 16 M pro Nd) und zur Rd schließen.
Für das Bündchen 13 Rd (= 3 cm) im Bündchenmuster str.
Den SCHAFT glatt rechts im Jacquardmuster A in Rosa, Beige und Lachs beginnen. Die 1.–13. Rd des Zählmusters 1x str. Anschließend im Jacquardmuster B in Lachs, Beige und Rosa weiterarb.
Die 1.–9. Rd des Zählmusters 4x str. Die Fäden in Rosa und Lachs abschneiden.
Den SCHAFT mit 4 Rd in Beige beenden.

Jacquardmuster A

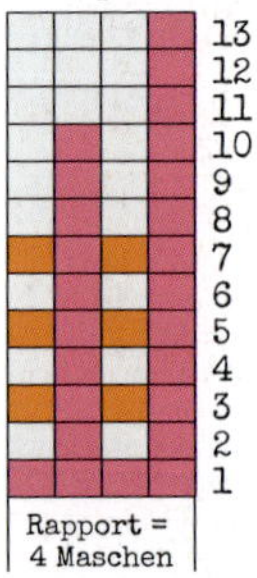

= Rosa
= Beige
= Lachs

Jacquardmuster B

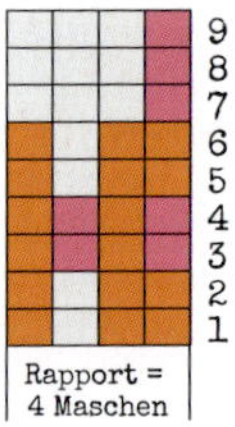

= Lachs
= Beige
= Rosa

Jacquardmuster C

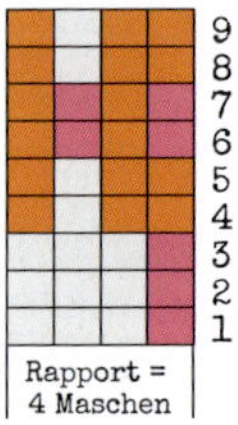

= Rosa
= Beige
= Lachs

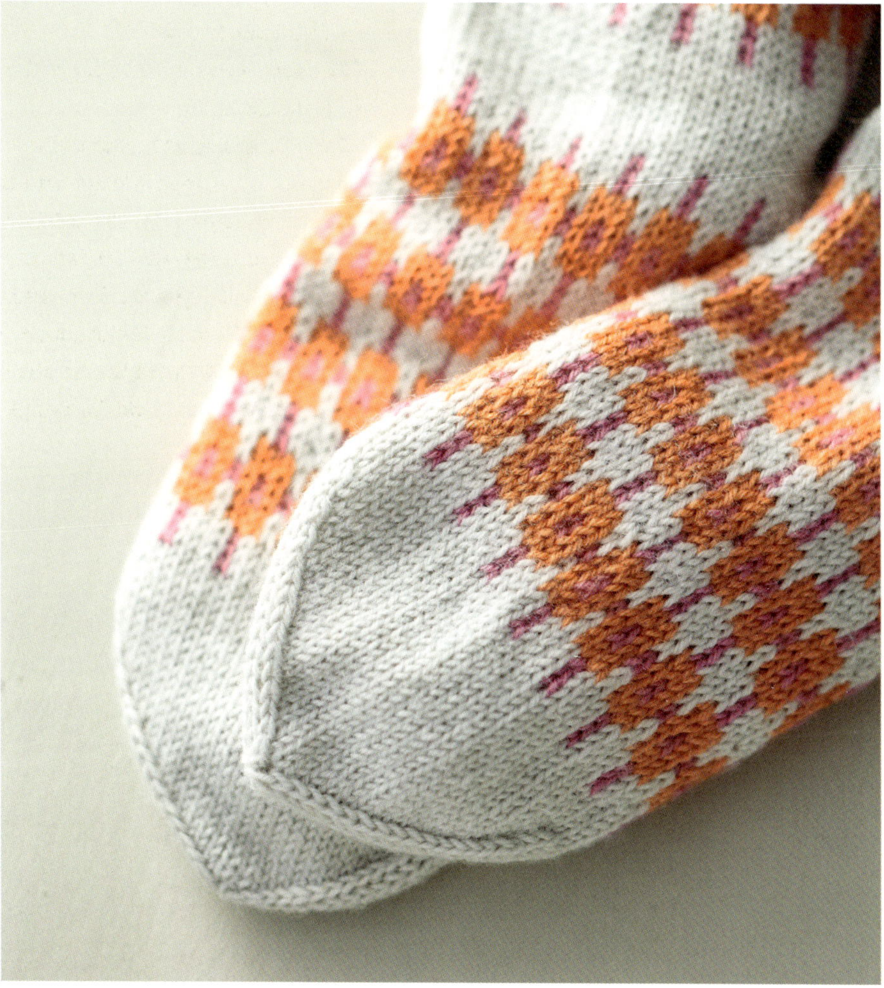

Nun die BUMERANGFERSE glatt rechts in Beige über die 32 M der 4. und 1. Nd nach der Grundanleitung arb (siehe Seite 178).
Den FUSS weiter glatt rechts über alle M der 4 Spielnd str, mit 4 Rd in Beige beginnen. Anschließend im Jacquardmuster C in Rosa, Beige und Lachs weiterarb. Die 1.–9. Rd des Zählmusters 4x str, dann noch 1x die 1.–3. Rd arb. Die Fäden in Lachs und Rosa abschneiden.
Den Fuß in Beige beenden. Nach 17,5 cm ab Fersenmitte mit den Abnahmen für die Bandspitze beginnen.
Die BANDSPITZE in Beige nach der Grundanleitung str (siehe Seite 183). Den Faden abschneiden und nach innen ziehen.
Alle Fäden vernähen.
Die zweite Socke genauso arb.

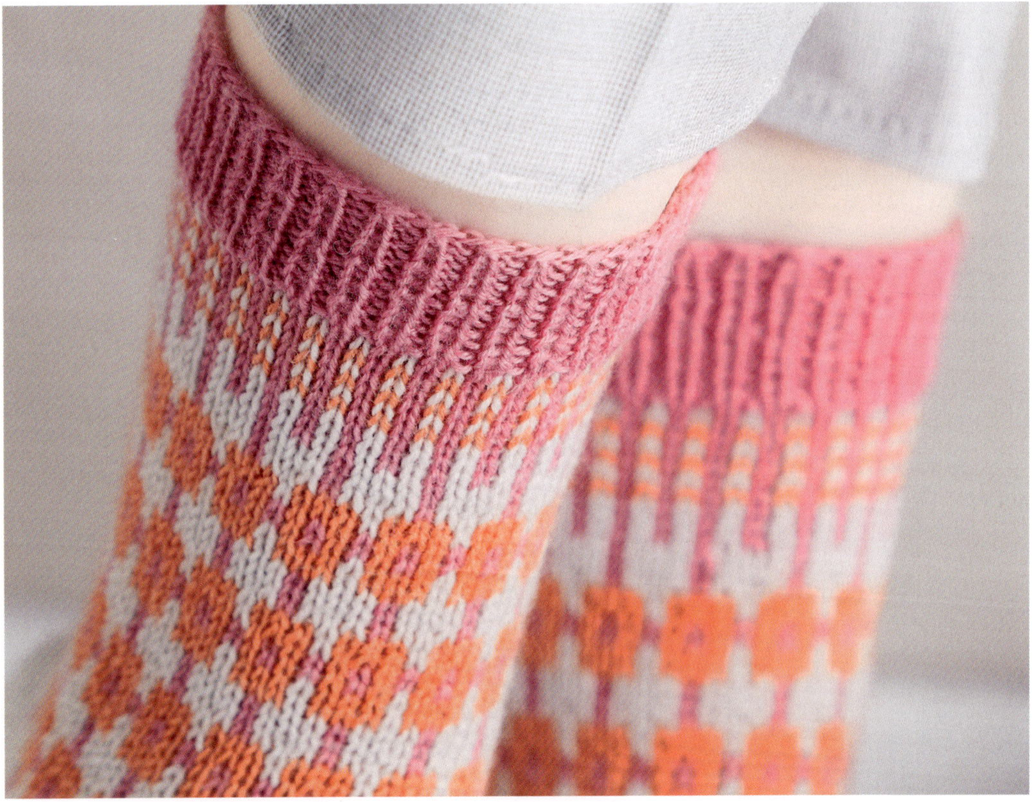

HINWEISE ZUM STRICKEN VON ANDEREN GRÖSSEN

GRÖSSE 36/37
64 M anschl (= 16 M pro Nd).
Fuß, Jacquardmuster C: Die 1.–9. Rd des Zählmusters 3x, die 1.–3. Rd 1x str. Nach 16 cm ab Fersenmitte mit den Abnahmen für die Bandspitze beginnen.

GRÖSSE 40/41
68 M anschl (= 17 M pro Nd).
Fuß, Jacquardmuster C: Die 1.–9. Rd des Zählmusters 4x, die 1.–3. Rd 1x str. Nach 19 cm ab Fersenmitte mit den Abnahmen für die Bandspitze beginnen.

GRÖSSE 42/43
68 M anschl (= 17 M pro Nd).
Fuß, Jacquardmuster C: Die 1.–9. Rd des Zählmusters 5x, die 1.–3. Rd 1x str. Nach 20,5 cm ab Fersenmitte mit den Abnahmen für die Bandspitze beginnen.

GRÖSSE 44/45
72 M anschl (= 18 M pro Nd).
Fuß, Jacquardmuster C: Die 1.–9. Rd des Zählmusters 5x, die 1.–3. Rd 1x str. Nach 22 cm ab Fersenmitte mit den Abnahmen für die Bandspitze beginnen.

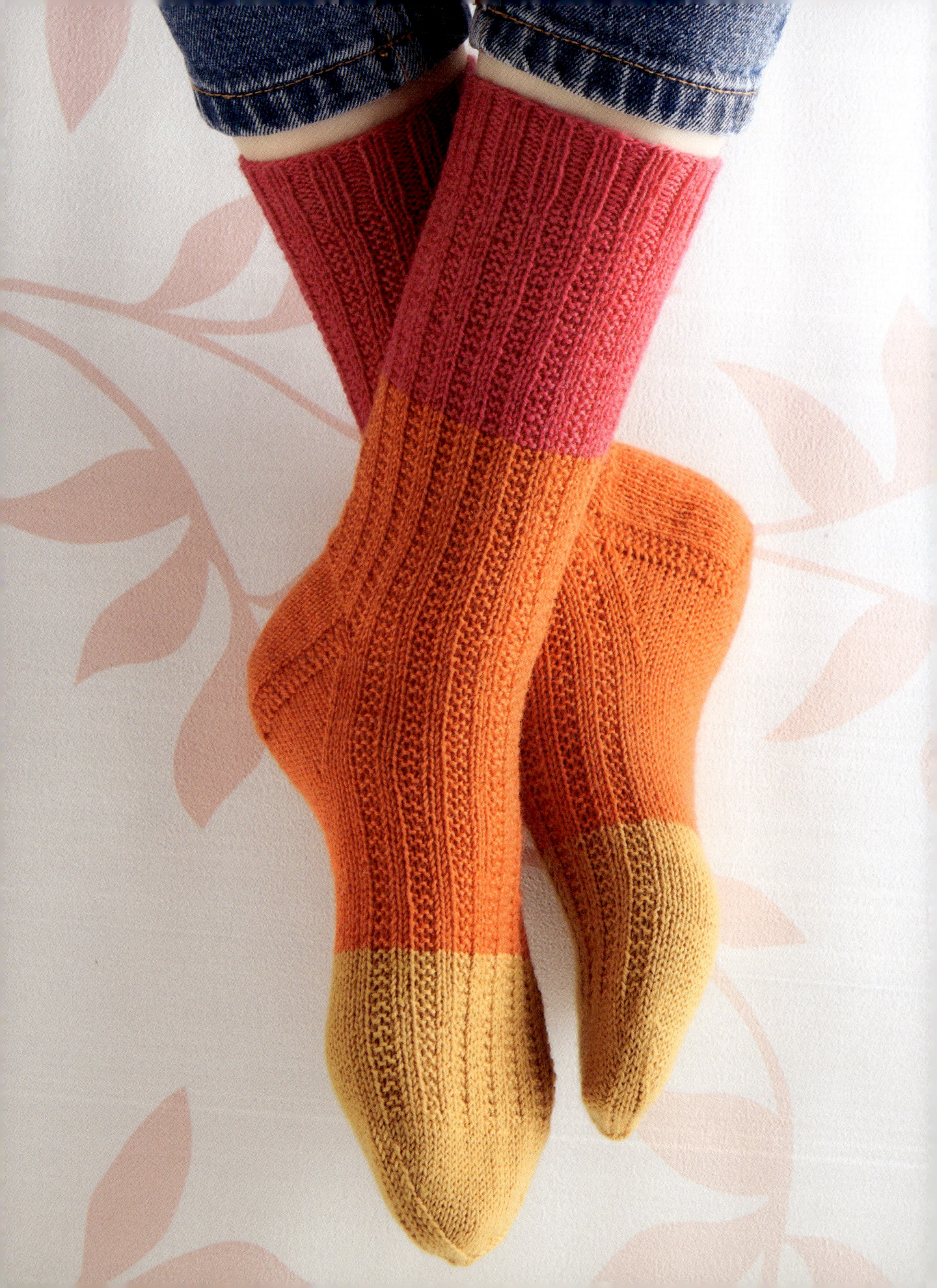

SOXXLOOK NO.5

SCHWIERIGKEITSGRAD I

GRÖSSE

38/39

MATERIAL

Lang Yarns Jawoll (LL ca. 210 m/50 g) in Azalee (Fb 184), Lachs (Fb 228) und Goldgelb hell (Fb 250), je 50 g

Nadelspiel 2,5–3,0 mm

MASCHENPROBE

Im Rechts-Links-Muster leicht gedehnt mit Nd 2,5–3,0 mm 28 M und 42 Rd = 10 cm x 10 cm

Glatt rechts

In Hinr rechte M, in Rückr linke M str, bzw. in Rd alle M rechts str.

Bündchenmuster

* 1 M rechts, 2 M links, 1 M rechts, ab * fortlaufend wdh.

Rechts-Links-Muster

M-Zahl jeweils teilbar durch 4.
In Rd nach der Strickschrift str.

1. Rd: Alle M rechts str.

2. Rd: * 1 M rechts, 2 M links, 1 M rechts, ab * fortlaufend wdh.

Die 1. und 2. Rd fortlaufend wdh.

Rechts-Links-Muster

■	–	–	■	2
■	■	■	■	1

Rapport = 4 Maschen

■ = 1 Masche rechts
– = 1 Masche links

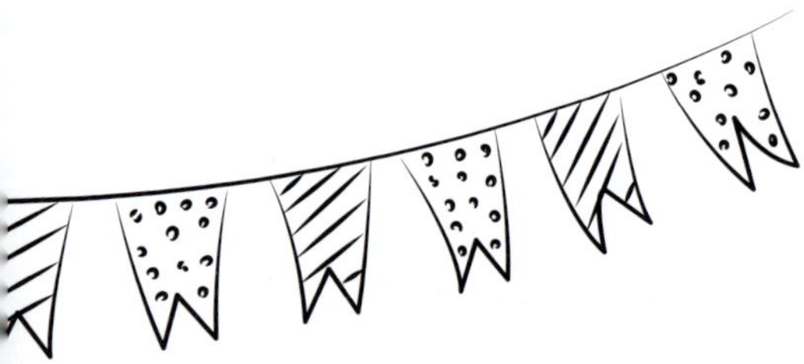

ANLEITUNG

60 M in Azalee anschl, gleichmäßig auf 4 Spielnd verteilen (= 15 M pro Nd) und zur Rd schließen.
Für das BÜNDCHEN 15 Rd (= 3 cm) im Bündchenmuster str.
Den SCHAFT im Rechts-Links-Muster in Azalee beginnen. Die 1. und 2. Rd der Strickschrift fortlaufend wdh. Nach 9,5 cm ab Anschlag den Faden abschneiden und den SCHAFT im Rechts-Links-Muster in Lachs weiterarb.
Nach 16,5 cm die HERZCHENFERSE glatt rechts in Lachs über die 30 M der 4. und 1. Nd nach der Grundanleitung str (siehe Seite 181).
Den FUSS weiter über alle 4 Spielnd in Lachs arb. Über die 30 M der 4. und 1. Nd die Sohle bis zum Ende glatt rechts str. Das Rechts-Links-Muster auf dem Oberfuß über die M der 2. und 3. Nd fortführen. Nach 12,5 cm ab Fersenmitte den Faden abschneiden und in Goldgelb hell weiterarb. 26 Rd im Rechts-Links-Muster str, anschließend glatt rechts weiterarb. Nach 17,5 cm ab Fersenmitte mit den Abnahmen für die Bandspitze beginnen.
Die BANDSPITZE in Goldgelb hell nach der Grundanleitung str (siehe Seite 183).
Den Faden abschneiden und nach innen ziehen.
Alle Fäden vernähen.
Die zweite Socke genauso arb.

HINWEISE ZUM STRICKEN VON ANDEREN GRÖSSEN

GRÖSSE 36/37

60 M anschl (= 15 M pro Nd).

Fuß: Nach 11 cm ab Fersenmitte den Faden in Azalee abschneiden.

Die Socke nach Anleitung beenden, dabei nach 16 cm ab Fersenmitte mit den Abnahmen für die Bandspitze beginnen.

GRÖSSE 40/41

64 M anschl (= 16 M pro Nd).

Fuß: Nach 14 cm ab Fersenmitte den Faden in Azalee abschneiden.

Die Socke nach Anleitung beenden, dabei nach 19 cm ab Fersenmitte mit den Abnahmen für die Bandspitze beginnen.

GRÖSSE 42/43

64 M anschl (= 16 M pro Nd).

Fuß: Nach 14 cm ab Fersenmitte den Faden in Azalee abschneiden.

Den Fuß mit 30 Rd in Goldgelb hell weiterarb. Die Socke nach Anleitung beenden, dabei nach 20,5 cm ab Fersenmitte mit den Abnahmen für die Bandspitze beginnen.

GRÖSSE 44/45

68 M anschl (= 17 M pro Nd).

Fuß: Nach 15,5 cm ab Fersenmitte den Faden in Azalee abschneiden.

Den Fuß mit 30 Rd in Goldgelb hell weiterarb. Die Socke nach Anleitung beenden, dabei nach 22 cm ab Fersenmitte mit den Abnahmen für die Bandspitze beginnen.

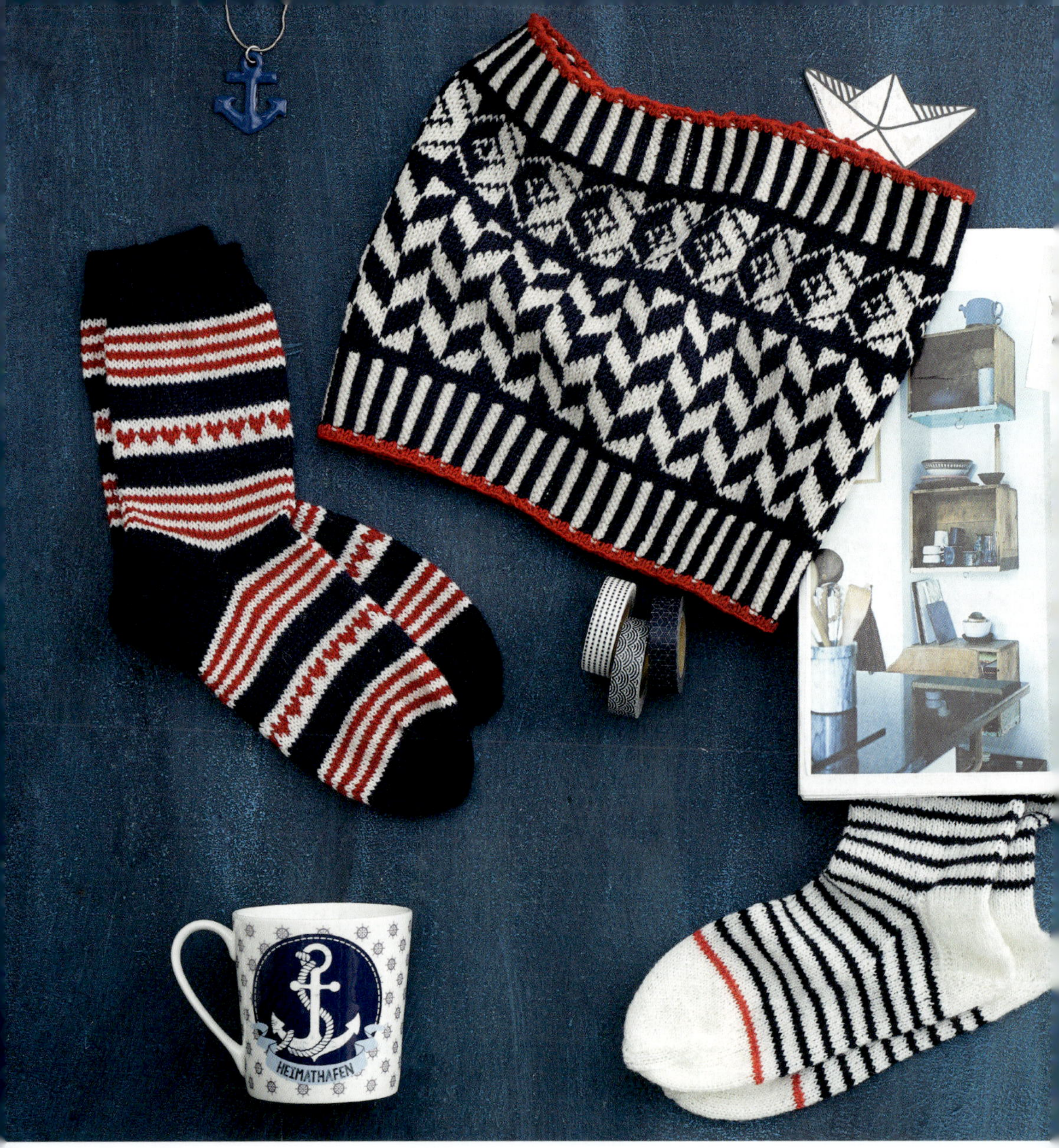

I love people who

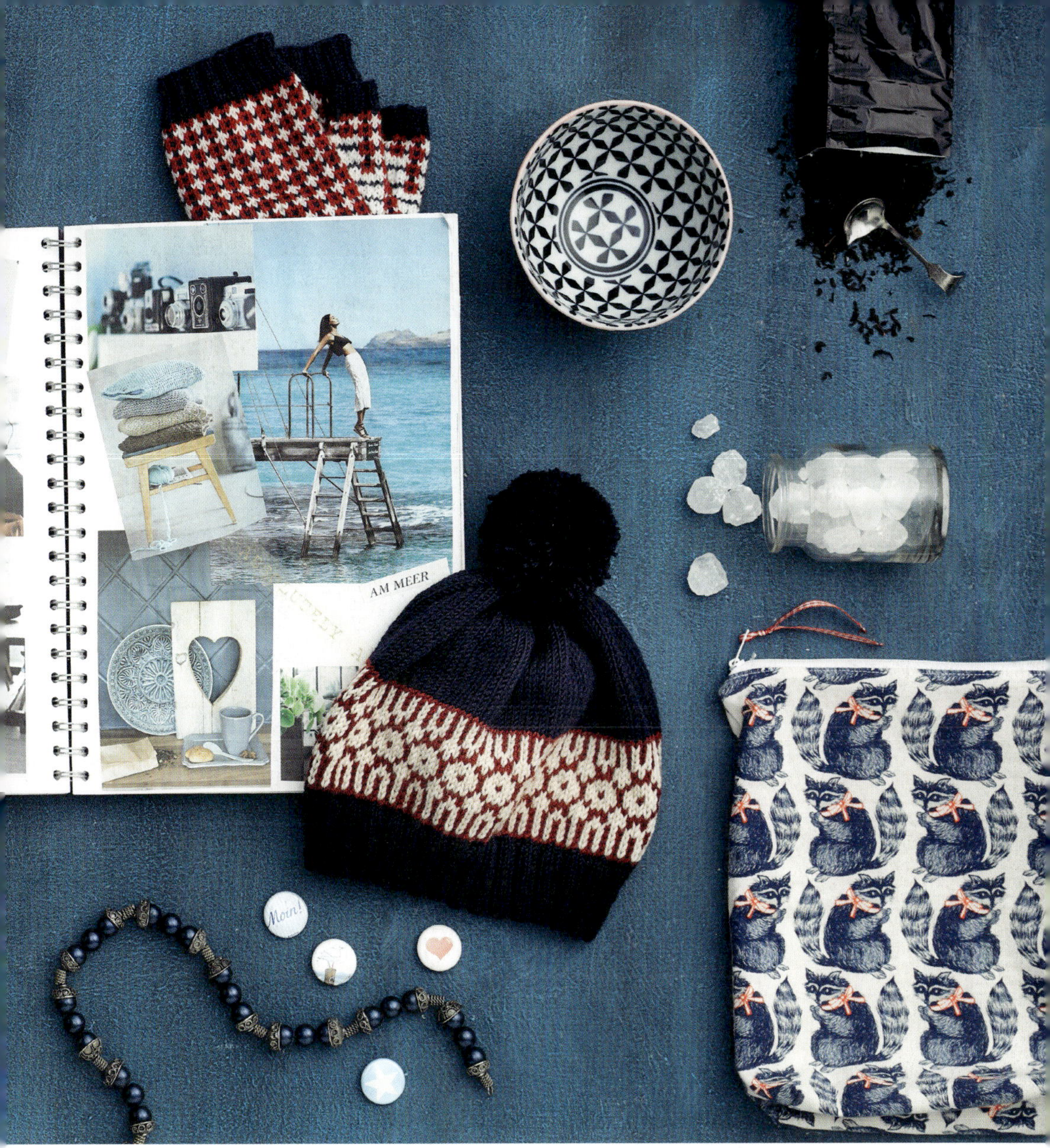

make me Soxx ››››

SOXXLOOK No.6

SCHWIERIGKEITSGRAD 2

GRÖSSE

Kopfumfang: 54–57 cm
Höhe ohne Bommel: 20 cm

MATERIAL

Lang Yarns Cashmerino (LL ca.125 m/50 g) in Offwhite (Fb 94) und Dunkelrot (Fb 63), je 50 g, und in Navy (Fb 25), 100 g

Nadelspiele 3,0 mm und 3,5 mm, 20 cm lang

Pompon-Maker oder Schablonen aus Pappe

MASCHENPROBE

Im Jacquardmuster mit Nd 3,5 mm
28 M und 30 Rd = 10 cm x 10 cm

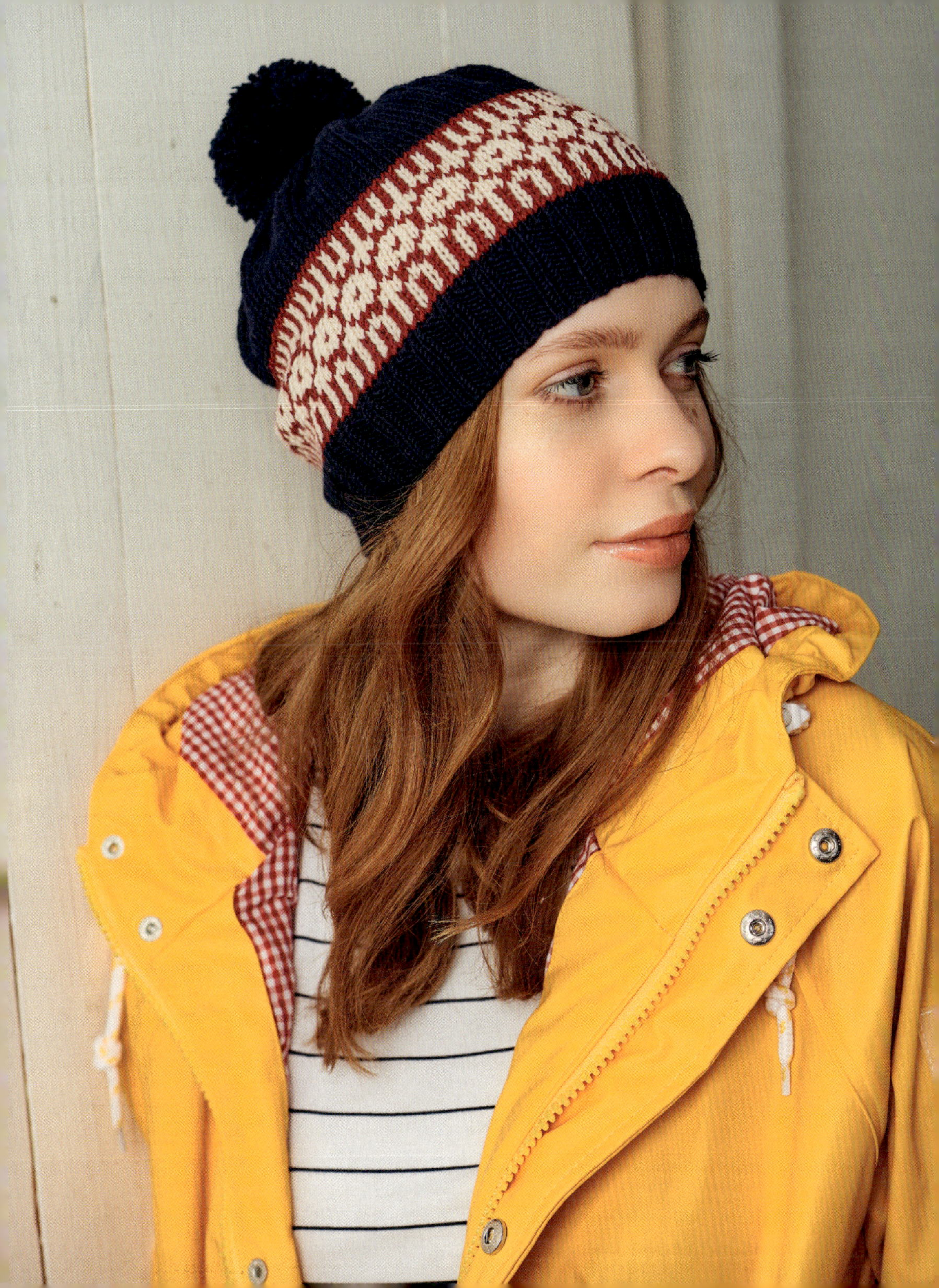

Glatt rechts

In Rd alle M rechts str.

Bündchenmuster

2 M rechts, 2 M links im Wechsel str.

Jacquardmuster

M-Zahl teilbar durch 6. In allen Rd glatt rechts nach dem Zählmuster str. Den Rapport von 6 M fortlaufend wdh.

Jacquardmuster

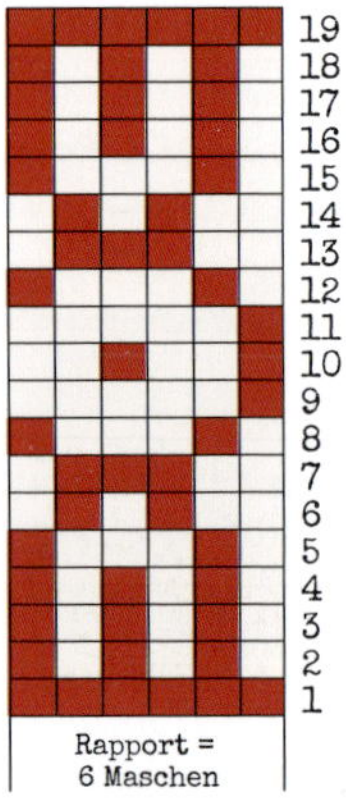

■ = Dunkelrot
□ = Offwhite

ANLEITUNG

132 M in Navy mit Nd 3,0 mm anschl, gleichmäßig auf 4 Spielnd verteilen (= 33 M pro Nd) und zur Rd schließen. Für das Bündchen 15 Rd (= 4 cm) im Bündchenmuster str.
Anschließend zu Nd 3,5 mm wechseln und 1 Rd rechte M in Navy arb. Den Faden in Navy abschneiden. Danach im Jacquardmuster in Offwhite und Dunkelrot weiterstr. Die 1.–19. Rd des Zählmusters 1x arb. Die Fäden in Offwhite und Dunkelrot abschneiden. Danach die Mütze in Navy weiterstr.
Nach 15 cm ab Anschlag mit den Abnahmen beginnen und wie folgt str:

1. Rd: * 9 M rechts str, 2 M rechts zusammenstr (siehe Seite 162) ab * 11x wdh (= 120 M).

2. Rd: Alle M rechts str.

3. Rd: * 8 M rechts str, 2 M rechts zusammenstr, ab * 11x wdh (= 108 M).

4. Rd: Alle M rechts str.

5. Rd: * 7 M rechts str, 2 M rechts zusammenstr, ab * 11x wdh (= 96 M).

6. Rd: Alle M rechts str.

7. Rd: * 6 M rechts str, 2 M rechts zusammenstr, ab * 11x wdh (= 84 M).

8. Rd: Alle M rechts str.

9. Rd: * 5 M rechts str, 2 M rechts zusammenstr, ab * 11x wdh (= 72 M).

10. Rd: Alle M rechts str.

11 Rd: * 4 M rechts str, 2 M rechts zusammenstr, ab * 11x wdh (= 60 M).

12. Rd: Alle M rechts str.

13. Rd: * 3 M rechts str, 2 M rechts zusammenstr, ab * 11x wdh (= 48 M).

14. Rd: Alle M rechts str.

15. Rd: * 2 M rechts str, 2 M rechts zusammenstr, ab * 11x wdh (= 36 M).

16. Rd: Alle M rechts str.

17. Rd: * 1 M rechts str, 2 M rechts zusammenstr, ab * 11x wdh (= 24 M).

18. Rd: Alle M rechts str.

19. Rd: Fortlaufend 2 M rechts zusammenstr.

Den Faden abschneiden und mit einer stumpfen Woll-Nd durch die restlichen 12 M ziehen.

Alle Fäden vernähen.

In Navy einen Pompon mit ca. 5 cm Durchmesser arb (siehe Seite 186) und fest an die Mütze nähen.

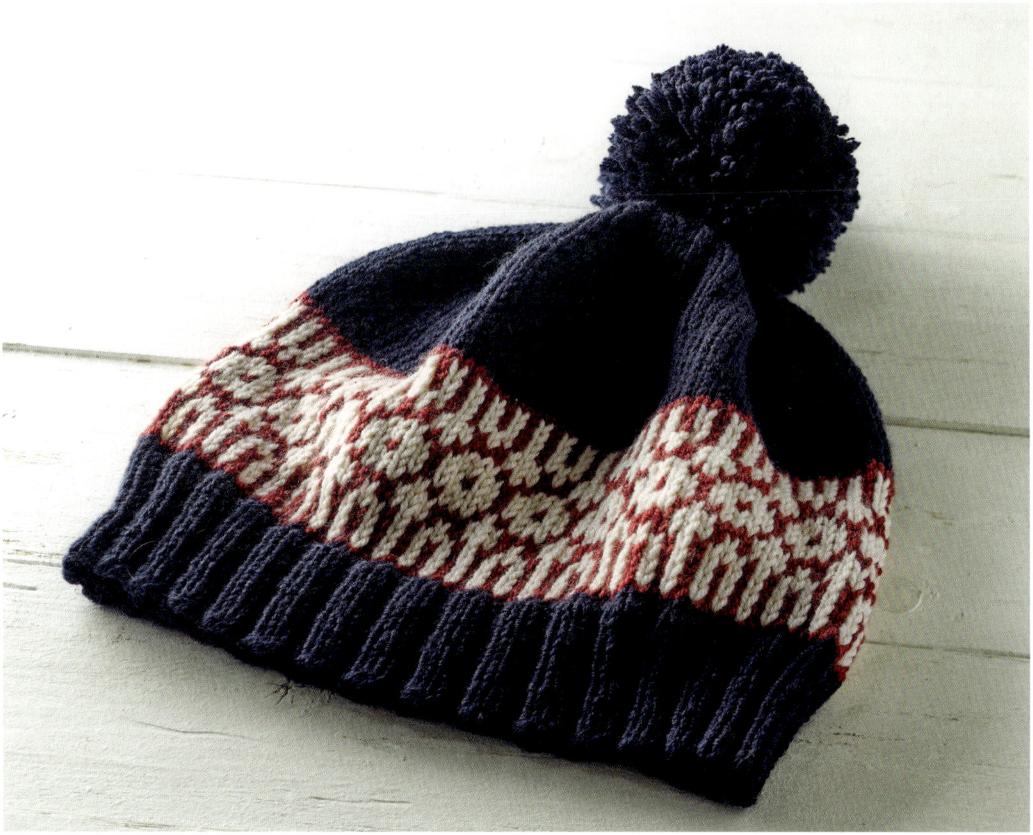

SOXXLOOK No.7

SCHWIERIGKEITSGRAD 2

GRÖSSE

Umfang: ca. 66 cm
Höhe: ca. 26 cm

MATERIAL

Lana Grossa Cool Wool (LL ca. 160 m/50 g) in Natur (Fb 590) und Nachtblau (Fb 414), je 100 g, und in Karminrot (Fb 437), Rest

Rundstricknadeln 3,0 mm und 3,5 mm, 50 cm lang

Maschenmarkierer

MASCHENPROBE

Im Jacquardmuster mit Nd 3,5 mm
28 M und 32 Rd = 10 cm x 10 cm

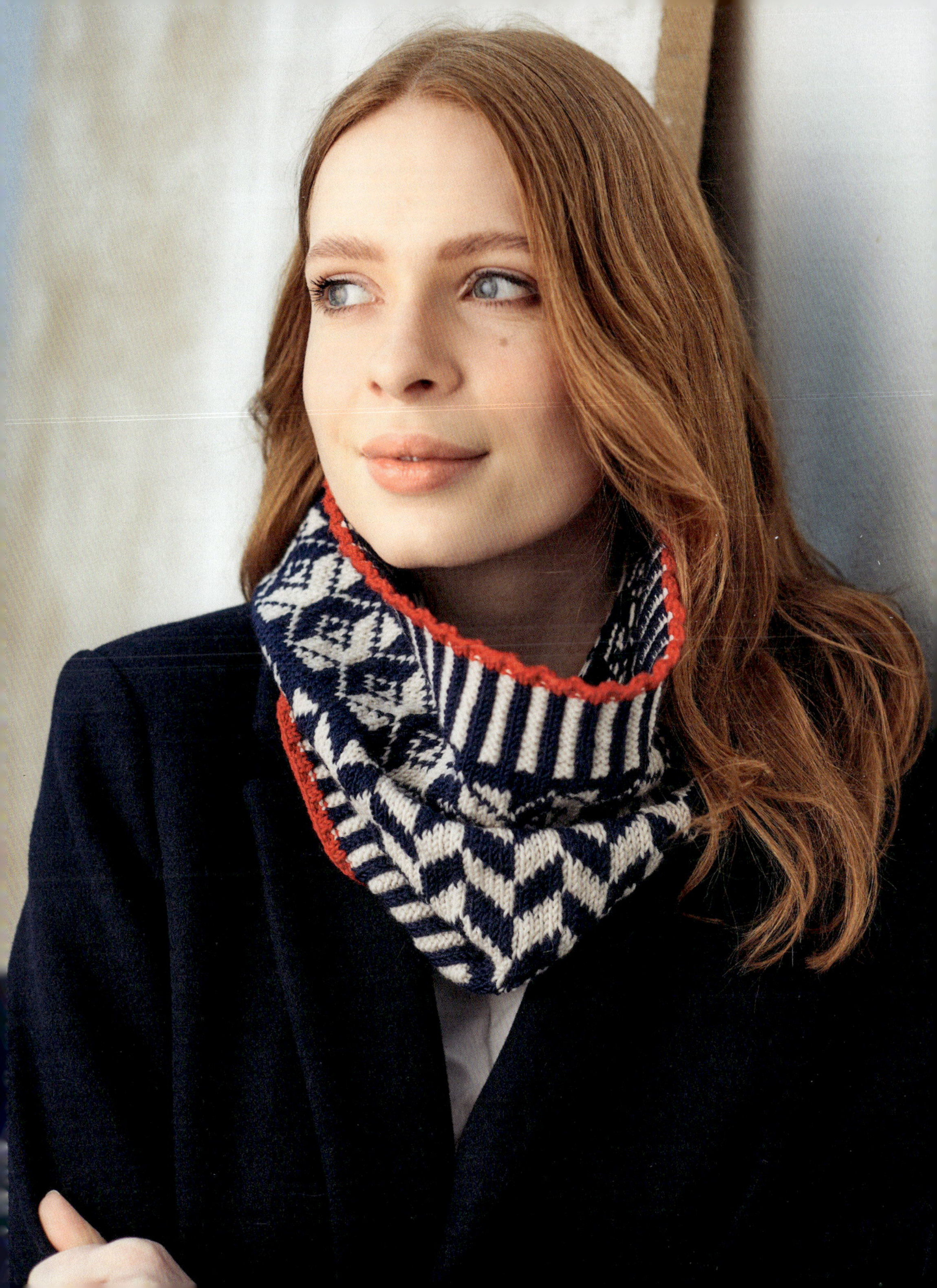

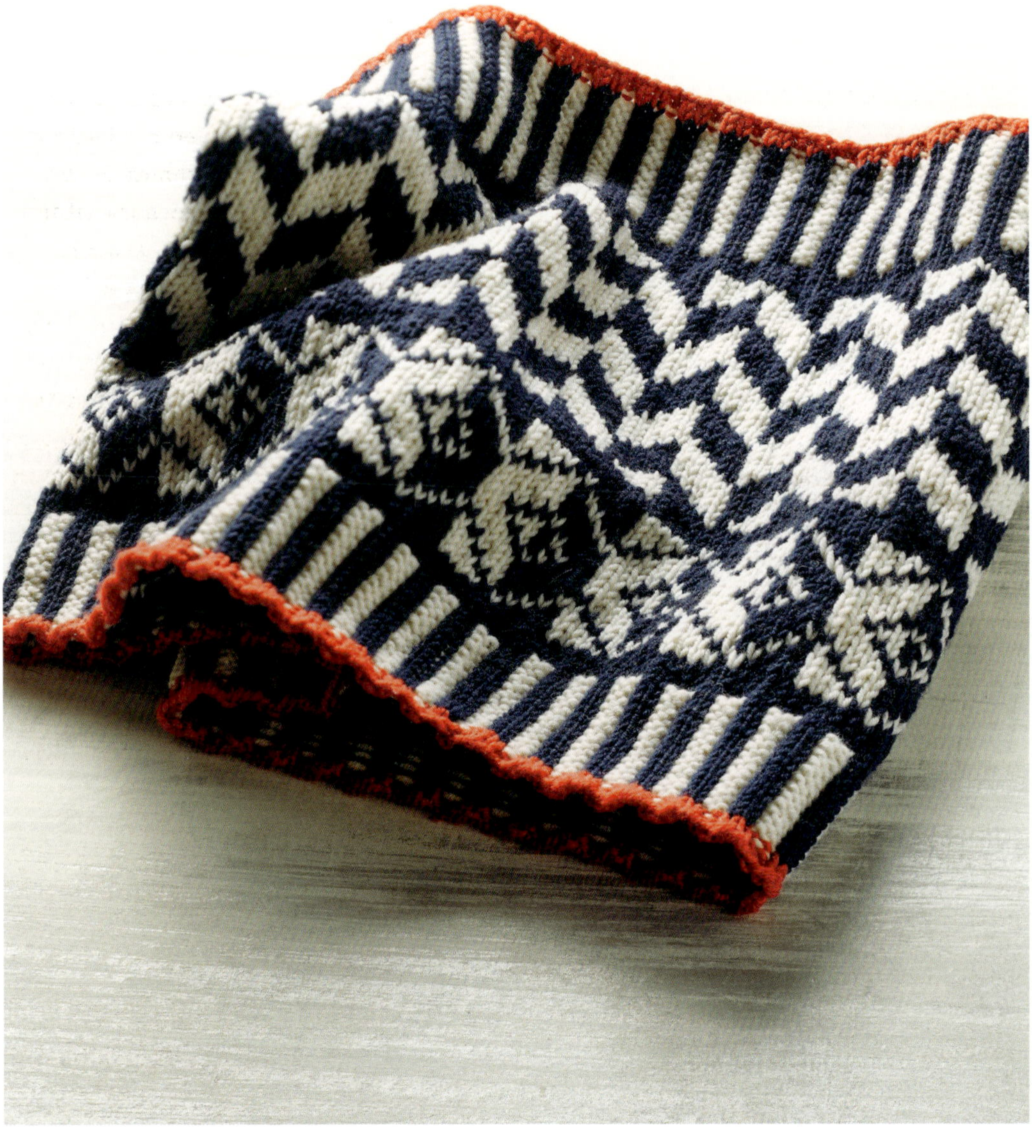

Glatt rechts

In Rd alle M rechts str.

Bündchenmuster 1

2 M rechts, 2 M links im Wechsel str.

Bündchenmuster 2

2 M rechts in Nachtblau, 2 M links in Natur im Wechsel str.

Jacquardmuster A und B

M-Zahl jeweils teilbar durch 10.
In allen Rd glatt rechts nach dem jeweiligen Zählmuster str. Den Rapport von 10 M fortlaufend wdh.

Jacquardmuster A

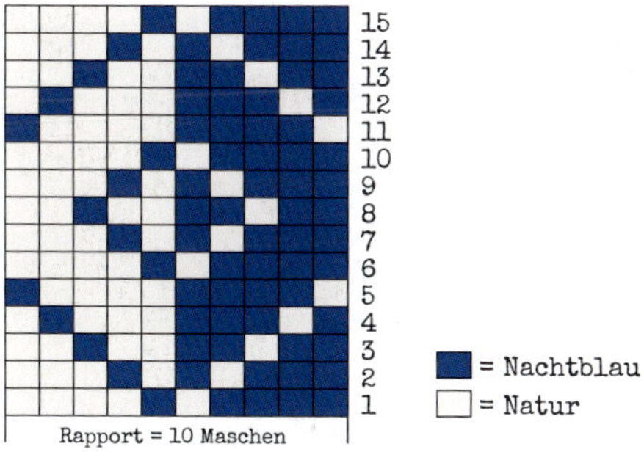

Jacquardmuster B

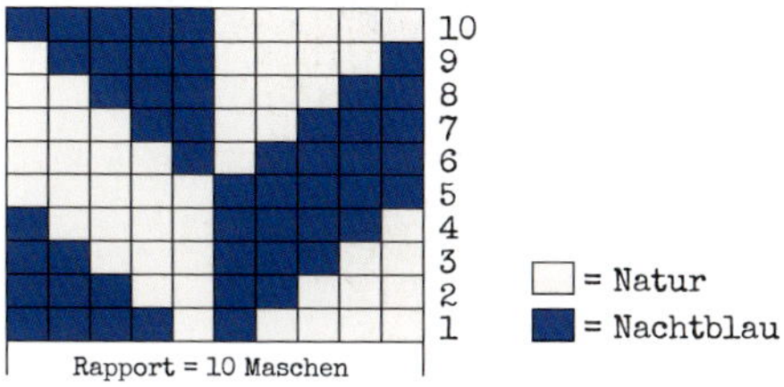

ANLEITUNG

180 M mit Nd 3,0 mm in Karminrot anschl und zur Rd schließen. Den Rd-Beginn mit einem M-Markierer kennzeichnen.
1 Rd in Karminrot im Bündchenmuster 1 str. Den Faden abschneiden. Anschließend 13 Rd im Bündchenmuster 2 arb (= 4 cm). Zu Nd 3,5 mm wechseln und 3 Rd glatt rechts in Nachtblau arb. Nun im Jacquardmuster A in Nachtblau und Natur weiterstr. Die 1.–15. Rd des Zählmusters 1x arb. 3 Rd in Nachtblau str. Danach im Jacquardmuster B in Natur und Nachtblau weiterarb. Die 1.–10. Rd des Zählmusters 3x str. 3 Rd in Nachtblau arb. 1 Rd 2 M in Nachtblau, 2 M in Natur str. Wieder zu Nd 3,0 mm wechseln und 13 Rd im Bündchenmuster 2 arb. Die Fäden abschneiden und den Loop in Karminrot mit 2 Rd im Bündchenmuster 1 beenden.
Die M abk, wie sie erscheinen (siehe Seite 166).
Anschließend alle Fäden vernähen.

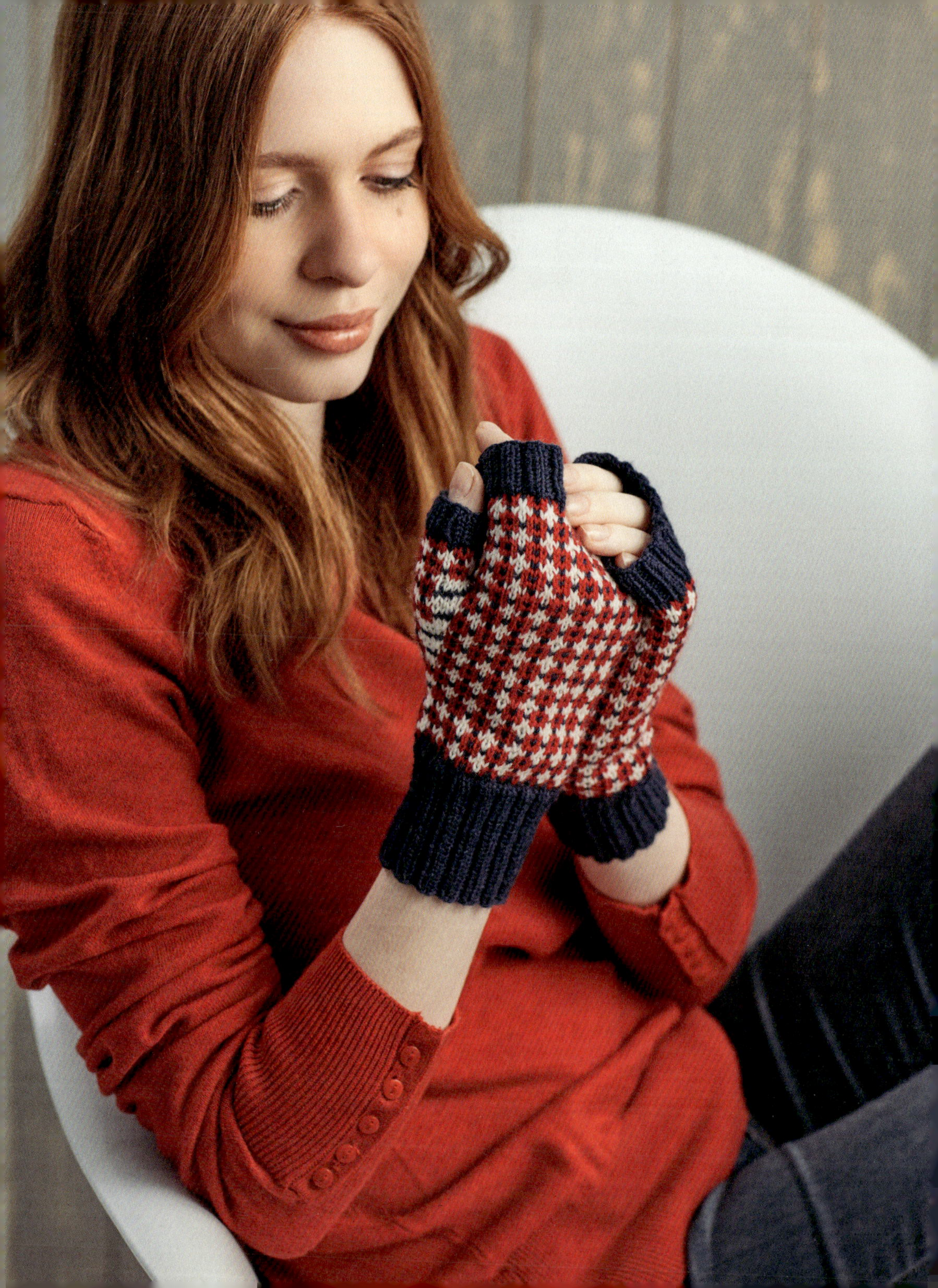

SOXXLOOK NO.8

SCHWIERIGKEITSGRAD 3

GRÖSSE

Umfang: 19 cm
Höhe: 21 cm

MATERIAL

Lana Grossa Meilenweit Cashmere (LL ca. 210 m/50 g) in Weiß (Fb 01), Rot (Fb 06) und Nachtblau (Fb 09), je 50 g

Nadelspiel 2,5–3,0 mm

Maschenmarkierer

MASCHENPROBE

Im Jacquardmuster mit Nd 2,5–3,0 mm
39 M und 38 Rd = 10 cm x 10 cm

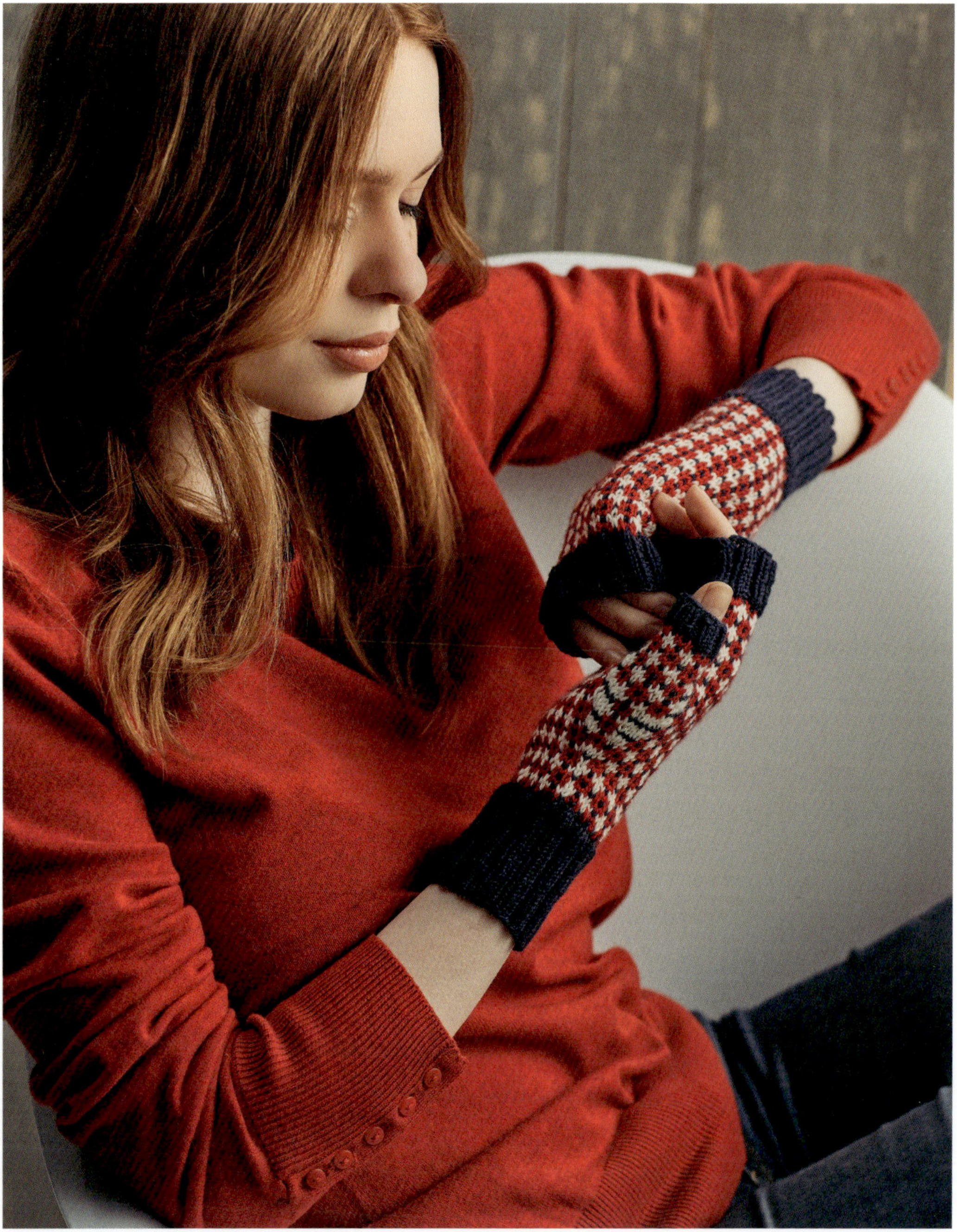

Glatt rechts

In Rd alle M rechts str.

Bündchenmuster

2 M rechts, 2 M links im Wechsel str.

Jacquardmuster A und B

M-Zahl jeweils teilbar durch 4.
In allen Rd glatt rechts nach dem jeweiligen Zählmuster str. Den Rapport von 4 M fortlaufend wdh.

Jacquardmuster A

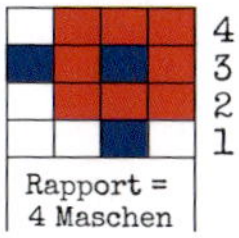

- ☐ = Weiß
- ■ = Nachtblau
- ■ = Rot

Jacquardmuster B

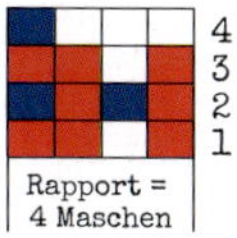

- ■ = Rot
- ☐ = Weiß
- ■ = Nachtblau

Daumenkeilmuster

Nach dem Zählmuster arb. In jeder 2. Rd nach dem M-Markierer 1 M aus dem Querfaden rechtsgeneigt zunehmen und am Rd-Ende 1 M aus dem Querfaden linksgeneigt zunehmen (siehe Seite 161).

Daumenkeilmuster

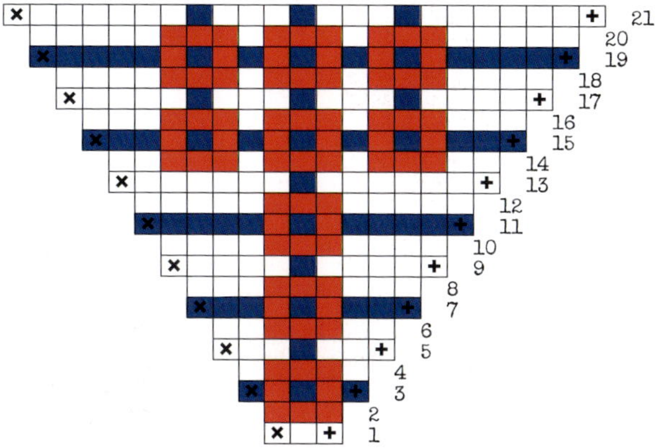

- ☐ = Weiß
- ■ = Rot
- ■ = Nachtblau
- + = 1 Masche rechtsgeneigt aus dem Querfaden zunehmen
- × = 1 Masche linksgeneigt aus dem Querfaden zunehmen

ANLEITUNG

HINWEIS: Bitte lies dir die Anleitung einmal komplett durch, bevor du mit dem Stricken beginnst.

64 M in Nachtblau anschl, gleichmäßig auf 4 Spielnd verteilen (= 16 M pro Nd) und zur Rd schließen.
Für das Bündchen 25 Rd (= 5 cm) im Bündchenmuster str.
Anschließend 1 Rd in Nachtblau arb.
Nun im Jacquardmuster A in Weiß, Nachtblau und Rot weiterstr. Zunächst die 3. und 4. Rd des Zählmusters 1x str, dann die 1.–4. Rd 2x str. In der letzten Rd vor der letzten M einen M-Markierer setzen. Diese M ist die 1. M des Daumenkeils. In der nächsten Rd mit den Zunahmen für den Daumenkeil beginnen. Nach dem M-Markierer 1 M rechtsgeneigt aus dem Querfaden zunehmen und am Rd-Ende 1 M linksgeneigt aus dem Querfaden zunehmen (siehe Seite 161). Die Zunahmen in jeder 2. Rd wdh.
Die 1.–21. Rd des Daumenkeilmusters 1x arb. GLEICHZEITIG über die restlichen M das Jacquardmuster A fortführen. Die 1.–4. Rd des Zählmusters 5x str. WICHTIG, den Rapport von 4 M 15x wdh, anschließend 1x die ersten 3 M des Rapports str.
Nun die 23 M des Daumenkeils auf einem Faden stilllegen und über die restlichen 63 M die Handpartie im Jacquardmuster A in Weiß, Nachtblau und Rot weiterarb. In der 1. Rd am Rd-Ende 1 M aufschlingen (siehe Seite 156) (= 64 M).
Die 1.–4. Rd des Zählmusters 4x str, dann die 1.–3. Rd 1x arb.
Die Fäden in Rot und Weiß abschneiden.
2 Rd in Nachtblau arb und anschließend 10 Rd (= 2,5 cm) im Bündchenmuster in Nachtblau str. Die M abk, wie sie erscheinen (siehe Seite 166).
Anschließend für den Daumen die 23 stillgelegten Daumenkeil-M wieder aufnehmen und auf 4 Spielnd verteilen (= 6-6-6-5 M). Am Ende der 4. Nd aus der aufgeschlungenen M 1 M in Rot rechts auffassen (= 24 M). Zur Rd schließen und im Jacquardmuster B in Rot, Weiß und Nachtblau arb. Die 1.–4. Rd 1x str, dann noch 1x die 1. und 2. Rd des Zählmusters str. Die Fäden in Rot und Weiß abschneiden. 2 Rd in Nachtblau arb. Anschließend 5 Rd (= 1,5 cm) im Bündchenmuster str.
Die M abk, wie sie erscheinen.
Anschließend alle Fäden vernähen.
Die zweite Stulpe genauso arb.

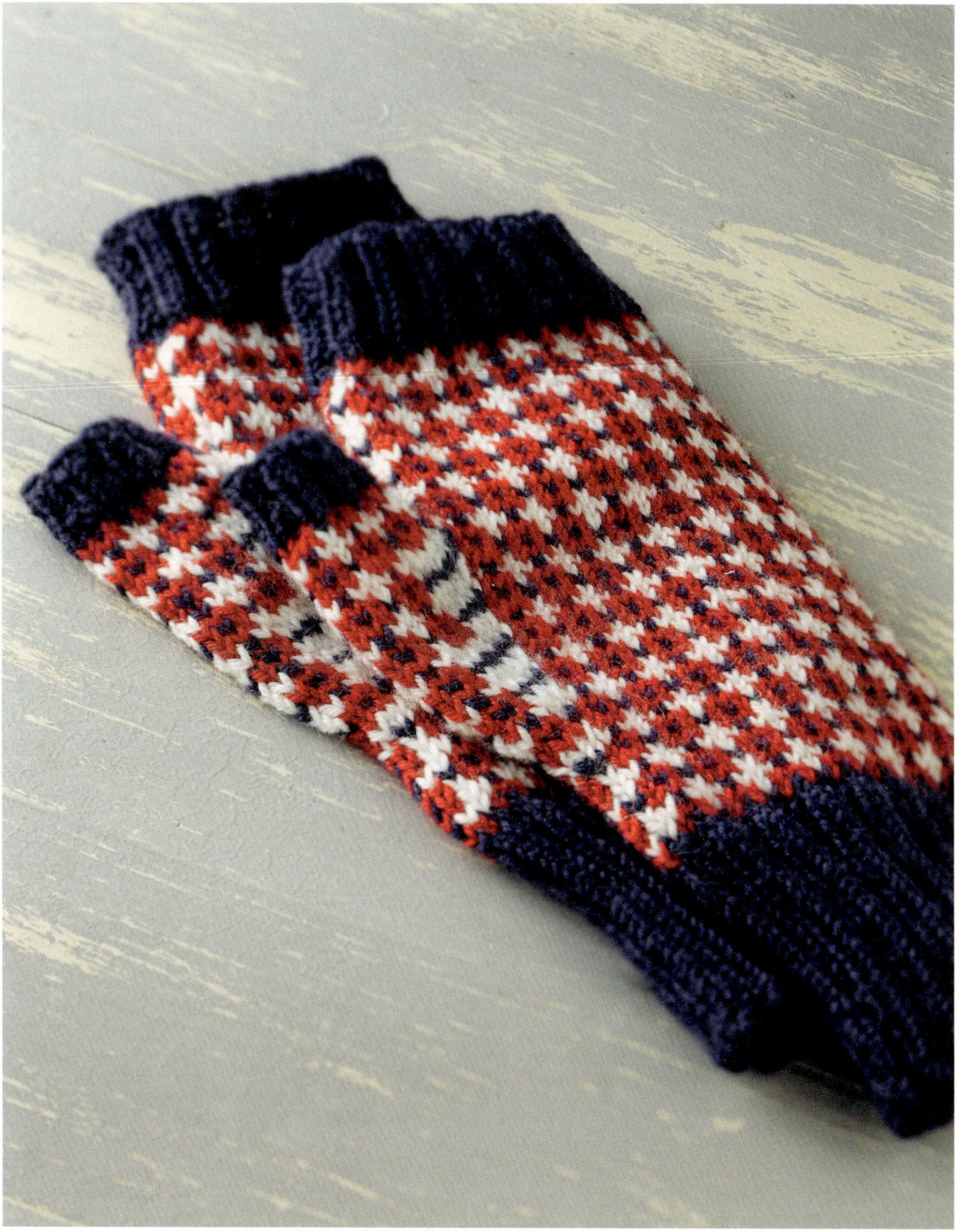

SOXXLOOK NO. 9

SCHWIERIGKEITSGRAD 2

GRÖSSE

38/39

MATERIAL

Schachenmayr Regia 4-fädig (LL ca. 210 m/ 50 g) in Superweiß (Fb 2080), Kirsche (Fb 2002) und Marine (Fb 324), je 50 g

Nadelspiel 2,5–3,0 mm

MASCHENPROBE

Glatt rechts mit Nd 2,5–3,0 mm
32 M und 44 Rd = 10 cm x 10 cm

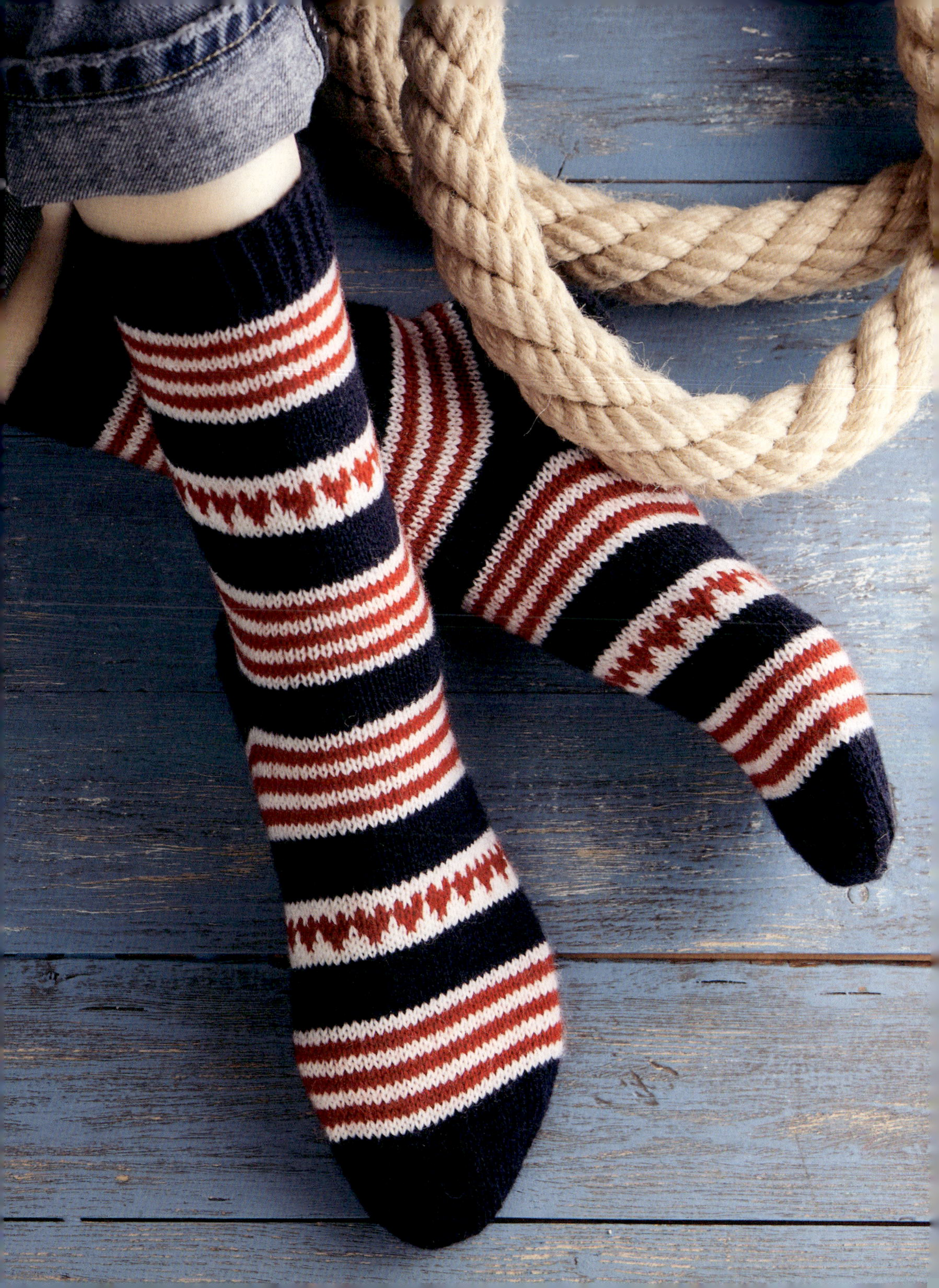

Glatt rechts

In Hinr rechte M, in Rückr linke M str, bzw. in Rd alle M rechts str.

Bündchenmuster

1 M rechts verschränkt, 1 M links im Wechsel str.

Jacquardmuster

M-Zahl teilbar durch 4.
In allen Rd glatt rechts nach dem Zählmuster str. Den Rapport von 4 M fortlaufend wdh.

Jacquardmuster

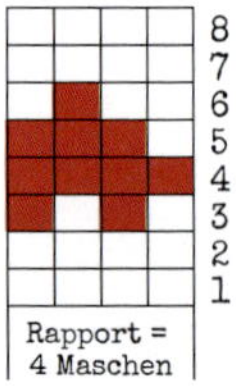

□ = Superweiß
■ = Kirsche

ANLEITUNG

60 M in Marine anschl, gleichmäßig auf 4 Spielnd verteilen (= 15 M pro Nd) und zur Rd schließen.
Für das BÜNDCHEN 13 Rd (= 3 cm) im Bündchenmuster str.
Den SCHAFT glatt rechts mit 1 Rd in Marine beginnen. Danach * 2 Rd in Superweiß, 2 Rd in Kirsche str, ab * 2x wdh und weitere 2 Rd in Superweiß arb. Anschließend 8 Rd in Marine str. Nun im Jacquardmuster in Superweiß und Kirsche weiterarb. Die 1.–8. Rd des Zählmusters 1x str. Danach 8 Rd in Marine arb. Nun * 2 Rd in Superweiß, 2 Rd in Kirsche str, ab * 2 x wdh und weitere 2 Rd in Superweiß arb. Den Faden in Superweiß und den Faden in Kirsche abschneiden. 3 Rd in Marine arb.
Nun die BUMERANGFERSE glatt rechts in Marine über die 30 M der 4. und 1. Nd nach der Grundanleitung str (siehe Seite 178).
Den FUSS weiter glatt rechts über alle M der 4 Spielnd arb. Dabei mit 3 Rd in Marine beginnen und anschließend * 2 Rd in Superweiß, 2 Rd in Kirsche str, ab * 2x wdh und weitere 2 Rd in Superweiß arb. Danach 8 Rd in Marine str. Nun im Jacquardmuster in Superweiß und Kirsche weiterarb. Die 1.–8. Rd des Zählmusters 1x str. 8 Rd in Marine arb. Anschließend * 2 Rd in Superweiß, 2 Rd in

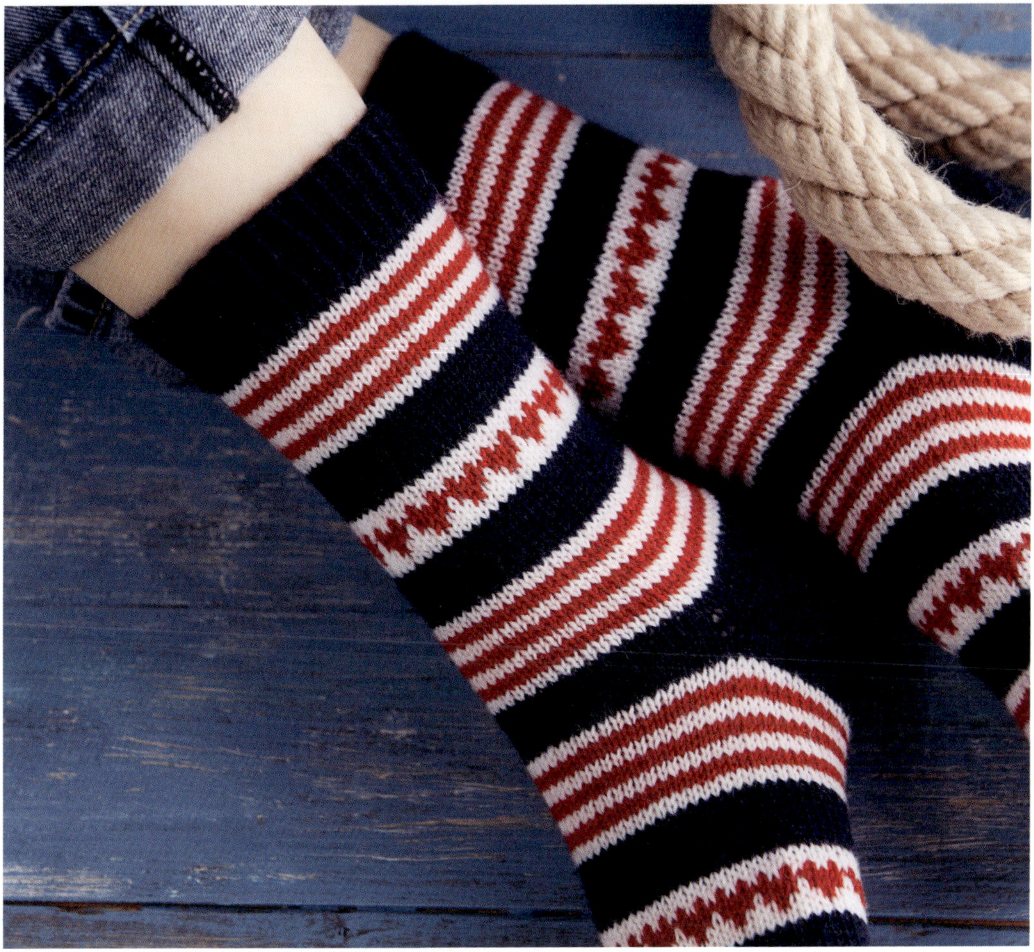

Kirsche str, ab * 2x wdh und weitere 2 Rd in Superweiß arb. Den Faden in Superweiß und den Faden in Kirsche abschneiden und die Socke in Marine beenden. Dabei nach 17,5 cm ab Fersenmitte mit den Abnahmen für die Bandspitze beginnen.

Die BANDSPITZE in Marine nach der Grundanleitung str (siehe Seite 183). Den Faden abschneiden und nach innen ziehen.
Alle Fäden vernähen.
Die zweite Socke genauso arb.

HINWEISE ZUM STRICKEN VON ANDEREN GRÖSSEN

GRÖSSE 36/37

60 M anschl (= 15 M pro Nd).

Fuß: 3 Rd in Marine str, anschließend * 2 Rd in Superweiß, 2 Rd in Kirsche arb, ab * 1x wdh, 2 Rd in Superweiß str. 8 Rd in Marine arb. Danach das Jacquardmuster nach Anleitung arb. 8 Rd in Marine arb. Nun * 2 Rd in Superweiß, 2 Rd in Kirsche str, b * 1x wdh, 2 Rd in Superweiß arb. Nach 16 cm ab Fersenmitte mit den Abnahmen für die Bandspitze beginnen.

GRÖSSE 40/41

64 M anschl (= 16 M pro Nd).

Fuß: 3 Rd in Marine str, anschließend * 2 Rd in Superweiß, 2 Rd in Kirsche arb, ab * 2x wdh, 2 Rd in Superweiß str. 8 Rd in Marine arb. Danach das Jacquardmuster nach Anleitung arb. 8 Rd in Marine arb. Nun * 2 Rd in Superweiß, 2 Rd in Kirsche str, ab * 2x wdh, 2 Rd in Superweiß arb. Nach 19 cm ab Fersenmitte mit den Abnahmen für die Bandspitze beginnen.

GRÖSSE 42/43
64 M anschl (= 16 M pro Nd).
Fuß: 3 Rd in Marine str, anschließend * 2 Rd in Superweiß, 2 Rd in Kirsche arb, ab * 3x wdh, 2 Rd in Superweiß str. 8 Rd in Marine arb. Danach das Jacquardmuster nach Anleitung arb. 8 Rd in Marine arb. Nun * 2 Rd in Superweiß, 2 Rd in Kirsche str, ab * 3x wdh, 2 Rd in Superweiß arb. Nach 20,5 cm ab Fersenmitte mit den Abnahmen für die Bandspitze beginnen.

GRÖSSE 44/45
68 M anschl (= 17 M pro Nd).
Fuß: 3 Rd in Marine str, anschließend * 2 Rd in Superweiß, 2 Rd in Kirsche arb, ab * 4x wdh, 2 Rd in Superweiß str. 8 Rd in Marine arb. Danach das Jacquardmuster nach Anleitung arb. 8 Rd in Marine arb. Nun * 2 Rd in Superweiß, 2 Rd in Kirsche str, ab * 4x wdh, 2 Rd in Superweiß arb. Nach 22 cm ab Fersenmitte mit den Abnahmen für die Bandspitze beginnen.

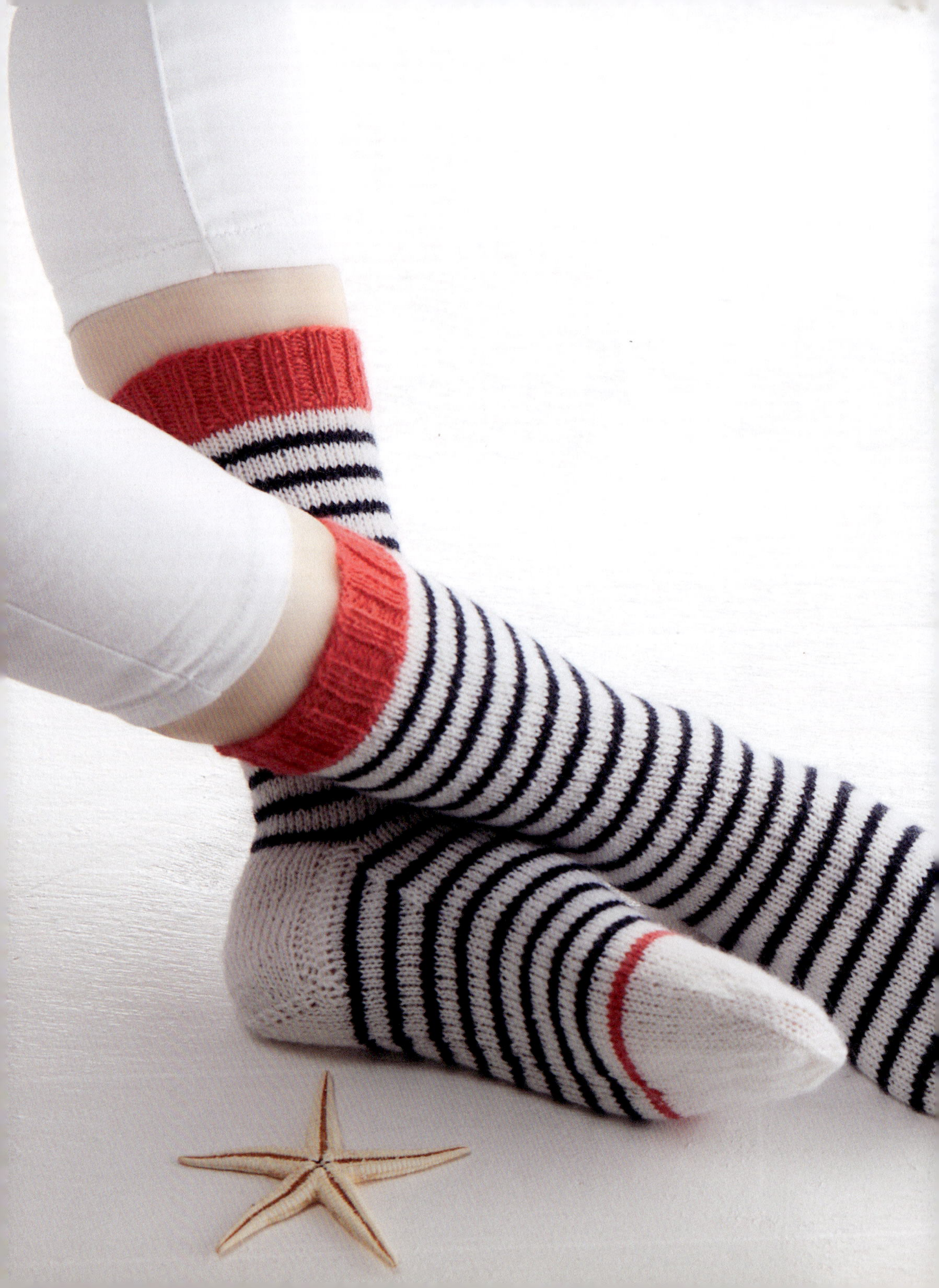

SOXXLOOK NO.10

SCHWIERIGKEITSGRAD I

GRÖSSE

38/39

MATERIAL

Lana Grossa Meilenweit 50 (LL ca. 210 m/ 50 g) in Weiß (Fb 1101), Rot (Fb 1373) und Nachtblau (Fb 1141), je 50 g

Nadelspiel 2,5–3,0 mm

MASCHENPROBE

Glatt rechts mit Nd 2,5–3,0 mm
32 M und 44 Rd = 10 cm x 10 cm

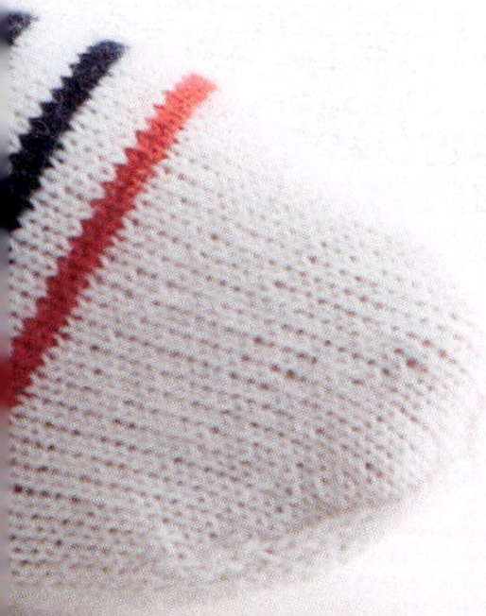

Glatt rechts

In Hinr rechte M, in Rückr linke M str, bzw. in Rd alle M rechts str.

Bündchenmuster

2 M rechts, 2 M links im Wechsel str.

ANLEITUNG

60 M in Rot anschl, gleichmäßig auf 4 Spielnd verteilen (= 15 M pro Nd) und zur Rd schließen.
Für das BÜNDCHEN 14 Rd (= 3 cm) im Bündchenmuster str.
Den SCHAFT glatt rechts mit 1 Rd in Rot beginnen. Den Faden abschneiden. Danach für die Ringel * 4 Rd in Weiß, 2 Rd in Nachtblau str, ab * 10x wdh. Den Faden in Nachtblau abschneiden. 1 Rd in Weiß arb.
Nun die HERZCHENFERSE glatt rechts in Weiß über die 30 M der 4. und 1. Nd nach der Grundanleitung str (siehe Seite 181).
Den FUSS weiter glatt rechts über alle M der 4 Spielnd arb. Mit 1 Rd in Weiß beginnen und anschließend für die Ringel * 2 Rd in Nachtblau, 4 Rd in Weiß str, ab * 7x wdh. Den Faden in Nachtblau abschneiden. 2 Rd in Rot arb. Den Faden in Rot abschneiden und die Socke in Weiß beenden. Dabei nach 17,5 cm ab Fersenmitte mit den Abnahmen für die Bandspitze beginnen.
Die BANDSPITZE in Weiß nach der Grundanleitung str (siehe Seite 183). Den Faden abschneiden und nach innen ziehen.
Alle Fäden vernähen.
Die zweite Socke genauso arb.

HINWEISE ZUM STRICKEN VON ANDEREN GRÖSSEN

GRÖSSE 36/37
60 M anschl (= 15 M pro Nd).
Fuß: 1 Rd in Weiß str, anschließend für die Ringel * 2 Rd in Nacht-
blau, 4 Rd in Weiß str, ab * 6x wdh, dann 2 Rd in Rot arb. Nach 16 cm
ab Fersenmitte mit den Abnahmen für die Bandspitze beginnen.

GRÖSSE 40/41
64 M anschl (= 16 M pro Nd).
Fuß: 1 Rd in Weiß str, anschließend für die Ringel * 2 Rd in Nacht-
blau, 4 Rd in Weiß str, ab * 8x wdh, dann 2 Rd in Rot arb. Nach 19 cm
ab Fersenmitte mit den Abnahmen für die Bandspitze beginnen.

GRÖSSE 42/43
64 M anschl (= 16 M pro Nd).
Fuß: 1 Rd in Weiß str, anschließend für die Ringel * 2 Rd in Nacht-
blau, 4 Rd in Weiß str, ab * 9x wdh, dann 2 Rd in Rot arb. Nach
20,5 cm ab Fersenmitte mit den Abnahmen für die Bandspitze begin-
nen.

GRÖSSE 44/45
68 M anschl (= 17 M pro Nd).
Fuß: 1 Rd in Weiß str, anschließend für die Ringel * 2 Rd in Nacht-
blau, 4 Rd in Weiß str, ab * 10x wdh, dann 2 Rd in Rot arb. Nach 22 cm
ab Fersenmitte mit den Abnahmen für die Bandspitze beginnen.

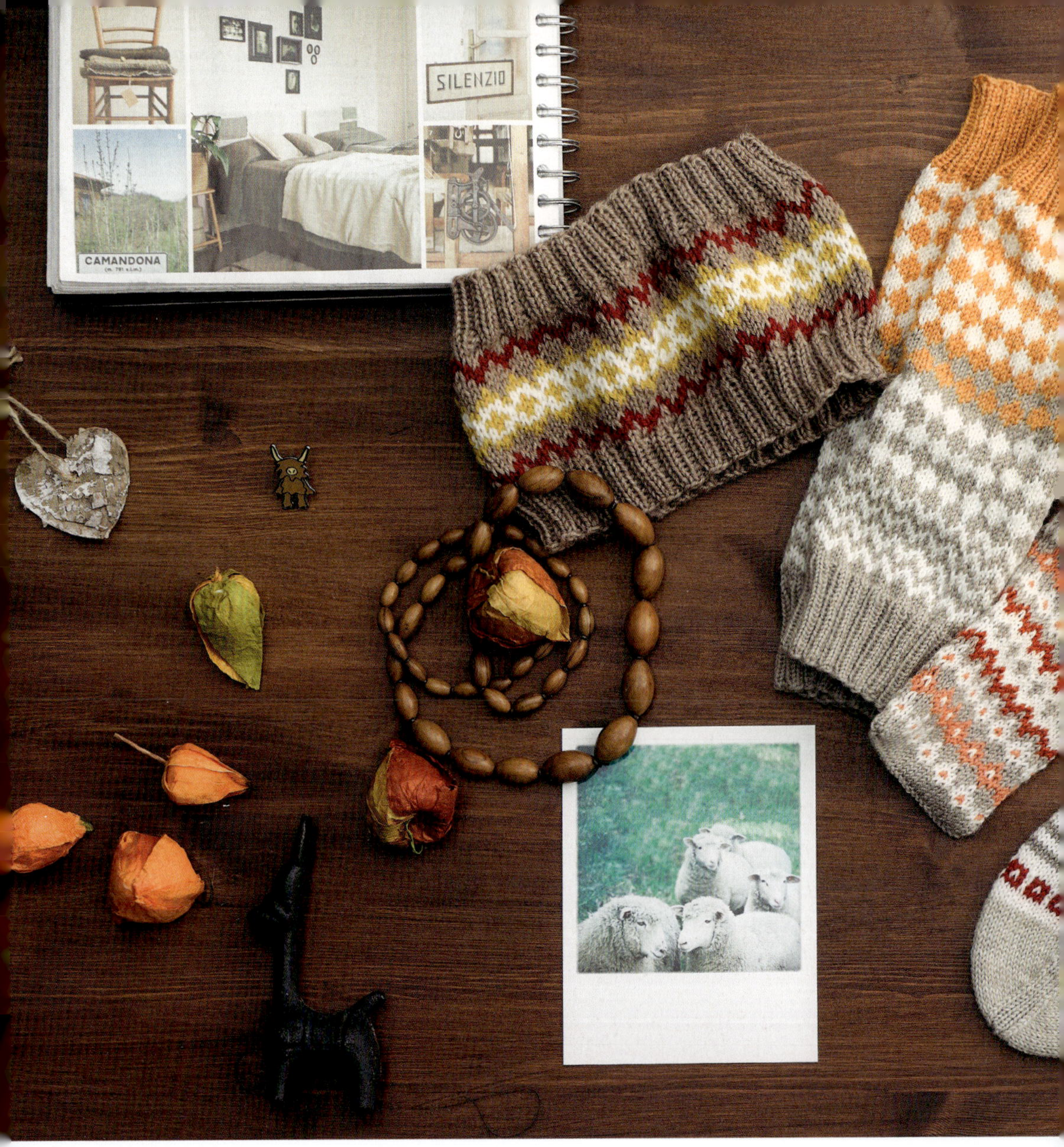

Make Soxx Simple

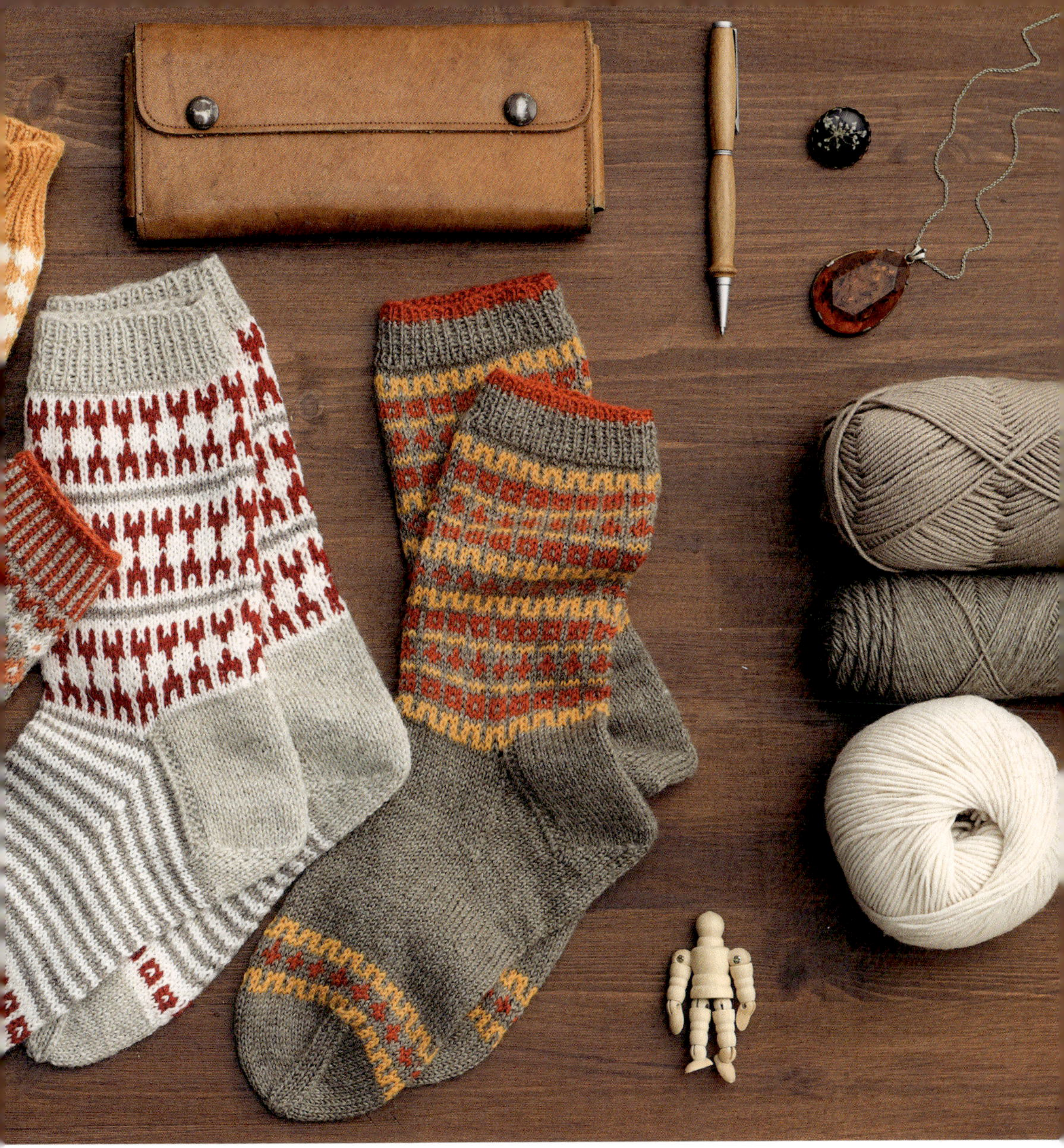

but significant >>>

SOXXLOOK NO. 11

SCHWIERIGKEITSGRAD 2

GRÖSSE

Kopfumfang: 54–57 cm
Höhe: 12 cm

MATERIAL

Lang Yarns Fantomas (LL ca.140 m/50 g) in Camel Mélange (Fb 39), Offwhite (Fb 94), Dunkelrot (Fb 62) und Sonnengelb (Fb 114), je 50 g

Nadelspiele 3,0 mm und 3,5 mm, 20 cm lang

MASCHENPROBE

Im Jacquardmuster mit Nd 3,5 mm
28 M und 32 Rd = 10 cm x 10 cm

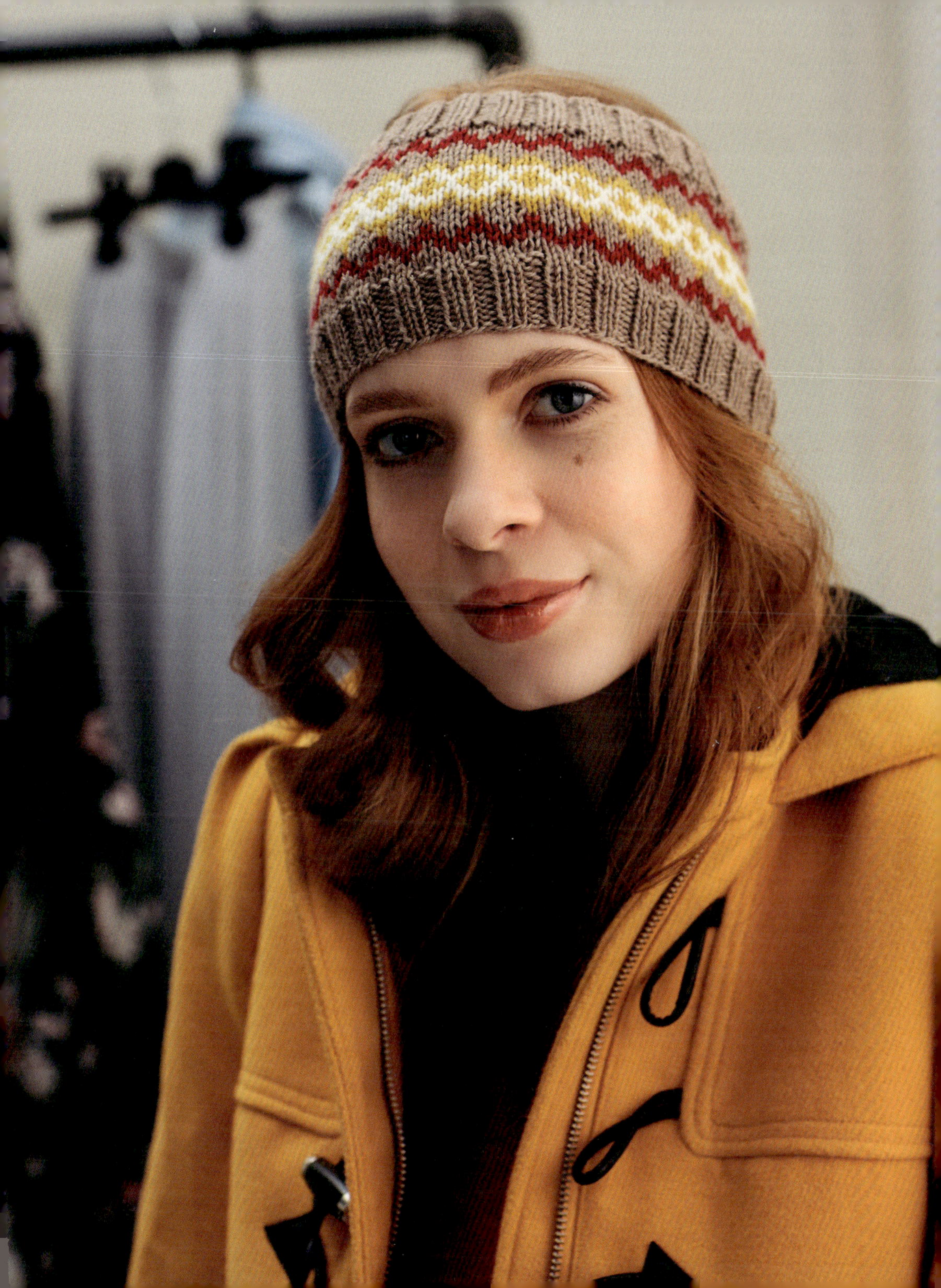

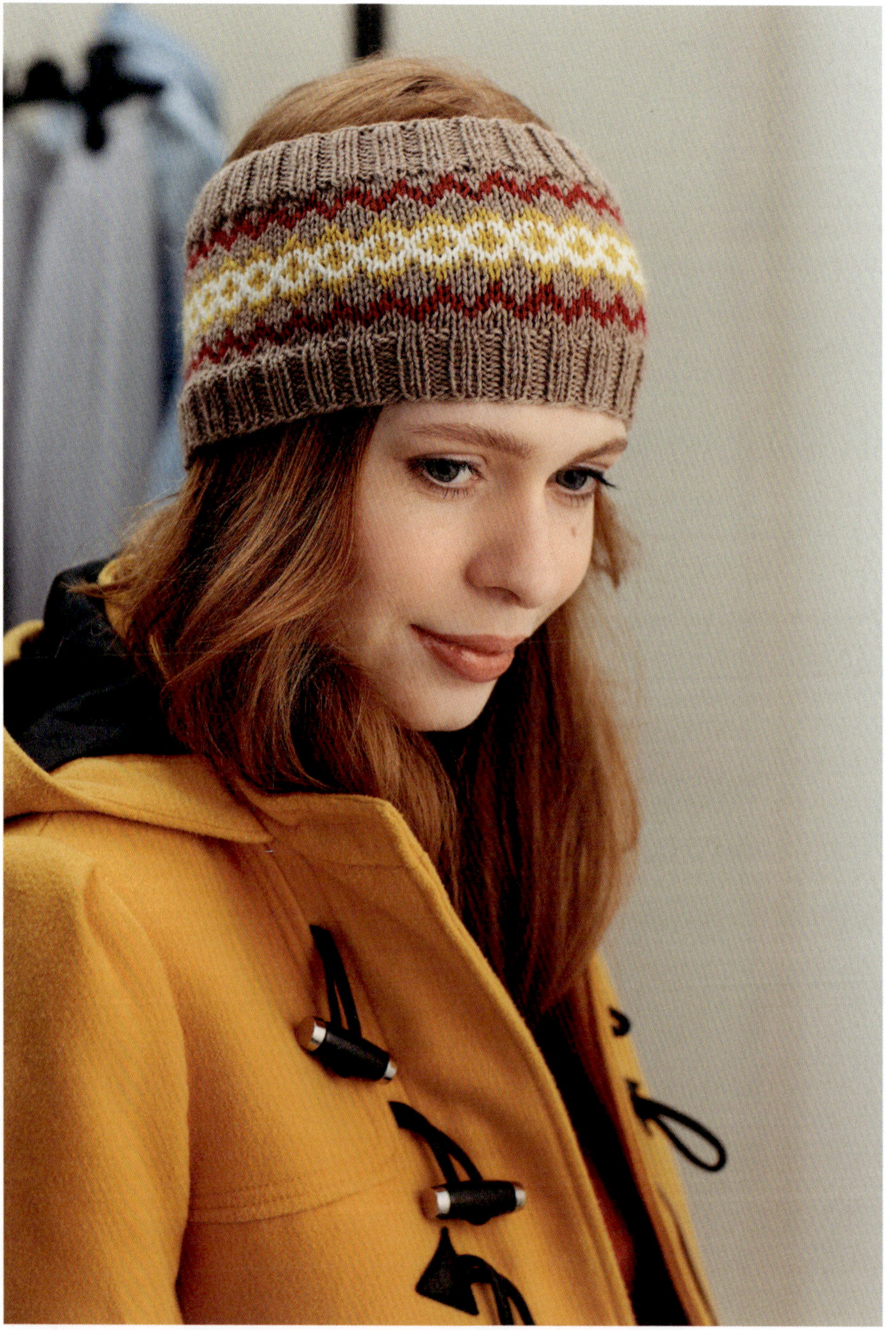

Glatt rechts

In Rd alle M rechts str.

Bündchenmuster

2 M rechts, 2 M links im Wechsel str.

Jacquardmuster

M-Zahl teilbar durch 4. In allen Rd glatt rechts nach dem Zählmuster str. Den Rapport von 4 M fortlaufend wdh.

Jacquardmuster

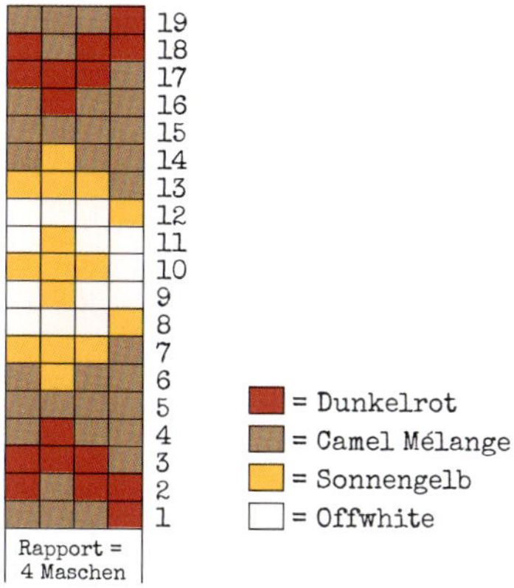

ANLEITUNG

120 M in Camel Mélange mit Nd 3,0 mm anschl, gleichmäßig auf 4 Spielnd verteilen (= 30 M pro Nd) und zur Rd schließen. Für das Bündchen 10 Rd (= 2,5 cm) im Bündchenmuster str.
Anschließend zu Nd 3,5 mm wechseln und 1 Rd rechte M in Camel Mélange arb. Danach im Jacquardmuster in Dunkelrot, Camel Mélange, Sonnengelb und Offwhite weiterstr. Die 1.–19. Rd des Zählmusters 1x arb. Die Fäden in Dunkelrot, Sonnengelb und Offwhite abschneiden. 1 Rd in Camel Mélange str. Wieder zu Nd 3,0 mm wechseln und 10 Rd im Bündchenmuster arb. Die M locker abk, wie sie erscheinen (siehe Seite 166).
Alle Fäden vernähen.

SOXXLOOK NO.12

SCHWIERIGKEITSGRAD 3

GRÖSSE

Umfang: 18 cm
Höhe: 27 cm

MATERIAL

Lana Grossa Meilenweit Cashmere (LL ca. 210 m/50 g) in Weiß (Fb 01), Goldgelb (Fb 29) und Grège (Fb 13), je 50 g

Nadelspiel 2,5–3,0 mm

MASCHENPROBE

Im Jacquardmuster mit Nd 2,5–3,0 mm
34 M und 40 Rd = 10 cm x 10 cm

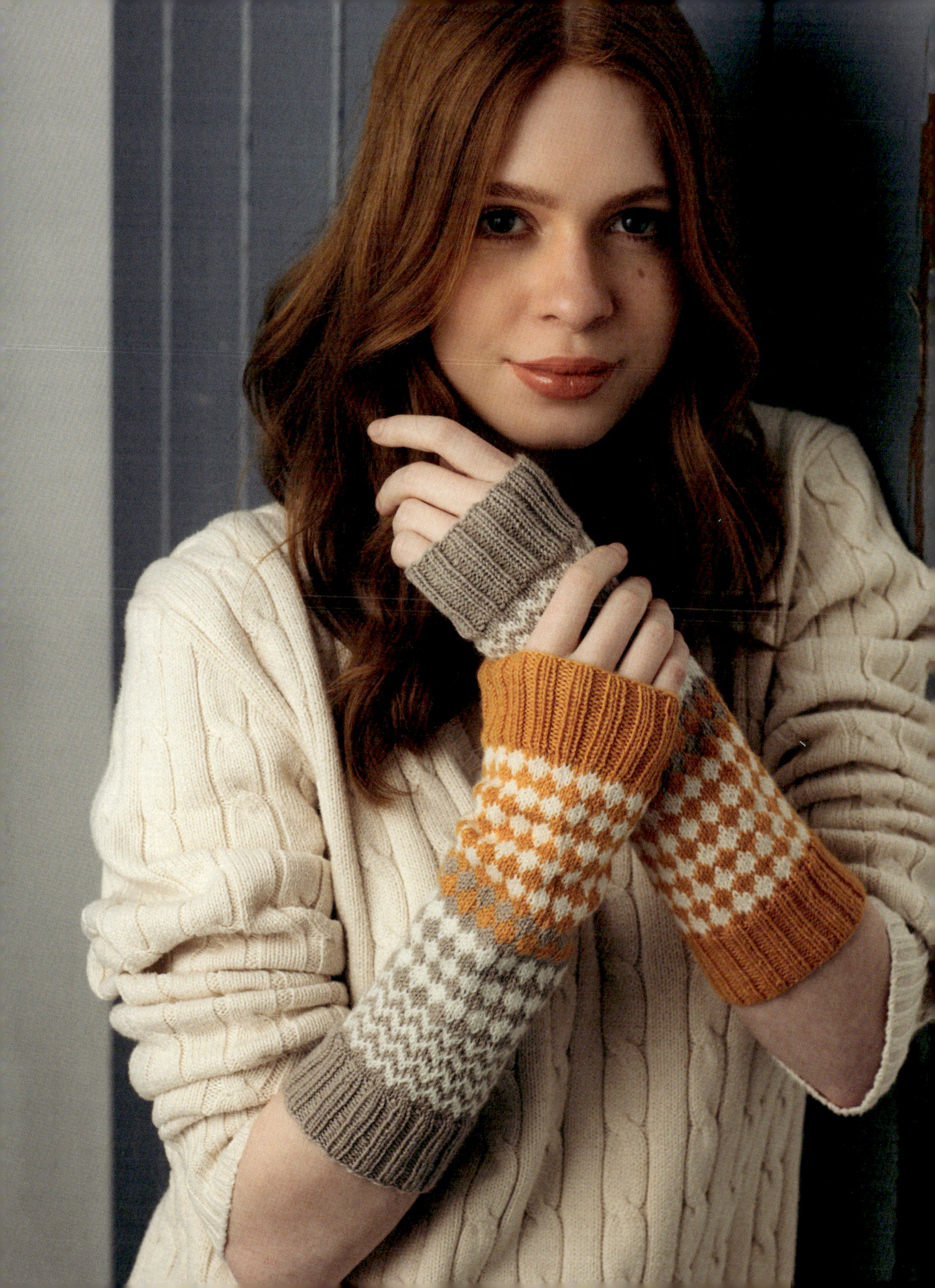

Glatt rechts

In Rd alle M rechts str.

Bündchenmuster

2 M rechts, 2 M links im Wechsel str.

Jacquardmuster A, B, C, D, E und F

M-Zahl jeweils teilbar durch 4.
In allen Rd glatt rechts nach dem jeweiligen Zählmuster str. Den Rapport von 4 M fortlaufend wdh.

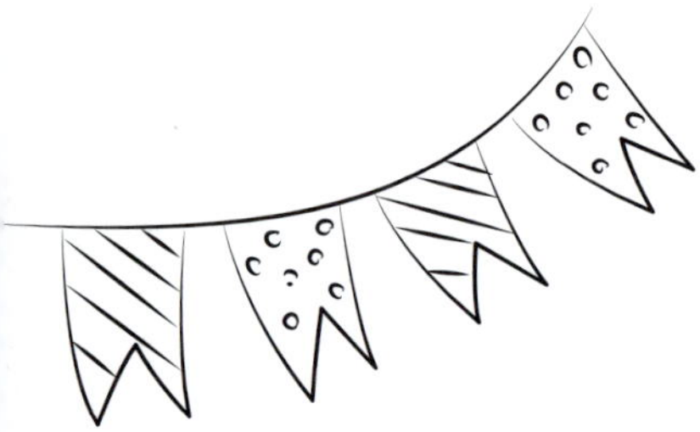

Jacquardmuster A

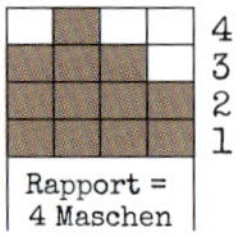

= Grège
= Weiß

Jacquardmuster B

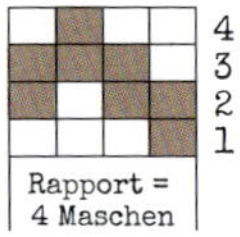

= Grège
= Weiß

Jacquardmuster C

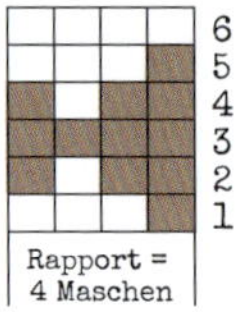

= Grège
= Weiß

Jacquardmuster D

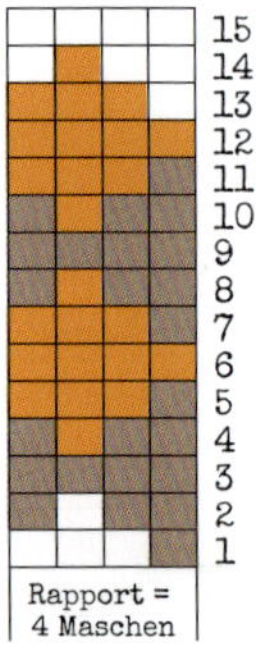

= Grège
= Weiß
= Goldgelb

Jacquardmuster E

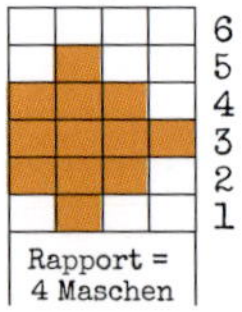

= Weiß
= Goldgelb

Jacquardmuster F

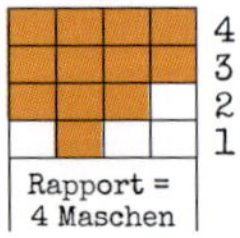

= Weiß
= Goldgelb

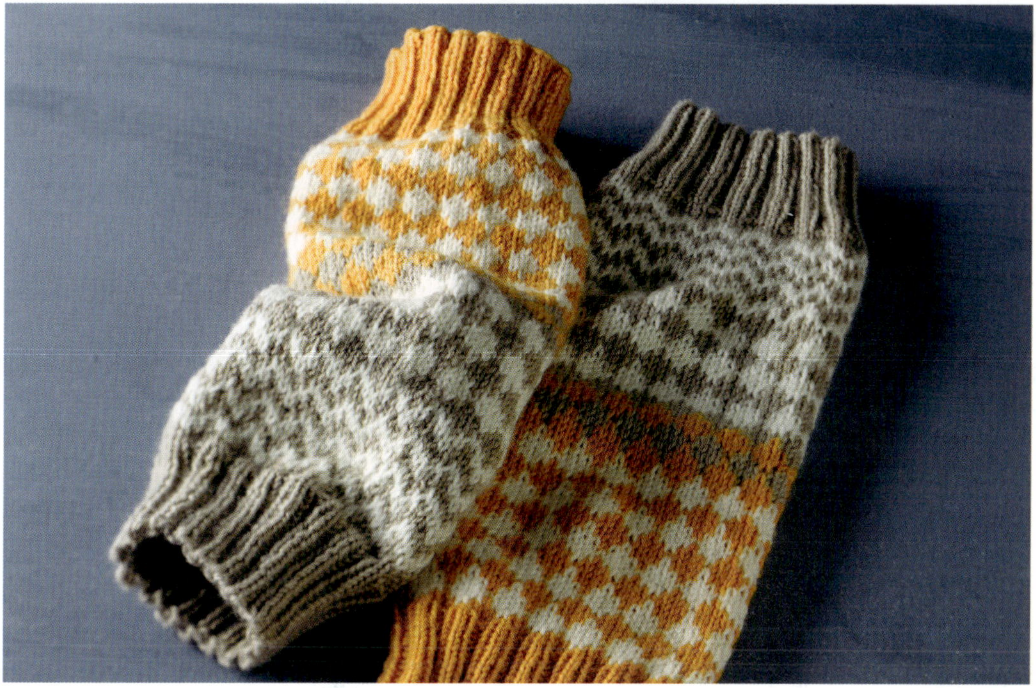

ANLEITUNG

64 M in Grège anschl, gleichmäßig auf 4 Spielnd verteilen (= 16 M pro Nd) und zur Rd schließen. Für das Bündchen 20 Rd (= 4,5 cm) im Bündchenmuster str. Anschließend glatt rechts weiterarb. Das Jacquardmuster A in Grège und Weiß str. Die 1.–4. Rd des Zählmusters 1x arb. Danach im Jacquardmuster B in Grège und Weiß weiterarb. Die 1.–4. Rd des Zählmusters 3x str. Nun im Jacquardmuster C in Grège und Weiß weiterarb. Die 1.–6. Rd des Zählmusters 3x str. Anschließend im Jacquardmuster D in Grège, Weiß und Goldgelb weiterarb. Die 1.–15. Rd des Zählmusters 1x str. Den Faden in Grège abschneiden. Dann im Jacquardmuster E in Weiß und Goldgelb weiterarb. Die 1.–6. Rd des Zählmusters 4x str. Nun im Jacquardmuster F in Weiß und Goldgelb weiterarb. Die 1.–4. Rd des Zählmusters 1x str. Den Faden in Weiß abschneiden und die Stulpe mit 20 Rd im Bündchenmuster (= 4,5 cm) in Goldgelb beenden.

Die M abk, wie sie erscheinen (siehe Seite 166).

Anschließend alle Fäden vernähen.

Die zweite Stulpe genauso arb.

SOXXLOOK No.13

SCHWIERIGKEITSGRAD 3

GRÖSSE

38/39

MATERIAL

Schachenmayr Regia 4-fädig (LL ca. 210 m/ 50 g) in Superweiß (Fb 2080), Kirsche (Fb 2002), Holz meliert (Fb 2070) und Leinen meliert (Fb 2143), je 50 g

Nadelspiel 2,5–3,0 mm

MASCHENPROBE

Im Jacquardmuster mit Nd 2,5–3,0 mm 32 M und 38 Rd = 10 cm x 10 cm

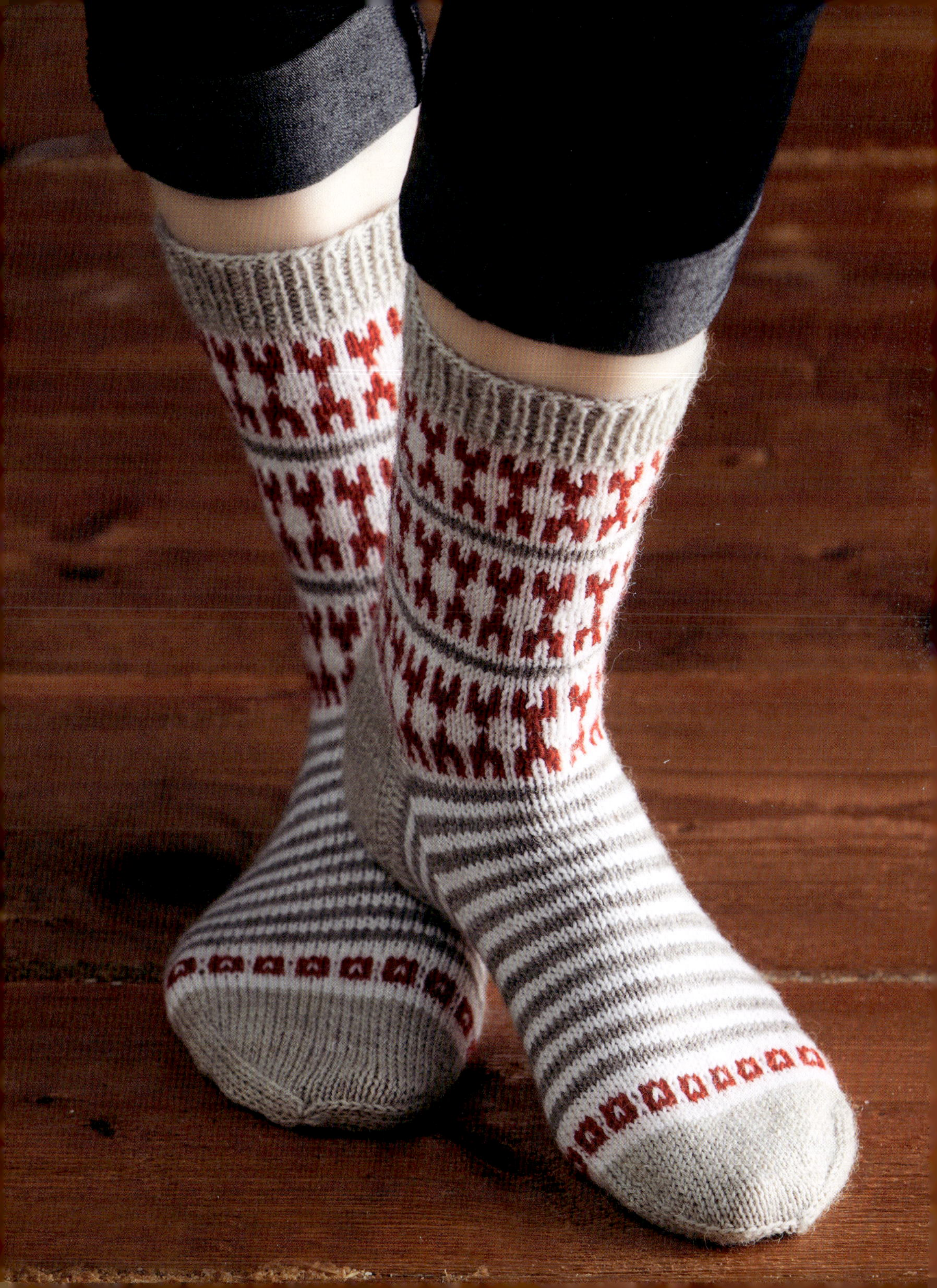

Glatt rechts

In Hinr rechte M, in Rückr linke M str, bzw. in Rd alle M rechts str.

Bündchenmuster

1 M rechts, 1 M links im Wechsel str.

Jacquardmuster A und B

M-Zahl jeweils teilbar durch 4.
In allen Rd glatt rechts nach dem jeweiligen Zählmuster str. Den Rapport von 4 M fortlaufend wdh.

Jacquardmuster A

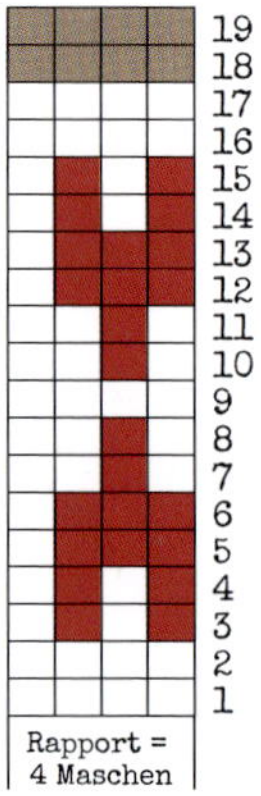

☐ = Superweiß
■ = Kirsche
■ = Holz meliert

Jacquardmuster B

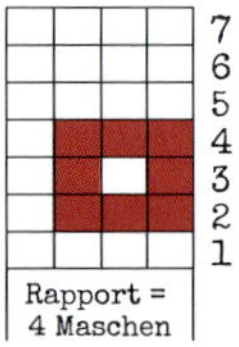

☐ = Superweiß
■ = Kirsche

ANLEITUNG

64 M in Leinen meliert anschl, gleichmäßig auf 4 Spielnd verteilen (= 16 M pro Nd) und zur Rd schließen.
Für das BÜNDCHEN 13 Rd (= 3 cm) im Bündchenmuster str.
Den SCHAFT glatt rechts mit 1 Rd in Leinen meliert beginnen, anschließend den Faden abschneiden. Danach im Jacquardmuster A in Superweiß, Kirsche und Holz meliert weiterstr. Zunächst 1x die 2.–19. Rd des Zählmusters str, dann die 1.–19. Rd 1x arb und anschließend noch 1x die 1.–17. Rd str. Die Fäden abschneiden.
Nun die HERZCHENFERSE glatt rechts in Leinen meliert über die 32 M der 4. und 1. Nd nach der Grundanleitung arb (siehe Seite 181).
Den FUSS weiter glatt rechts über alle M der 4 Spielnd str. * 2 Rd in Holz meliert, 2 Rd in Superweiß arb, ab * 10x wdh. Den Faden in Holz meliert abschneiden. Anschließend im Jacquardmuster B in Superweiß und Kirsche weiterarb. Die 1.–7. Rd des Zählmusters 1x str. Die Fäden abschneiden und die Socke in Leinen meliert beenden. Nach 17,5 cm ab Fersenmitte mit den Abnahmen für die Bandspitze beginnen.
Die BANDSPITZE in Leinen meliert nach der Grundanleitung str (siehe Seite 183).
Den Faden abschneiden und nach innen ziehen.
Alle Fäden vernähen.
Die zweite Socke genauso arb.

HINWEISE ZUM STRICKEN VON ANDEREN GRÖSSEN

GRÖSSE 36/37
64 M anschl (= 16 M pro Nd).
Fuß: * 2 Rd in Holz meliert, 2 Rd in Superweiß str, ab * 8x wdh, anschließend nach Anleitung weiterarb. Nach 16 cm ab Fersenmitte mit den Abnahmen für die Bandspitze beginnen.

GRÖSSE 40/41
68 M anschl (= 17 M pro Nd).
Fuß: * 2 Rd in Holz meliert, 2 Rd in Superweiß str, ab * 12x wdh, anschließend nach Anleitung weiterarb. Nach 19 cm ab Fersenmitte mit den Abnahmen für die Bandspitze beginnen.

GRÖSSE 42/43
68 M anschl (= 17 M pro Nd).
Fuß: * 2 Rd in Holz meliert, 2 Rd in Superweiß str, ab * 13x wdh, anschließend nach Anleitung weiterarb. Nach 20,5 cm ab Fersenmitte mit den Abnahmen für die Bandspitze beginnen.

GRÖSSE 44/45
72 M anschl (= 18 M pro Nd).
Fuß: * 2 Rd in Holz meliert, 2 Rd in Superweiß str, ab * 14x wdh, anschließend nach Anleitung weiterarb. Nach 22 cm ab Fersenmitte mit den Abnahmen für die Bandspitze beginnen.

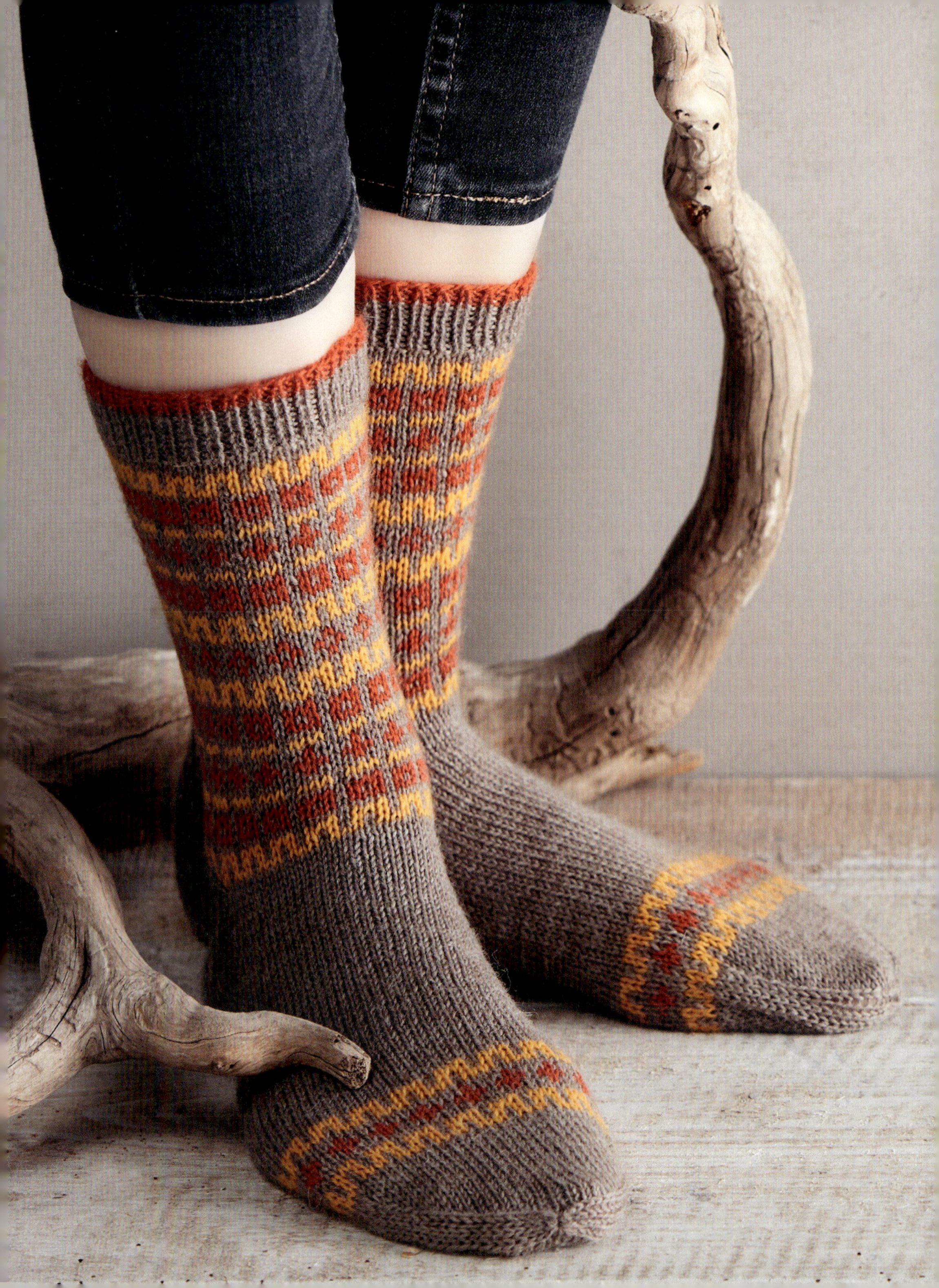

SOXX LOOK NO. 14

SCHWIERIGKEITSGRAD 3

GRÖSSE

38/39

MATERIAL

Lang Yarns Jawoll (LL ca. 210 m/50 g) in Goldgelb (Fb 249) und Braunorange (Fb 275), je 50 g, und in Hellbraun Mélange (Fb 45), 100 g

Nadelspiel 2,5–3,0 mm

MASCHENPROBE

Im Jacquardmuster mit Nd 2,5–3,0 mm 36 M und 42 Rd = 10 cm x 10 cm

Glatt rechts

In Hinr rechte M, in Rückr linke M str, bzw. in Rd alle M rechts str.

Bündchenmuster

1 M rechts, 1 M links im Wechsel str.

Jacquardmuster A und B

M-Zahl jeweils teilbar durch 4.
In allen Rd glatt rechts nach dem jeweiligen Zählmuster str. Den Rapport von 4 M fortlaufend wdh.

Jacquardmuster A

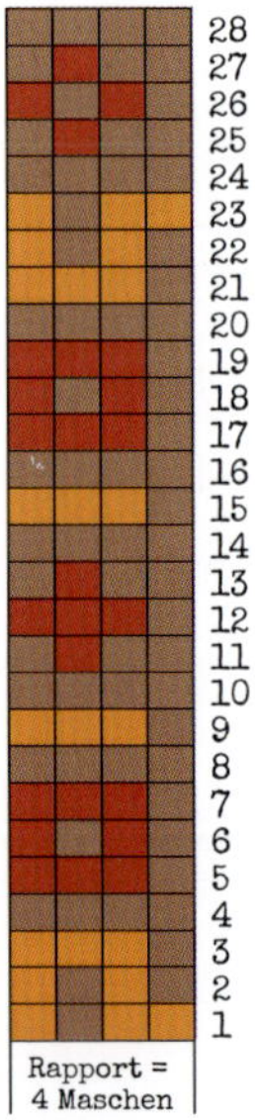

= Goldgelb
= Hellbraun Mélange
= Braunorange

Jacquardmuster B

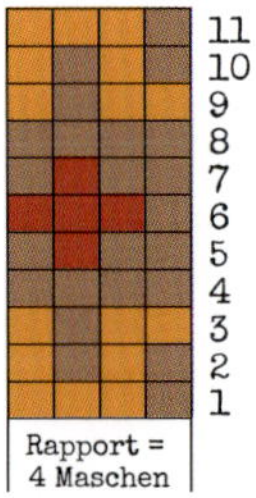

= Hellbraun Mélange
= Goldgelb
= Braunorange

ANLEITUNG

64 M in Braunorange anschl, gleichmäßig auf 4 Spielnd verteilen (= 16 M pro Nd) und zur Rd schließen.
Für das BÜNDCHEN 2 Rd im Bündchenmuster in Braunorange und 10 Rd in Hellbraun Mélange str (= 2,5 cm).
Den SCHAFT glatt rechts mit 2 Rd in Hellbraun Mélange beginnen. Anschließend im Jacquardmuster A in Goldgelb, Hellbraun Mélange und Braunorange weiterarb. Die 1.–28. Rd des Zählmusters 1x str, anschließend noch 1x die 1.–24. Rd des Zählmusters arb. Die Fäden in Goldgelb und Braunorange abschneiden.
Nun die HERZCHENFERSE glatt rechts in Hellbraun Mélange über die 32 M der 4. und 1. Nd nach der Grundanleitung arb (siehe Seite 181).
Den FUSS weiter glatt rechts über alle M der 4 Spielnd in Hellbraun Mélange str. Nach 13,5 cm ab Fersenmitte im Jacquardmuster B in Hellbraun Mélange, Goldgelb und Braunorange weiterarb. Die 1.–11. Rd des Zählmusters 1x str. Die Fäden in Goldgelb und Braunorange abschneiden. Die Socke in Hellbraun Mélange beenden. Nach 17,5 cm ab Fersenmitte mit den Abnahmen für die Bandspitze beginnen.

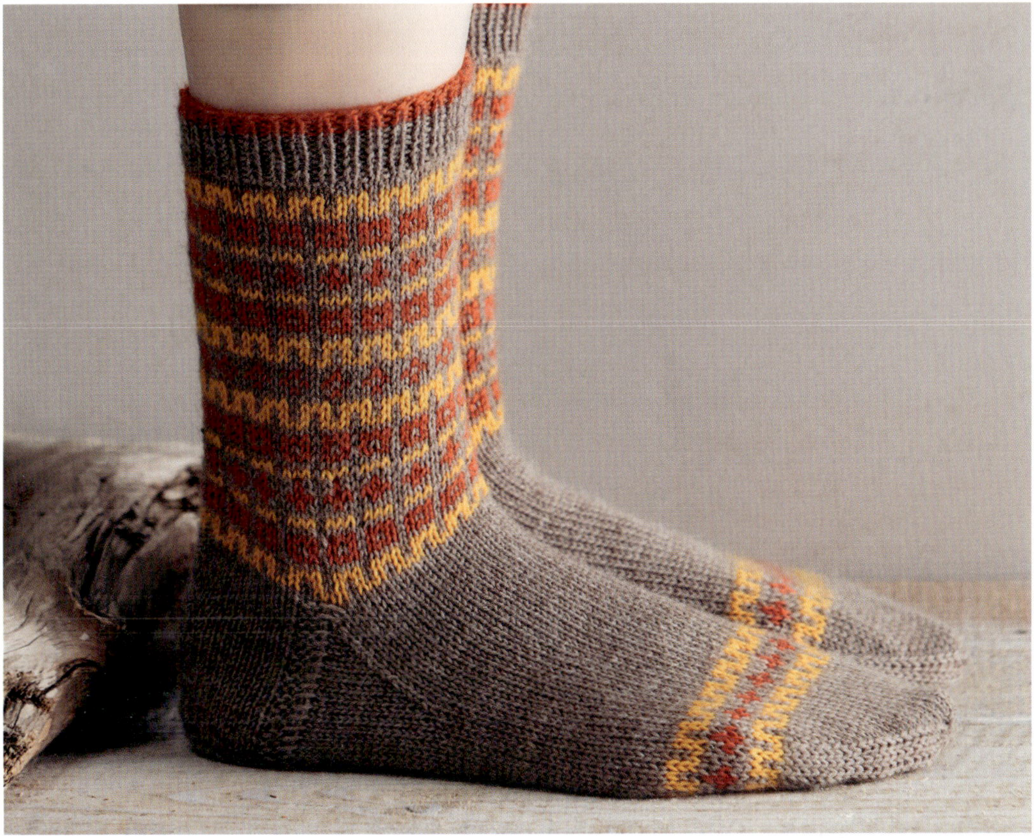

Die BANDSPITZE in Hellbraun Mélange nach der Grundanleitung str (siehe Seite 183). Den Faden abschneiden und nach innen ziehen.
Alle Fäden vernähen.
Die zweite Socke genauso arb.

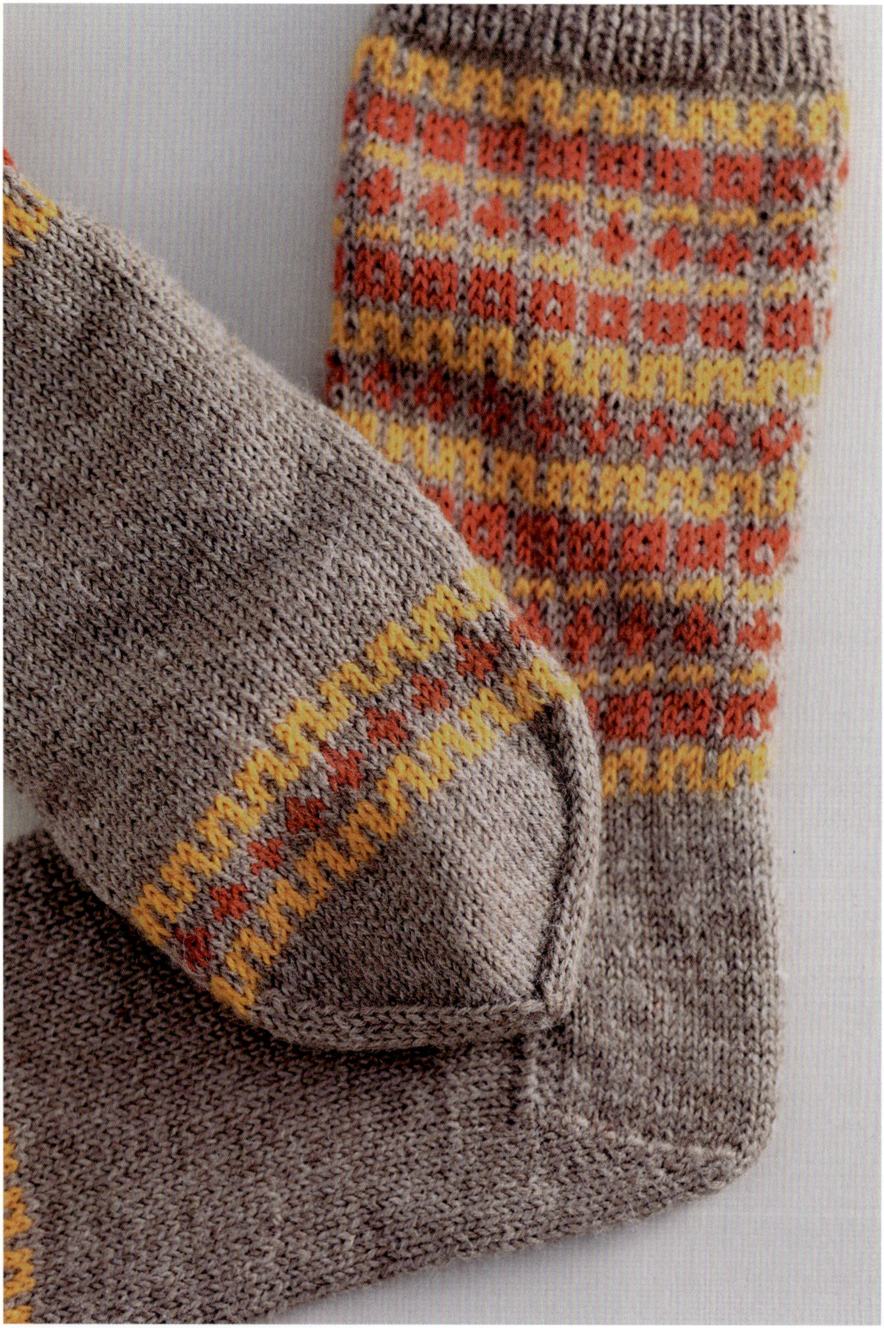

HINWEISE ZUM STRICKEN VON ANDEREN GRÖSSEN

GRÖSSE 36/37
64 M anschl (= 16 M pro Nd).
Fuß: Nach Anleitung arb. Nach 12 cm ab Fersenmitte im Jacquard-
muster B weiterstr. Die 1.-11. Rd des Zählmusters 1x arb. Nach 16 cm
ab Fersenmitte mit den Abnahmen für die Bandspitze beginnen.

GRÖSSE 40/41
68 M anschl (= 17 M pro Nd).
Fuß: Nach Anleitung arb. Nach 15 cm ab Fersenmitte im Jacquard-
muster B weiterstr. Die 1.-11. Rd des Zählmusters 1x arb. Nach 19 cm
ab Fersenmitte mit den Abnahmen für die Bandspitze beginnen.

GRÖSSE 42/43
68 M anschl (= 17 M pro Nd).
Fuß: Nach Anleitung arb. Nach 16,5 cm ab Fersenmitte im Jacquard-
muster B weiterstr. Die 1.-11. Rd des Zählmusters 1x arb. Nach
20,5 cm ab Fersenmitte mit den Abnahmen für die Bandspitze begin-
nen.

GRÖSSE 44/45
72 M anschl (= 18 M pro Nd).
Fuß: Nach Anleitung arb. Nach 18 cm ab Fersenmitte im Jacquard-
muster B weiterstr. Die 1.-11. Rd des Zählmusters 1x arb. Nach 22 cm
ab Fersenmitte mit den Abnahmen für die Bandspitze beginnen.

SOXXLOOK No.15

SCHWIERIGKEITSGRAD 2

GRÖSSE

Für ein Smartphone
Umfang: 15 cm
Höhe: 17 cm

MATERIAL

Lang Yarns Jawoll (LL ca. 210 m/50 g) in Braunorange (Fb 275), Hellbeige (Fb 22), Lachs (Fb 228) und Offwhite (Fb 94), je 50 g

Nadelspiel 2,5–3,0 mm

MASCHENPROBE

Im Jacquardmuster mit Nd 2,5–3,0 mm
34 M und 40 Rd = 10 cm x 10 cm

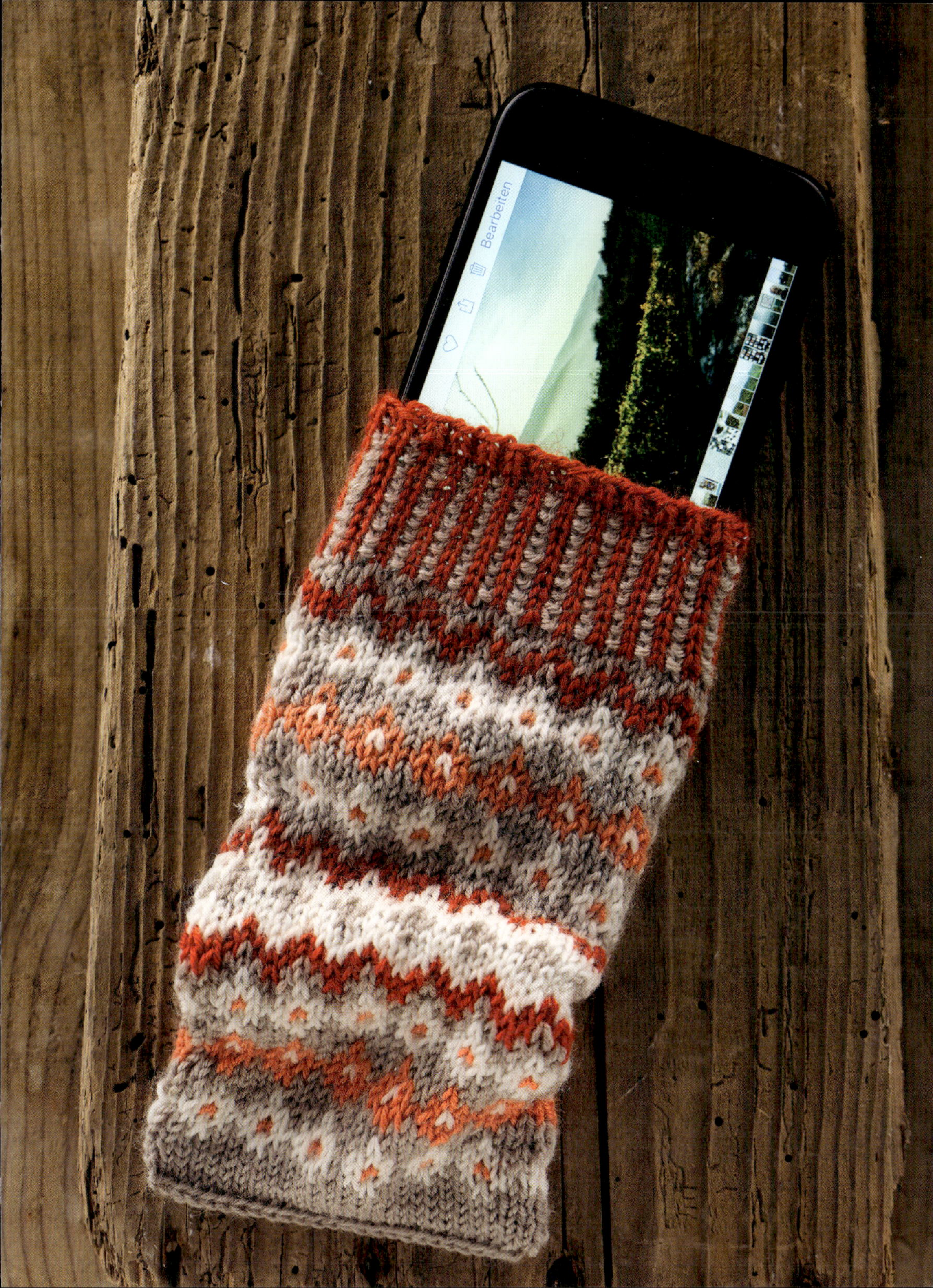
Bearbeiten

Glatt rechts

In Rd alle M rechts str.

Bündchenmuster 1

1 M rechts, 1 M links im Wechsel str.

Bündchenmuster 2

1 M rechts in Braunorange, 1 M links in Hellbeige im Wechsel str.

Jacquardmuster A, B und C

M-Zahl jeweils teilbar durch 4.
In allen Rd glatt rechts nach dem jeweiligen Zählmuster str. Den Rapport von 4 M fortlaufend wdh.

Jacquardmuster A

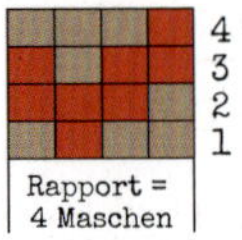

= Hellbeige
= Braunorange

Jacquardmuster B

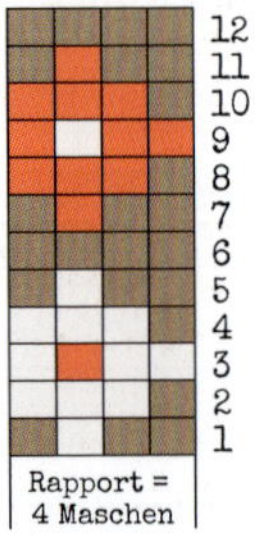

= Hellbeige
= Offwhite
= Lachs

Jacquardmuster C

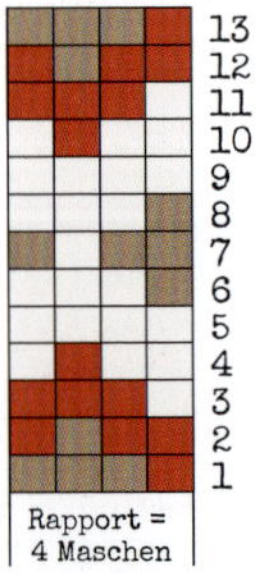

= Braunorange
= Hellbeige
= Offwhite

ANLEITUNG

52 M in Braunorange anschl, gleichmäßig auf 4 Spielnd verteilen (= 13 M pro Nd) und zur Rd schließen. Für das Bündchen 1 Rd in Braunorange im Bündchenmuster 1 und dann 10 Rd im Bündchenmuster 2 (= 3 cm) in Braunorange und Hellbeige arb.
Anschließend 1 Rd rechte M in Hellbeige str. Danach im Jacquardmuster A in Hellbeige und Braunorange weiterarb. Die 1.–4. Rd des Zählmusters 1x str. Den Faden in Braunorange abschneiden. Nun im Jacquardmuster B in Hellbeige, Offwhite und Lachs weiterarb. Die 1.–12. Rd des Zählmuster 1x str, dann noch 1x die 1.–5. Rd arb. Den Faden in Lachs abschneiden. Dann im Jacquardmuster C in Braunorange, Hellbeige und Offwhite weiterarb. Die 1.–13. Rd des Zählmusters 1x str. Den Faden in Braunorange abschneiden. Anschließend im Jacquardmuster B in Hellbeige, Offwhite und Lachs weiterarb. Die 1.–12. Rd des Zählmusters 1x str, dann noch 1x die 1.–5. Rd arb. Die Fäden in Offwhite und Lachs abschneiden. 5 Rd in Hellbeige arb.

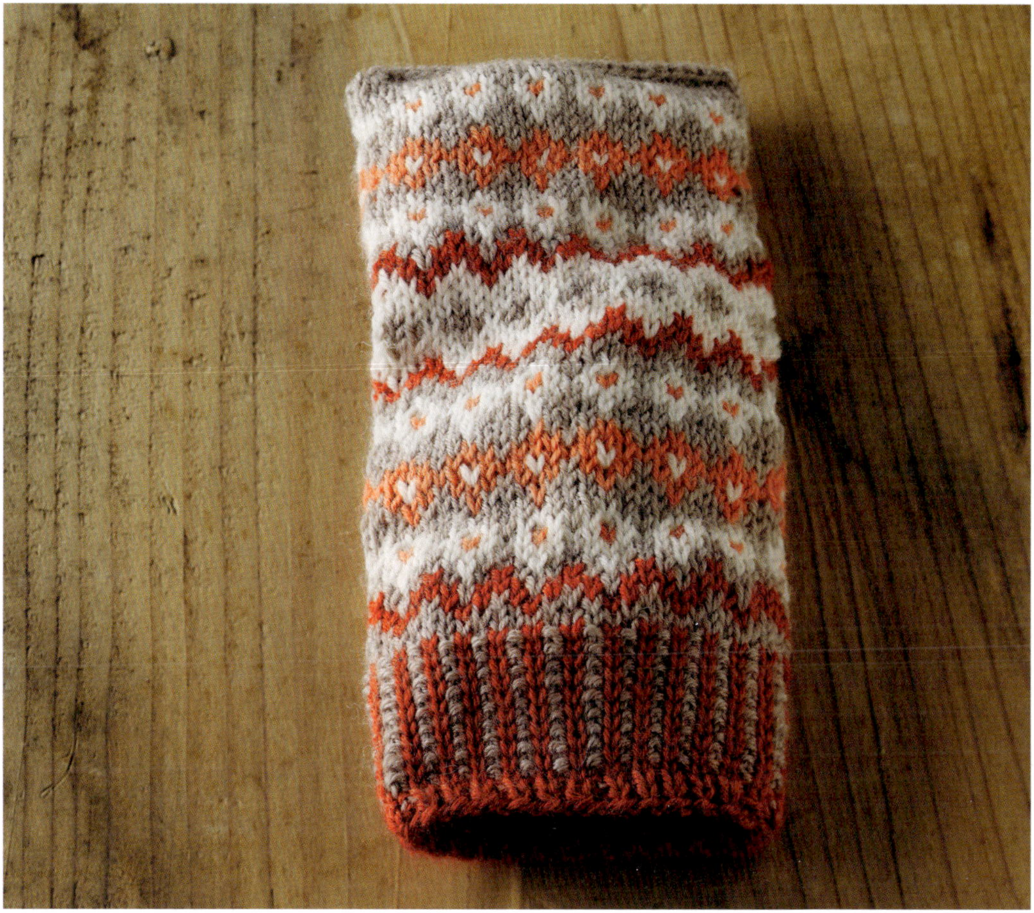

Die M der 1. und 2. Nd und die M der 3. und 4. Nd jeweils auf einer Nd zusammenfassen. Die Nd parallel legen und immer eine M der vorderen Nd mit einer M der hinteren Nd zusammen abk (siehe Seite 167).
Anschließend alle Fäden vernähen.

TIPP: Die Handyhülle kann ohne Probleme für andere Größen angepasst werden. Du kannst die M-Zahl erweitern oder verringern, wenn du beachtest, dass sie durch 4 teilbar ist. Die Höhe kannst du mit dem Jacquardmuster B variieren, indem du z. B. die 1.-12. Runde des Zählmusters 2x arbeitest.

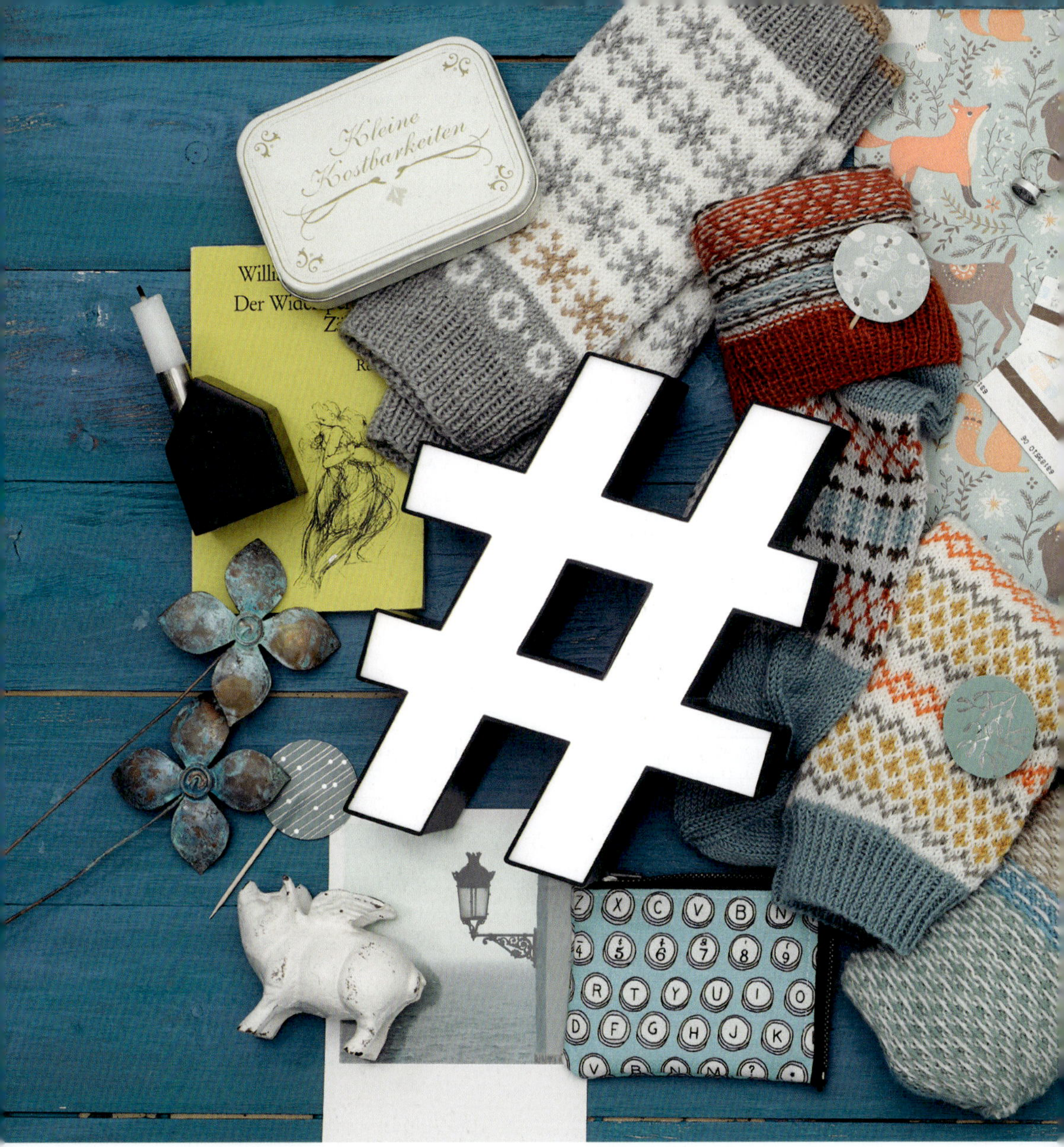

When in doubt

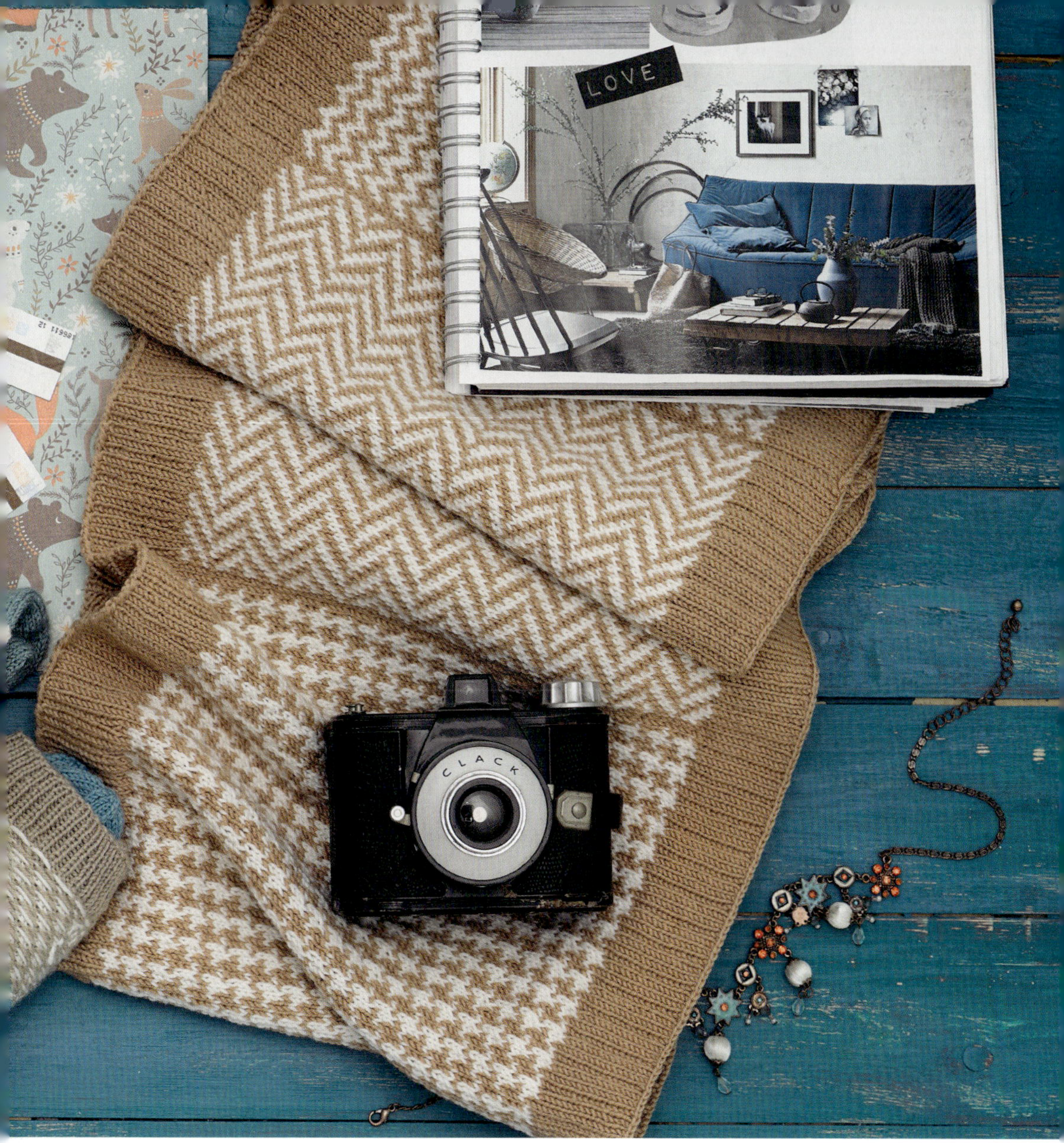

wear Soxx! >>>>>>>>

SOXXLOOK No.16

SCHWIERIGKEITSGRAD 3

GRÖSSE

Umfang: 144 cm
Höhe: 32 cm

MATERIAL

Schachenmayr Merino Extrafine 170 (LL ca. 170 m/50 g) in Kamel (Fb 05), 200 g, und in Weiß (Fb 01), 150 g

5 Maschenmarkierer

Rundstricknadel 3,0–3,5 mm, 80 cm lang

MASCHENPROBE

Im Jacquardmuster mit Nd 3,0–3,5 mm
32 M und 34 Rd = 10 cm x 10 cm

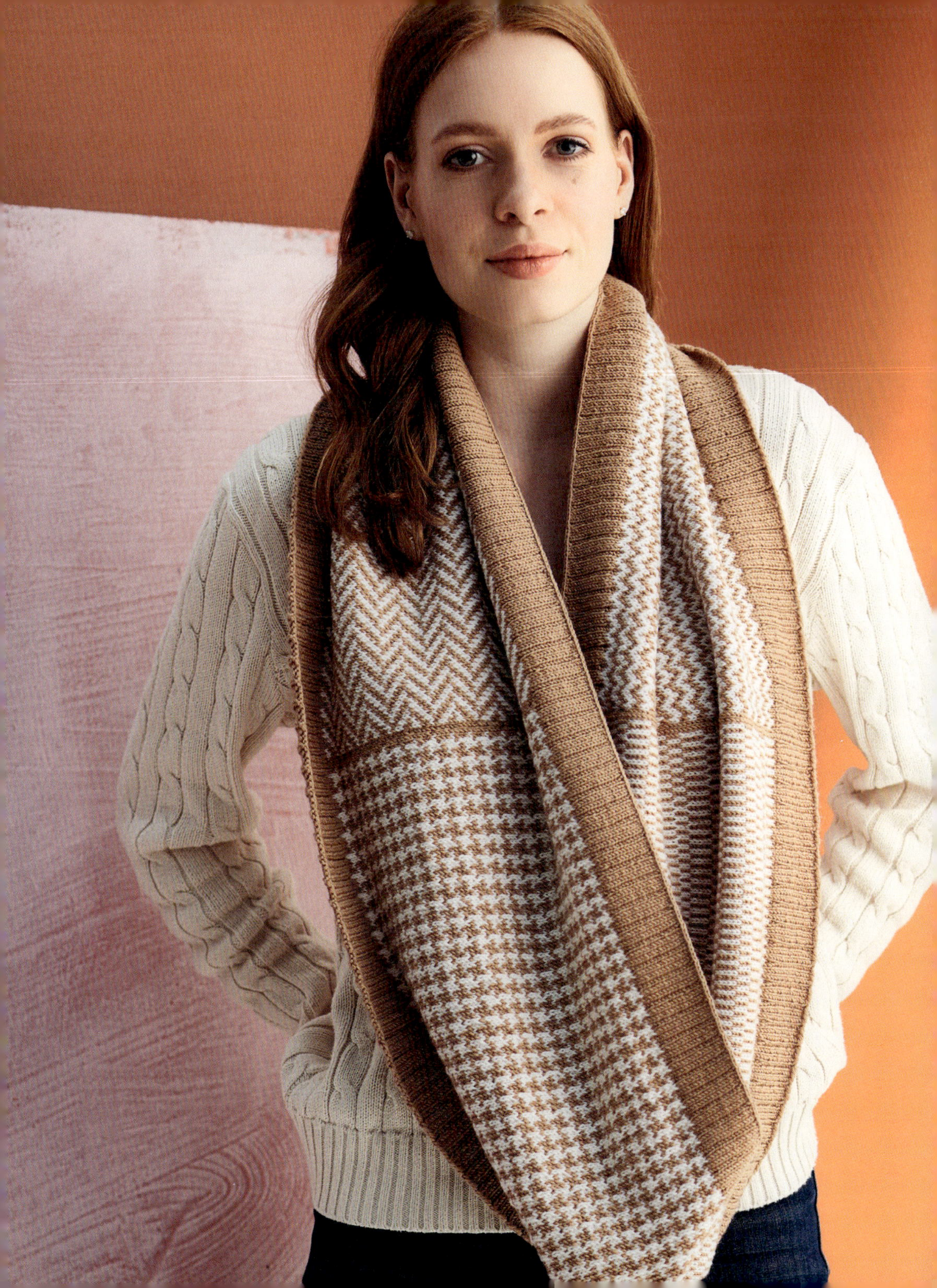

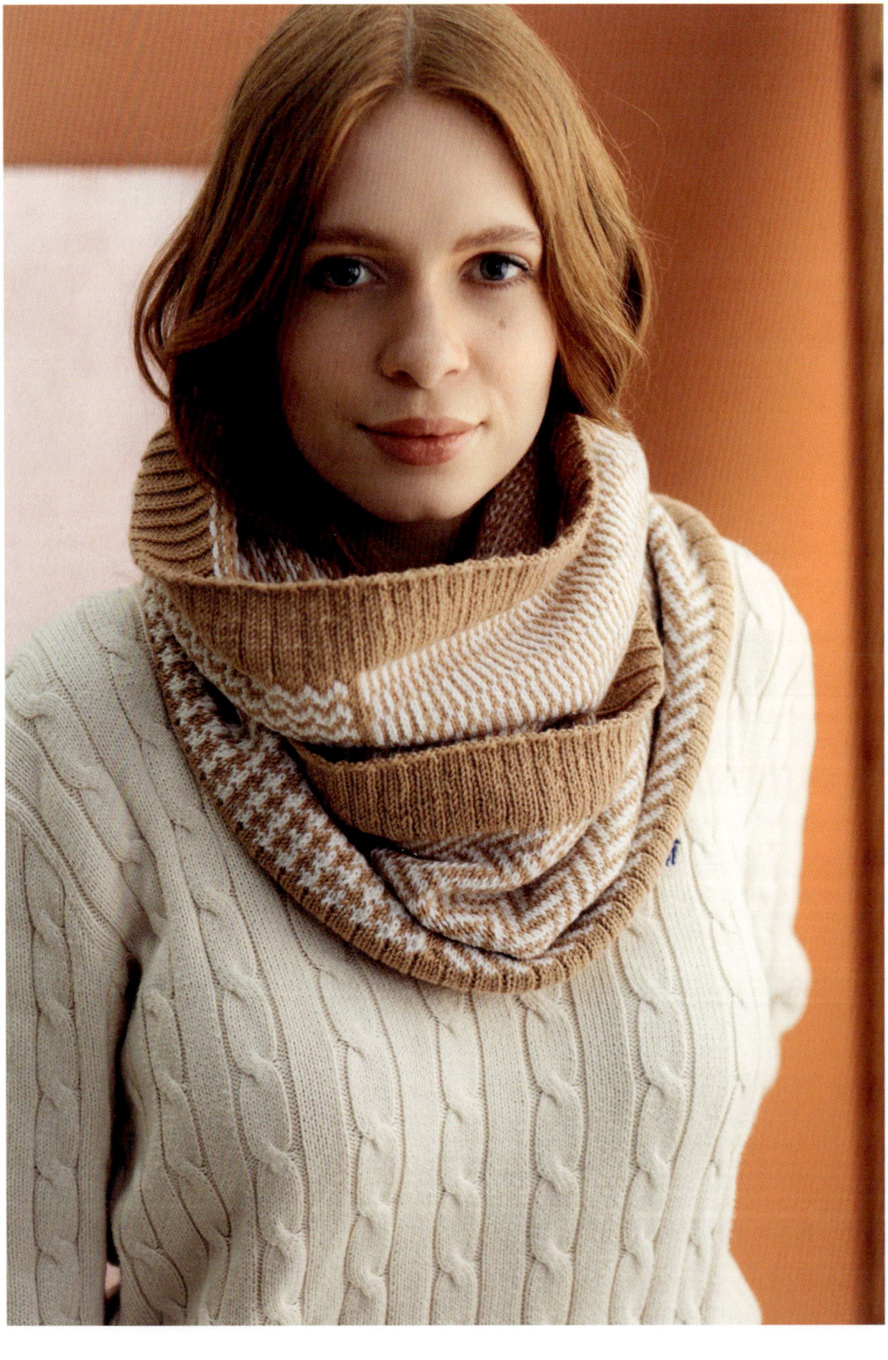

Glatt rechts

In Rd alle M rechts str.

Bündchenmuster

3 M rechts, 1 M links im Wechsel str.

Jacquardmuster A, B, C und D

M-Zahl teilbar durch 2 bzw. 4.
In allen Rd glatt rechts nach dem jeweiligen Zählmuster str. Den Rapport von 2 bzw. 4 M fortlaufend wdh.

Jacquardmuster A

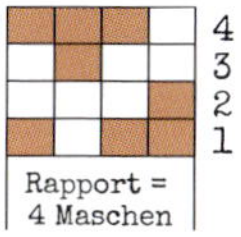

= Kamel
= Weiß

Jacquardmuster B

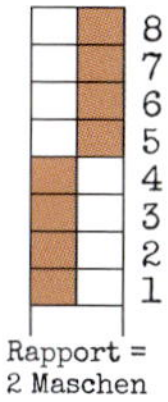

= Weiß
= Kamel

Jacquardmuster C

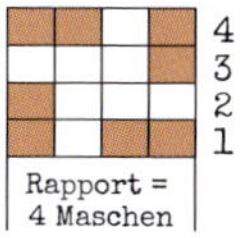

= Kamel
= Weiß

Jacquardmuster D

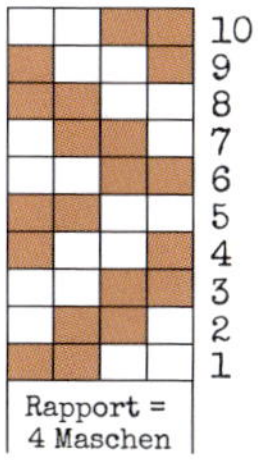

= Weiß
= Kamel

ANLEITUNG

488 M in Kamel anschl und zur Rd schließen. Den Rd-Beginn mit einem M-Markierer kennzeichnen.
Für das Bündchen 15 Rd (= 4 cm) im Bündchenmuster arb.
1 Rd glatt rechts in Kamel str, dabei jeweils nach 122 M einen M-Markierer setzen und so die Rd in vier Abschnitte einteilen.
Im ersten Abschnitt wie folgt arb:
1 M in Kamel, 120 M im Jacquardmuster A in Kamel und Weiß, 1 M in Kamel.
Die 1.–4. Rd des Zählmusters 20x str.
Im zweiten Abschnitt wie folgt arb:
1 M in Kamel, 120 M im Jacquardmuster B in Weiß und Kamel, 1 M in Kamel.
Die 1.–8. Rd des Zählmusters 10x str.
Im dritten Abschnitt wie folgt arb:
1 M in Kamel, 120 M im Jacquardmuster C in Kamel und Weiß, 1 M in Kamel.
Die 1.–4. Rd des Zählmusters 20x str.
Im vierten Abschnitt wie folgt arb:
1 M in Kamel, 120 M im Jacquardmuster D in Weiß und Kamel, 1 M in Kamel.
Die 1.–10. Rd des Zählmusters 8x str.
Anschließend den Faden in Weiß abschneiden. Danach 1 Rd in Kamel str.
Den Loop mit 15 Rd (= 4 cm) im Bündchenmuster in Kamel beenden.
Die M abk, wie sie erscheinen (siehe Seite 166).
Anschließend alle Fäden vernähen.

SOXXLOOK NO.17

SCHWIERIGKEITSGRAD 2

GRÖSSE

Umfang: 21 cm
Höhe: 25 cm

MATERIAL

Schachenmayr Merino Extrafine 170 (LL ca. 170 m/50 g) in Weiß (Fb 01), Hellgrau meliert (Fb 90) und Kamel (Fb 05), je 50 g

Nadelspiel 3,0–3,5 mm

MASCHENPROBE

Im Jacquardmuster mit Nd 3,0–3,5 mm
30 M und 34 Rd = 10 cm x 10 cm

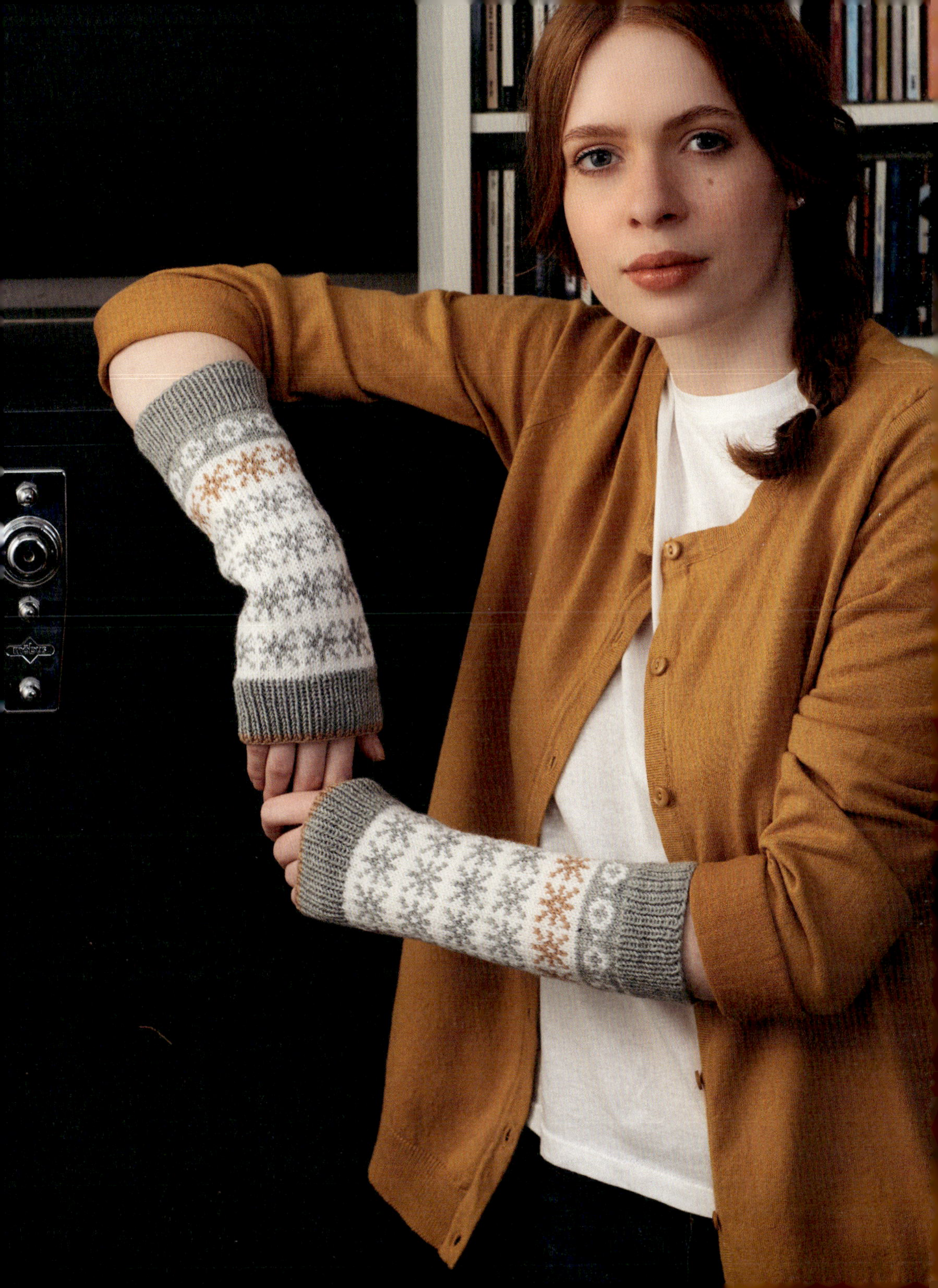

Glatt rechts

In Rd alle M rechts str.

Bündchenmuster

1 M rechts, 1 M links im Wechsel str.

Jacquardmuster A, B und C

M-Zahl jeweils teilbar durch 8.
In allen Rd glatt rechts nach dem jeweiligen Zählmuster str. Den Rapport von 8 M fortlaufend wdh.

Jacquardmuster A

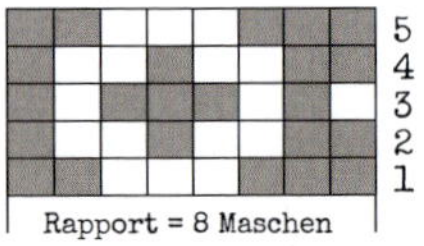

= Hellgrau meliert
= Weiß

Jacquardmuster B

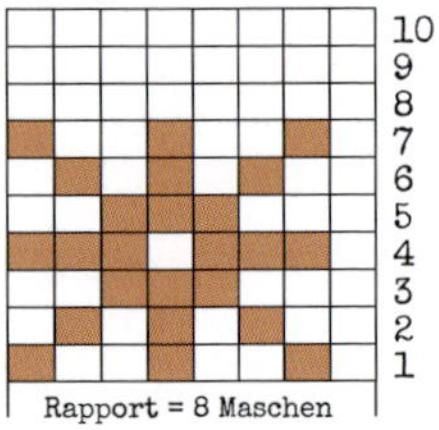

= Weiß
= Kamel

Jacquardmuster C

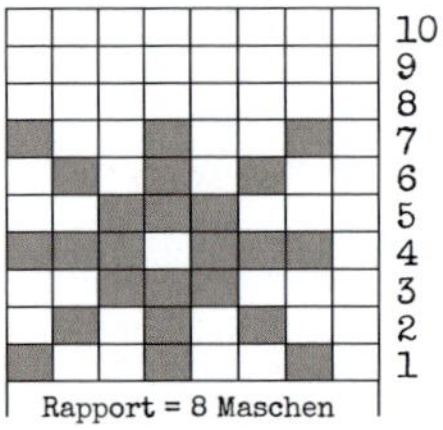

= Weiß
= Hellgrau meliert

ANLEITUNG

64 M in Hellgrau meliert anschl, gleichmäßig auf 4 Spielnd verteilen (= 16 M pro Nd) und zur Rd schließen.
Für das Bündchen 15 Rd (= 4 cm) im Bündchenmuster str.
Anschließend 2 Rd glatt rechts in Hellgrau meliert arb. Danach im Jacquardmuster A in Hellgrau meliert und Weiß weiterstr. Die 1.–5. Rd des Zählmusters 1x arb. 2 Rd in Hellgrau meliert str. Anschließend den Faden in Hellgrau meliert abschneiden. 2 Rd in Weiß arb. Dann im Jacquardmuster B in Weiß und Kamel weiterstr. Die 1.–10. Rd des Zählmusters 1x arb. Den Faden in Kamel abschneiden. Im Jacquardmuster C in Weiß und Hellgrau meliert weiterstr. Die 1.–10. Rd des Zählmusters 4x str. Den Faden in Weiß abschneiden. 1 Rd in Hellgrau meliert arb. Anschließend 13 Rd im Bündchenmuster in Hellgrau meliert str. Den Faden abschneiden und die Stulpe mit 2 Rd im Bündchenmuster in Kamel beenden.
Die M abk, wie sie erscheinen (siehe Seite 166).
Anschließend alle Fäden vernähen.
Die zweite Stulpe genauso arb.

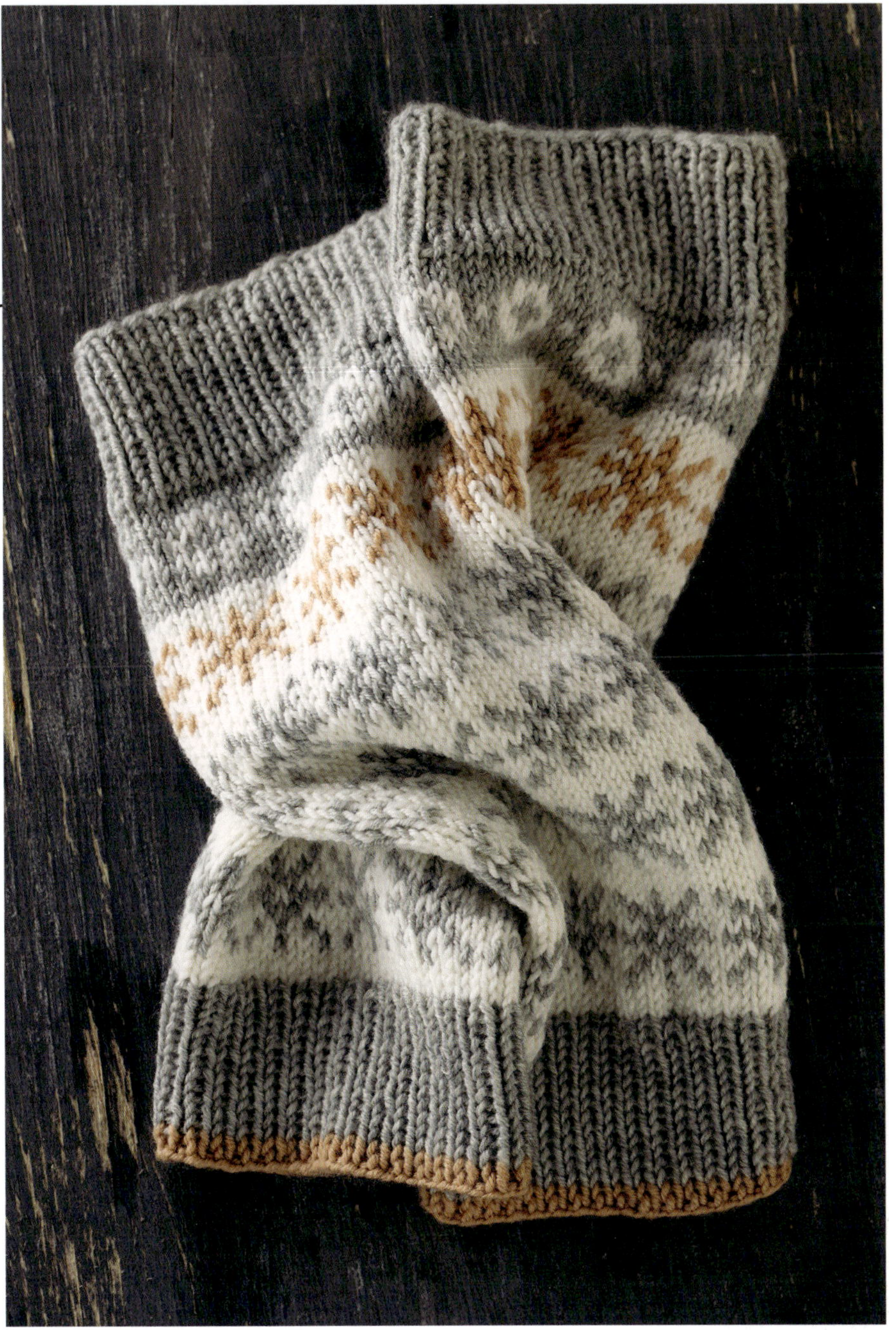

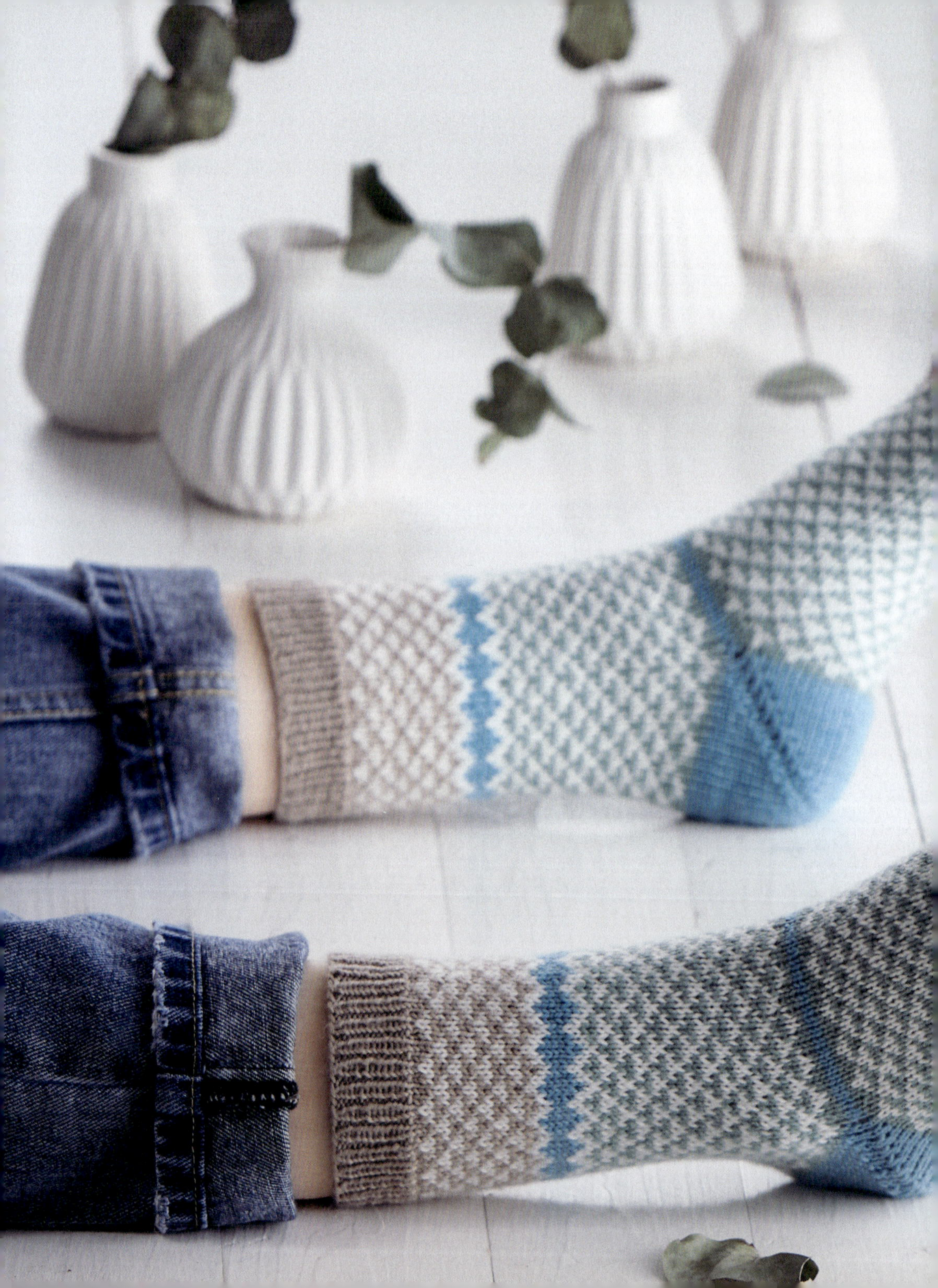

SOXXLOOK NO.18

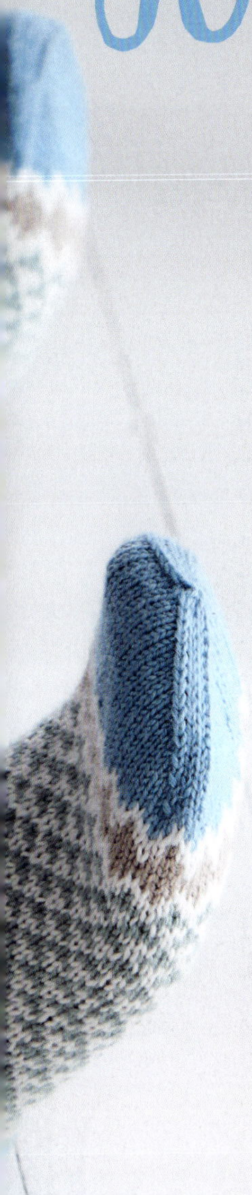

SCHWIERIGKEITSGRAD 3

GRÖSSE

38/39

MATERIAL

Lana Grossa Meilenweit Cashmere (LL ca. 210 m/50 g) in Grège (Fb 13), Mint (Fb 28), Weiß (Fb 01) und Türkis (Fb 27), je 50 g

Nadelspiel 2,5–3,0 mm

MASCHENPROBE

Im Jacquardmuster mit Nd 2,5–3,0 mm
34 M und 40 Rd = 10 cm x 10 cm

Glatt rechts

In Hinr rechte M, in Rückr linke M str, bzw. in Rd alle M rechts str.

Bündchenmuster

1 M rechts, 1 M links im Wechsel str.

Jacquardmuster A, B, C, D und E

M-Zahl jeweils teilbar durch 4.
In allen Rd glatt rechts nach dem jeweiligen Zählmuster str.
Den Rapport von 4 M fortlaufend wdh.

Jacquardmuster A

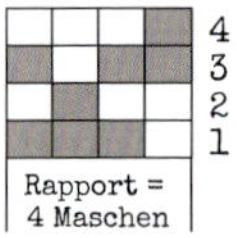

☐ = Weiß
■ = Grège

Jacquardmuster B

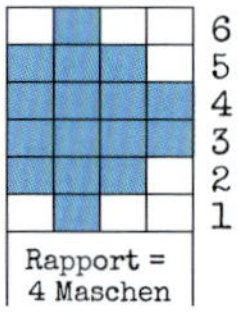

☐ = Weiß
■ = Türkis

Jacquardmuster C

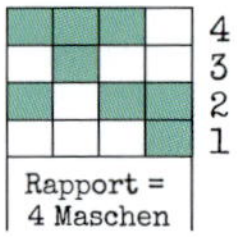

■ = Mint
☐ = Weiß

Jacquardmuster D

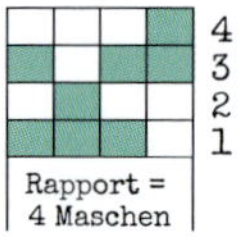

☐ = Weiß
■ = Mint

Jacquardmuster E

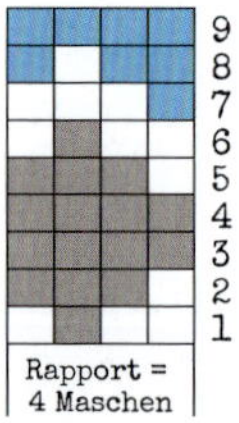

☐ = Weiß
■ = Grège
■ = Türkis

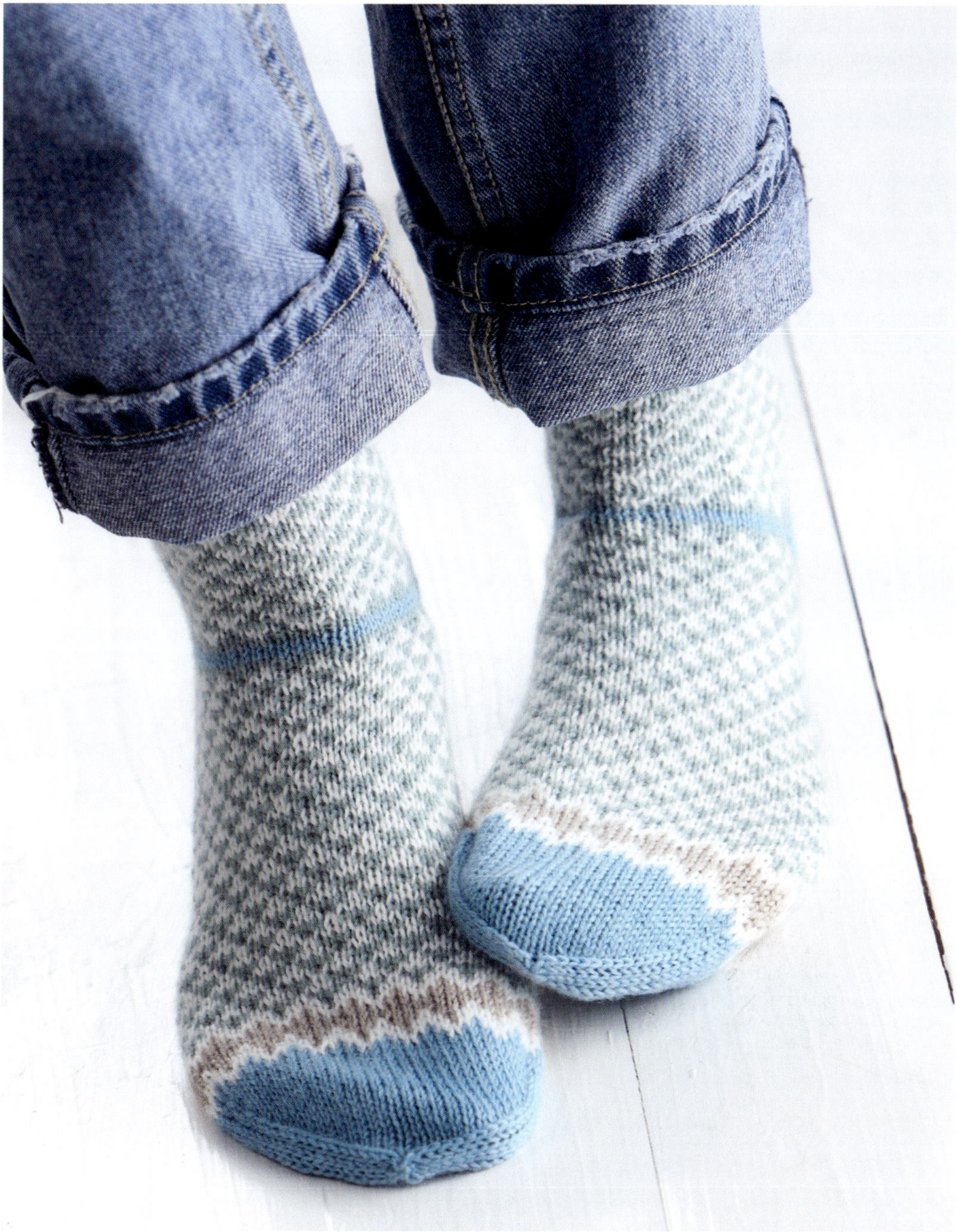

ANLEITUNG

64 M in Grège anschl, gleichmäßig auf 4 Spielnd verteilen (= 16 M pro Nd) und zur Rd schließen.
Für das BÜNDCHEN 13 Rd (= 3 cm) im Bündchenmuster str.
Den SCHAFT glatt rechts mit 1 Rd in Grège beginnen und im Jacquardmuster A in Weiß und Grège weiterarb. Die 1.–4. Rd des Zählmusters 4x str. Den Faden in Grège abschneiden. Anschließend im Jacquardmuster B in Weiß und Türkis weiterarb. Die 1.–6. Rd des Zählmusters 1x str. Den Faden in Türkis abschneiden. Nun im Jacquardmuster C in Weiß und Mint weiterarb. Die 1.–4. Rd des Zählmusters 7x str. Anschließend den SCHAFT mit 1 Rd in Mint beenden. Den Faden in Weiß und den Faden in Mint abschneiden.
Nun die BUMERANGFERSE glatt rechts in Türkis über die 32 M der 4. und 1. Nd nach der Grundanleitung arb (siehe Seite 178). Den Faden abschneiden.
Den FUSS weiter glatt rechts über alle M der 4 Spielnd str. Mit 1 Rd in Mint beginnen. Anschließend im Jacquardmuster D in Mint und Weiß weiterarb. Die 1.–4. Rd des Zählmusters 10x str. Den Faden in Mint abschneiden. Danach im Jacquardmuster E in Weiß, Grège und Türkis weiterarb. Die 1.–9. Rd des Zählmusters 1x str. Die Fäden in Grège und Weiß abschneiden und die Socke in Türkis beenden. Nach 17,5 cm ab Fersenmitte mit den Abnahmen für die Bandspitze beginnen.
Die BANDSPITZE in Türkis nach der Grundanleitung str (siehe Seite 183). Den Faden abschneiden und nach innen ziehen.
Alle Fäden vernähen.
Die zweite Socke genauso arb.

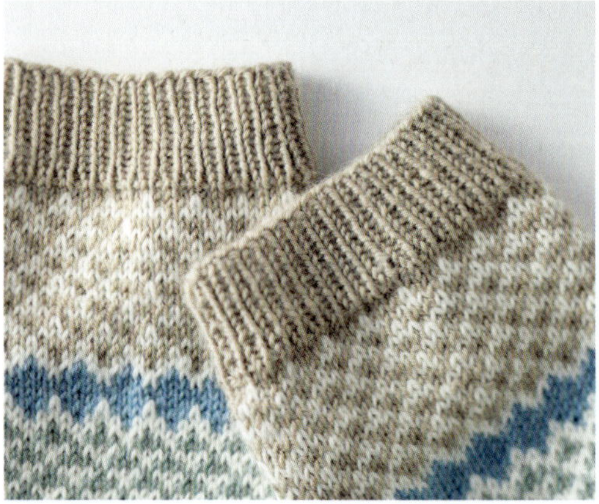

HINWEISE ZUM STRICKEN VON ANDEREN GRÖSSEN

GRÖSSE 36/37
64 M anschl (= 16 M pro Nd).
Fuß, Jacquardmuster D: Die 1.–4. Rd des Zählmusters 8x str.
Nach Anleitung weiterarb und nach 16 cm ab Fersenmitte mit den Abnahmen für die Bandspitze beginnen.

GRÖSSE 40/41
68 M anschl (= 17 M pro Nd).
Fuß, Jacquardmuster D: Die 1.–4. Rd des Zählmusters 11x str.
Nach Anleitung weiterarb und nach 19 cm ab Fersenmitte mit den Abnahmen für die Bandspitze beginnen.

GRÖSSE 42/43
68 M anschl (= 17 M pro Nd).
Fuß, Jacquardmuster D: Die 1.–4. Rd des Zählmusters 12x str.
Nach Anleitung weiterarb und nach 20,5 cm ab Fersenmitte mit den Abnahmen für die Bandspitze beginnen.

GRÖSSE 44/45
72 M anschl (= 18 M pro Nd).
Fuß, Jacquardmuster D: Die 1.–4. Rd des Zählmusters 14x str.
Nach Anleitung weiterarb und nach 22 cm ab Fersenmitte mit den Abnahmen für die Bandspitze beginnen.

SOXXLOOK No. 19

SCHWIERIGKEITSGRAD 3

GRÖSSE

38/39

MATERIAL

Lang Yarns Jawoll (LL ca. 210 m/50 g) in Beige (Fb 226), Acqua (Fb 372), Braunorange (Fb 275) und Marrone (Fb 95), je 50 g

Nadelspiel 2,5–3,0 mm

MASCHENPROBE

Im Jacquardmuster mit Nd 2,5–3,0 mm 32 M und 38 Rd = 10 cm x 10 cm

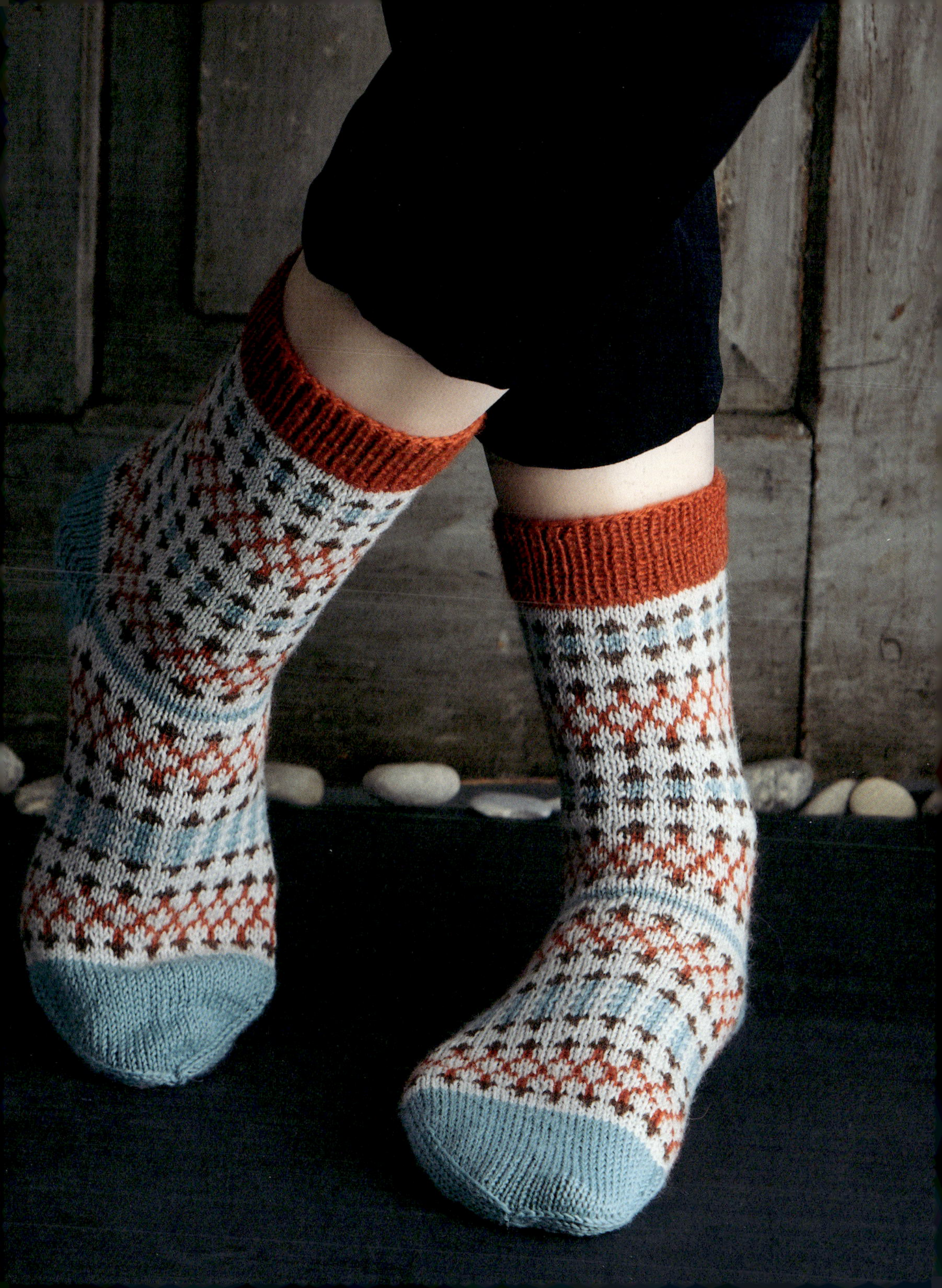

Glatt rechts

In Hinr rechte M, in Rückr linke M str, bzw. in Rd alle M rechts str.

Bündchenmuster

1 M rechts, 1 M links im Wechsel str.

Jacquardmuster A, B und C

M-Zahl jeweils teilbar durch 4.
In allen Rd glatt rechts nach dem jeweiligen Zählmuster str.
Den Rapport von 4 M fortlaufend wdh.

Jacquardmuster A

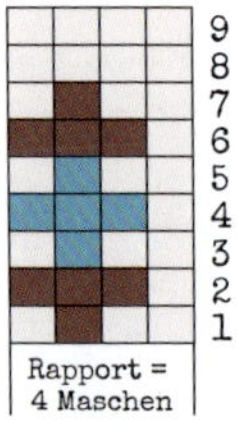

□ = Beige
■ = Marrone
■ = Acqua

Jacquardmuster B

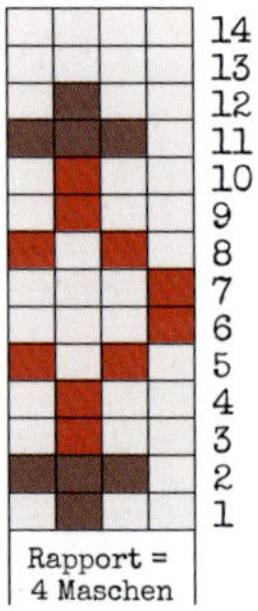

□ = Beige
■ = Marrone
■ = Braunorange

Jacquardmuster C

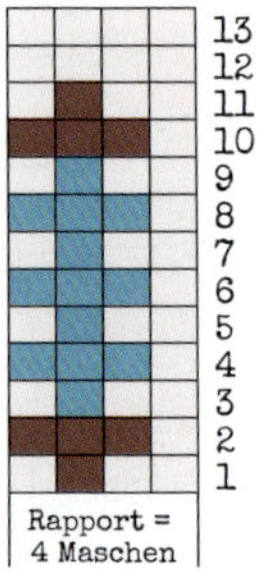

□ = Beige
■ = Marrone
■ = Acqua

ANLEITUNG

64 M in Braunorange anschl, gleichmäßig auf 4 Spielnd verteilen (= 16 M pro Nd) und zur Rd schließen.

Für das BÜNDCHEN 15 Rd (= 3 cm) im Bündchenmuster str.

Den SCHAFT glatt rechts mit 1 Rd in Braunorange und 2 Rd in Beige beginnen. Anschließend im Jacquardmuster A in Beige, Marrone und Acqua weiterstr. Die 1.–9. Rd des Zählmusters 1x arb. Den Faden in Acqua abschneiden. Danach im Jacquardmuster B in Beige, Marrone und Braunorange weiterstr. Die 1.–14. Rd des Zählmusters 1x arb. Den Faden in Braunorange abschneiden. Nun im Jacquardmuster A in Beige, Marrone und Acqua weiterarb. Die 1.–9. Rd des Zählmusters 1x str. Den Faden in Acqua abschneiden. Anschließend im Jacquardmuster B in Beige, Marrone und Braunorange weiterarb. Die 1.–14. Rd des Zählmusters 1x str. Die Fäden in Beige, Marrone und Braunorange abschneiden.

Nun die BUMERANGFERSE glatt rechts in Acqua über die 32 M der 4. und 1. Nd nach der Grundanleitung arb (siehe Seite 178). Den Faden abschneiden.

Den FUSS weiter glatt rechts über alle M der 4 Spielnd str, mit 2 Rd in Beige beginnen. Anschließend im Jacquardmuster B in Beige, Marrone und Braunorange weiterarb. Die 1.–14. Rd des Zählmusters 1x str. Die Faden in Braunorange abschneiden. Danach im Jacquardmuster C in Beige, Marrone und Acqua weiterarb. Die 1.–13. Rd des Zählmusters 1x str. Den Faden in Acqua abschneiden. Dann im Jacquardmuster B in Beige, Marrone und Braunorange weiterarb. Die 1.–14. Rd des Zählmusters 1x str. Die Fäden in Beige, Marrone und Braunorange abschneiden. Den FUSS in Acqua beenden. Nach 17,5 cm ab Fersenmitte mit den Abnahmen für die Bandspitze beginnen.

Die BANDSPITZE in Acqua nach der Grundanleitung str (siehe Seite 183). Den Faden abschneiden und nach innen ziehen. Alle Fäden vernähen.

Die zweite Socke genauso arb.

HINWEISE ZUM STRICKEN VON ANDEREN GRÖSSEN

GRÖSSE 36/37

64 M anschl (= 16 M pro Nd).

Fuß:

Jacquardmuster B: Die 1.–14. Rd 1x str.

Jacquardmuster A: Die 1.–9. Rd 1x arb.

Jacquardmuster B: Die 1.–14. Rd 1x str.

Nach Anleitung weiterarb und nach 16 cm ab Fersenmitte mit den Abnahmen für die Bandspitze beginnen.

GRÖSSE 40/41

68 M anschl (= 17 M pro Nd).

Fuß:

Jacquardmuster B: Die 1.–14. Rd 1x str.

Jacquardmuster C: Die 1.–2. Rd 1x, dann die 3.–4. Rd 3x str, die 5.–13. Rd 1x arb.

Jacquardmuster B: Die 1.–14. Rd 1x str.

Nach Anleitung weiterarb und nach 19 cm ab Fersenmitte mit den Abnahmen für die Bandspitze beginnen.

GRÖSSE 42/43

68 M anschl (= 17 M pro Nd).

Fuß:

Jacquardmuster B: Die 1.–14. Rd 1x str.

Jacquardmuster C: Die 1.–2. Rd 1x, dann die 3.–4. Rd 5x str, die 5.–13. Rd 1x arb.

Jacquardmuster B: Die 1.–14. Rd 1x str.

Nach Anleitung weiterarb und nach 20,5 cm ab Fersenmitte mit den Abnahmen für die Bandspitze beginnen.

GRÖSSE 44/45

72 M anschl (= 18 M pro Nd).

Fuß:

Jacquardmuster B: Die 1.–14. Rd 1x str.

Jacquardmuster C: Die 1.–2. Rd 1x, dann die 3.–4. Rd 7x str, die 5.–13. Rd 1x arb.

Jacquardmuster B: Die 1.–14. Rd 1x str.

Nach Anleitung weiterarb und nach 22 cm ab Fersenmitte mit den Abnahmen für die Bandspitze beginnen.

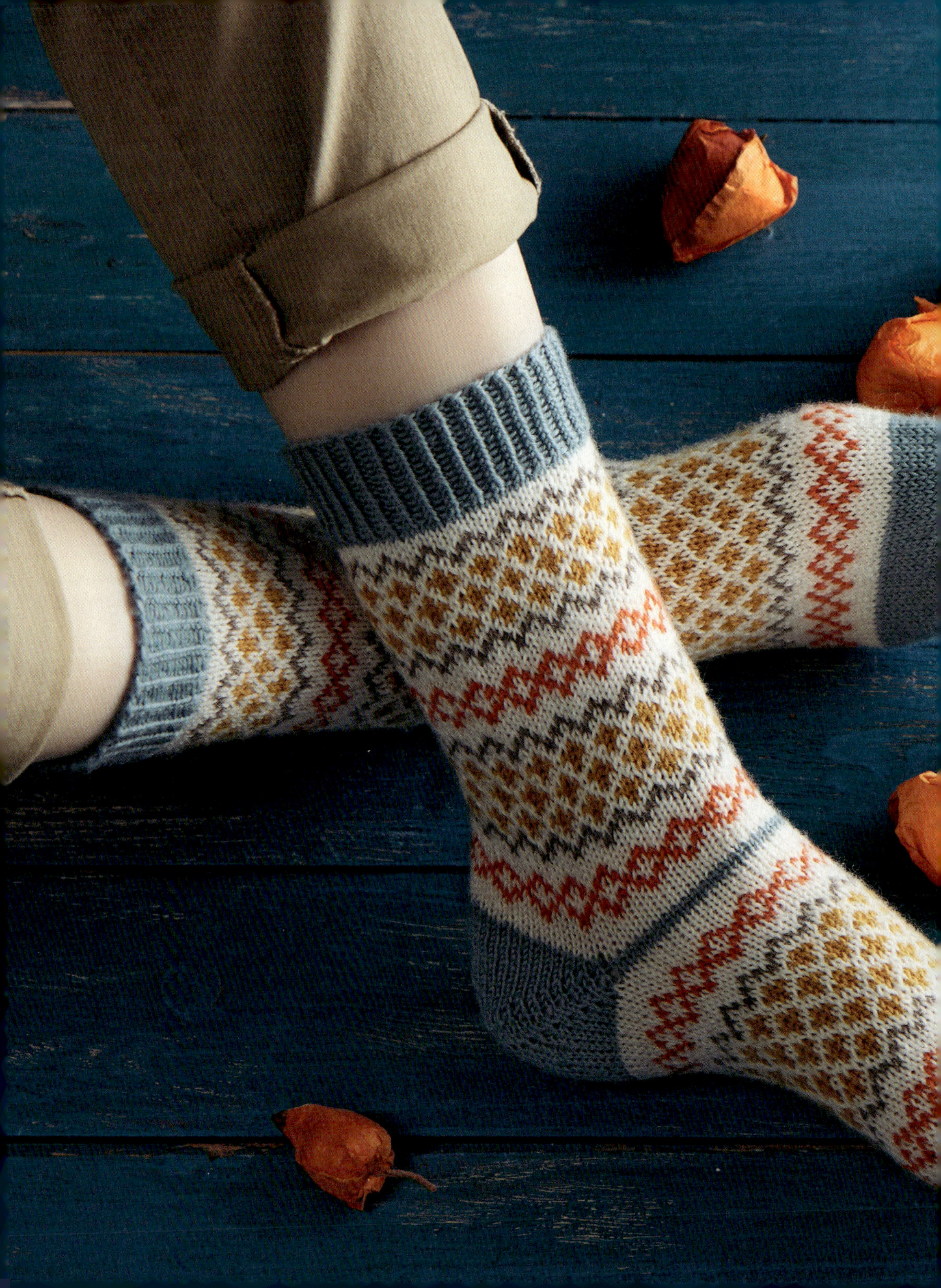

SOXXLOOK NO.20

SCHWIERIGKEITSGRAD 3

GRÖSSE

38/39

MATERIAL

Lang Yarns Jawoll (LL ca. 210 m/50 g) in Offwhite (Fb 94), Acqua (Fb 372), Mandarine (Fb 159), Hellbraun Mélange (Fb 45) und Goldgelb hell (Fb 250), je 50 g

Nadelspiel 2,5–3,0 mm

MASCHENPROBE

Im Jacquardmuster mit Nd 2,5–3,0 mm
34 M und 40 Rd = 10 cm x 10 cm

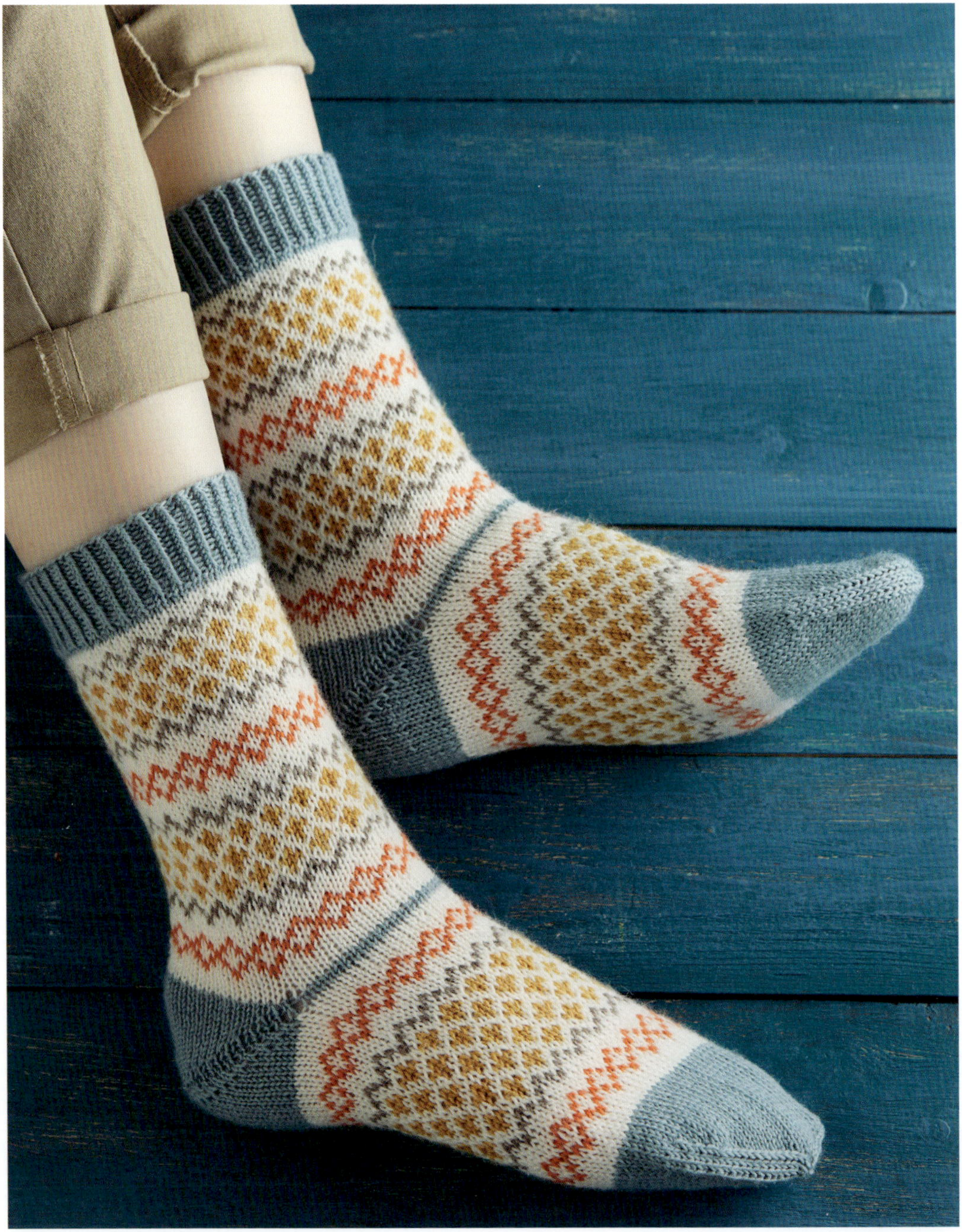

Glatt rechts

In Hinr rechte M, in Rückr linke M str, bzw. in Rd alle M rechts str.

Bündchenmuster

1 M rechts verschränkt, 1 M links im Wechsel str.

Jacquardmuster A, B und C

M-Zahl jeweils teilbar durch 4.
In allen Rd glatt rechts nach dem jeweiligen Zählmuster str.
Den Rapport von 4 M fortlaufend wdh.

Jacquardmuster A

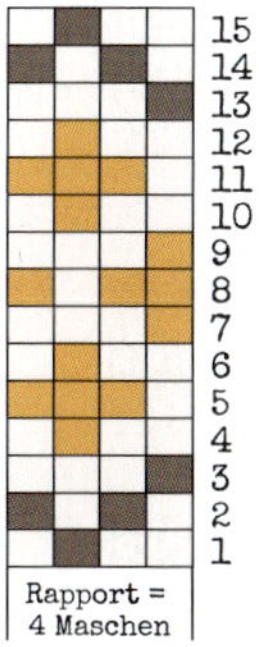

□ = Offwhite
■ = Hellbraun Mélange
■ = Goldgelb hell

Jacquardmuster B

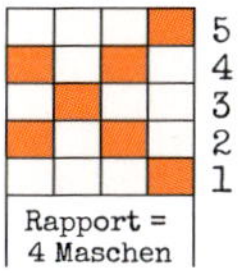

■ = Mandarine
□ = Offwhite

Jacquardmuster C

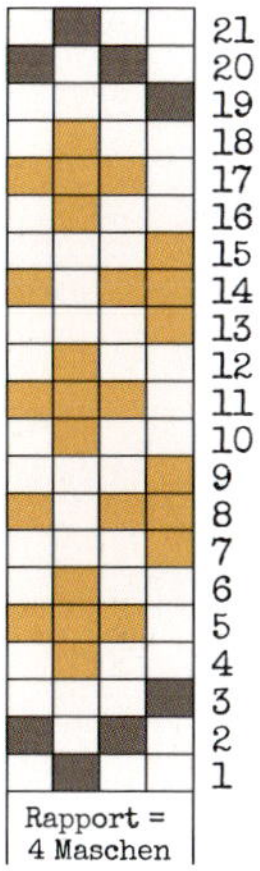

□ = Offwhite
■ = Hellbraun Mélange
■ = Goldgelb hell

ANLEITUNG

64 M in Acqua anschl, gleichmäßig auf 4 Spielnd verteilen (= 16 M pro Nd) und zur Rd schließen.

Für das BÜNDCHEN 15 Rd (= 3,5 cm) im Bündchenmuster str.

Den SCHAFT glatt rechts mit 1 Rd in Acqua und 2 Rd in Offwhite beginnen. Anschließend im Jacquardmuster A in Offwhite, Hellbraun Mélange und Goldgelb hell weiterarb. Die 1.–15. Rd des Zählmusters 1x str. Die Fäden in Hellbraun Mélange und Goldgelb hell abschneiden. 2 Rd in Offwhite arb. Danach im Jacquardmuster B in Mandarine und Offwhite weiterstr. Die 1.–5. Rd des Zählmusters 1x arb. Den Faden in Mandarine abschneiden und 2 Rd in Offwhite str. Nun im Jacquardmuster A in Offwhite, Hellbraun Mélange und Goldgelb hell weiterarb. Die 1.–15. Rd des Zählmusters 1x str. Die Fäden in Hellbraun Mélange und Goldgelb hell abschneiden und 2 Rd in Offwhite arb. Danach im Jacquardmuster B in Mandarine und Offwhite weiterstr. Die 1.–5. Rd des Zählmusters 1x arb. Den Faden in Mandarine abschneiden und 4 Rd in Offwhite str. Den Faden in Offwhite abschneiden.

Nun die BUMERANGFERSE glatt rechts in Acqua über die 32 M der 4. und 1. Nd nach der Grundanleitung arb (siehe Seite 178). Den Faden abschneiden.

Den FUSS weiter glatt rechts über alle M der 4 Spielnd str, mit 4 Rd in Offwhite beginnen. Anschließend im Jacquardmuster B in Mandarine und Offwhite weiterarb. Die 1.–5. Rd des Zählmusters 1x str. Die Faden in Mandarine abschneiden und 2 Rd in Offwhite arb. Danach im Jacquardmuster C in Offwhite, Hellbraun Mélange und Goldgelb hell weiterstr. Die 1.–21. Rd des Zählmusters 1x str. Die Fäden in Hellbraun Mélange und Goldgelb hell abschneiden. 2 Rd in Offwhite arb. Dann im Jacquardmuster B in Mandarine und Offwhite weiterstr. Die 1.–5. Rd des Zählmusters 1x str. Den Faden in Mandarine abschneiden. 4 Rd in Offwhite arb und anschließend den Faden abschneiden. Den FUSS in Acqua beenden. Nach 17,5 cm ab Fersenmitte mit den Abnahmen für die Bandspitze beginnen.

Die BANDSPITZE in Acqua nach der Grundanleitung str (siehe Seite 183). Den Faden abschneiden und nach innen ziehen.

Alle Fäden vernähen.

Die zweite Socke genauso arb.

HINWEISE ZUM STRICKEN VON ANDEREN GRÖSSEN

GRÖSSE 36/37
64 M anschl (= 16 M pro Nd).
Fuß: Nach Anleitung str. Nach 16 cm ab Fersenmitte mit den Abnahmen für die Bandspitze beginnen.

GRÖSSE 40/41
68 M anschl (= 17 M pro Nd).
Fuß, Jacquardmuster C: Die 1.–9. Rd 1x str, dann die 4.–21. Rd 1x str. Nach Anleitung weiterarb und nach 19 cm ab Fersenmitte mit den Abnahmen für die Bandspitze beginnen.

GRÖSSE 42/43
68 M anschl (= 17 M pro Nd).
Fuß, Jacquardmuster C: Die 1.–9. Rd 1x, die 4.–9. Rd 2x und die 10.–21. Rd 1x str. Nach Anleitung weiterarb und nach 20,5 cm ab Fersenmitte mit den Abnahmen für die Bandspitze beginnen

GRÖSSE 44/45
72 M anschl (= 18 M pro Nd).
Fuß, Jacquardmuster C: Die 1.–9. Rd 1x, die 4.–9. Rd 3x und die 10.–21. Rd 1x str. Nach Anleitung weiterarb und nach 22 cm ab Fersenmitte mit den Abnahmen für die Bandspitze beginnen.

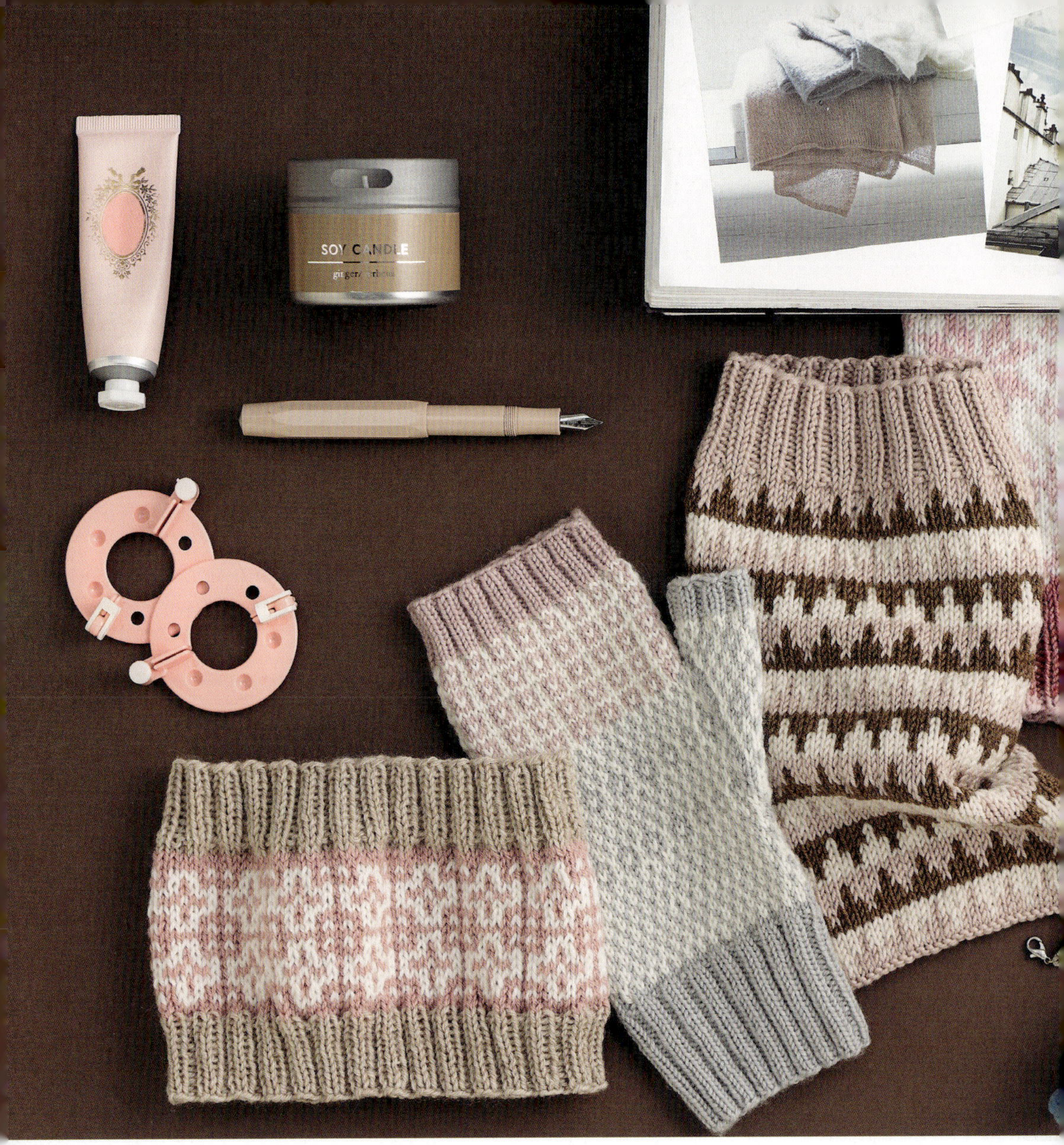

Wear Soxx that

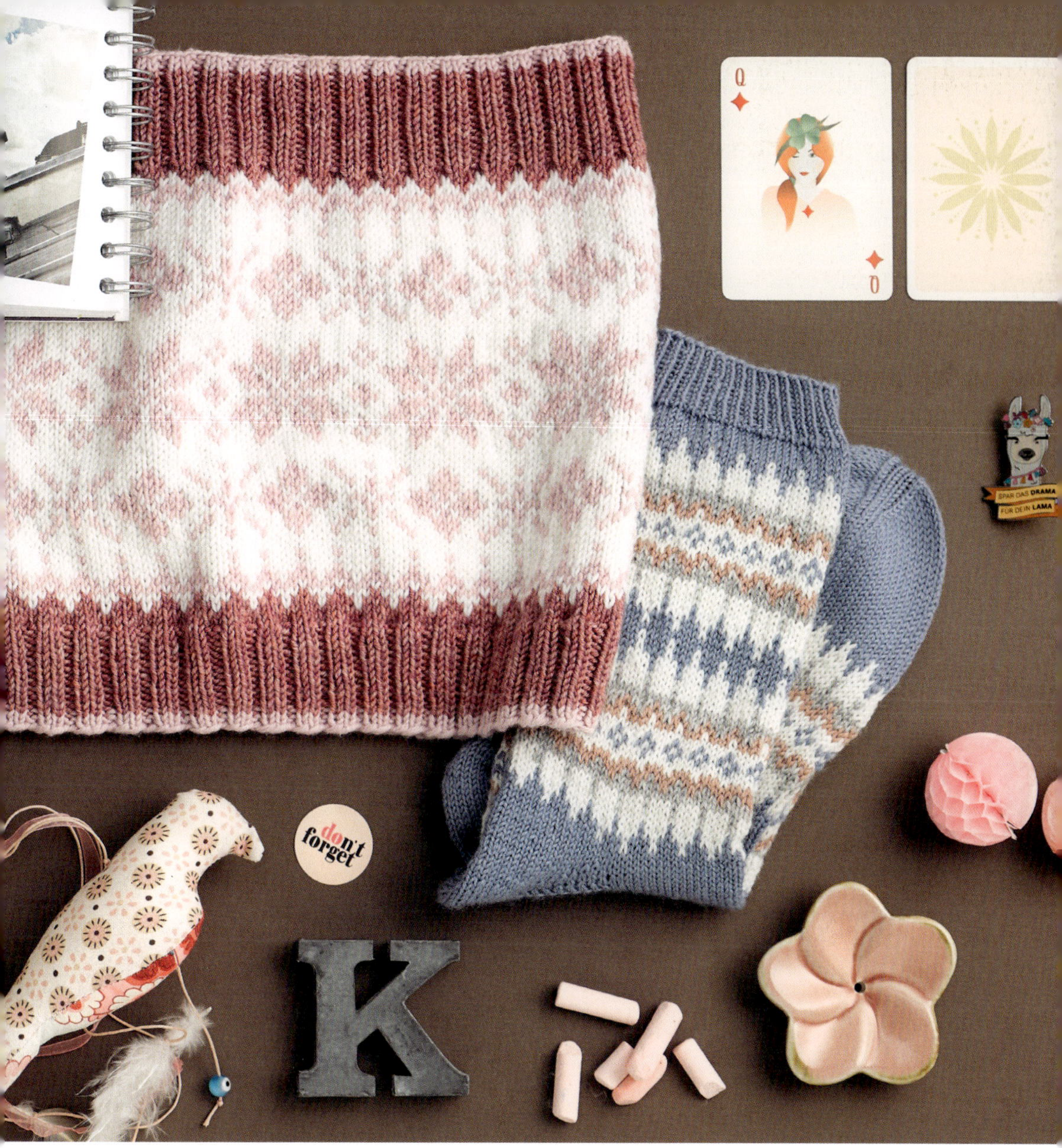

matter

SOXXLOOK No.21

SCHWIERIGKEITSGRAD 2

GRÖSSE

Kopfumfang: 54–57 cm

Höhe: 12 cm

MATERIAL

Lang Yarns Fantomas (LL ca.140 m/50 g)
in Beige Mélange (Fb 26), Offwhite (Fb 94)
und Rosa dunkel (Fb 209), je 50 g

Nadelspiele 3,0 mm und 3,5 mm, 20 cm lang

MASCHENPROBE

Im Jacquardmuster mit Nd 3,5 mm
28 M und 32 Rd = 10 cm x 10 cm

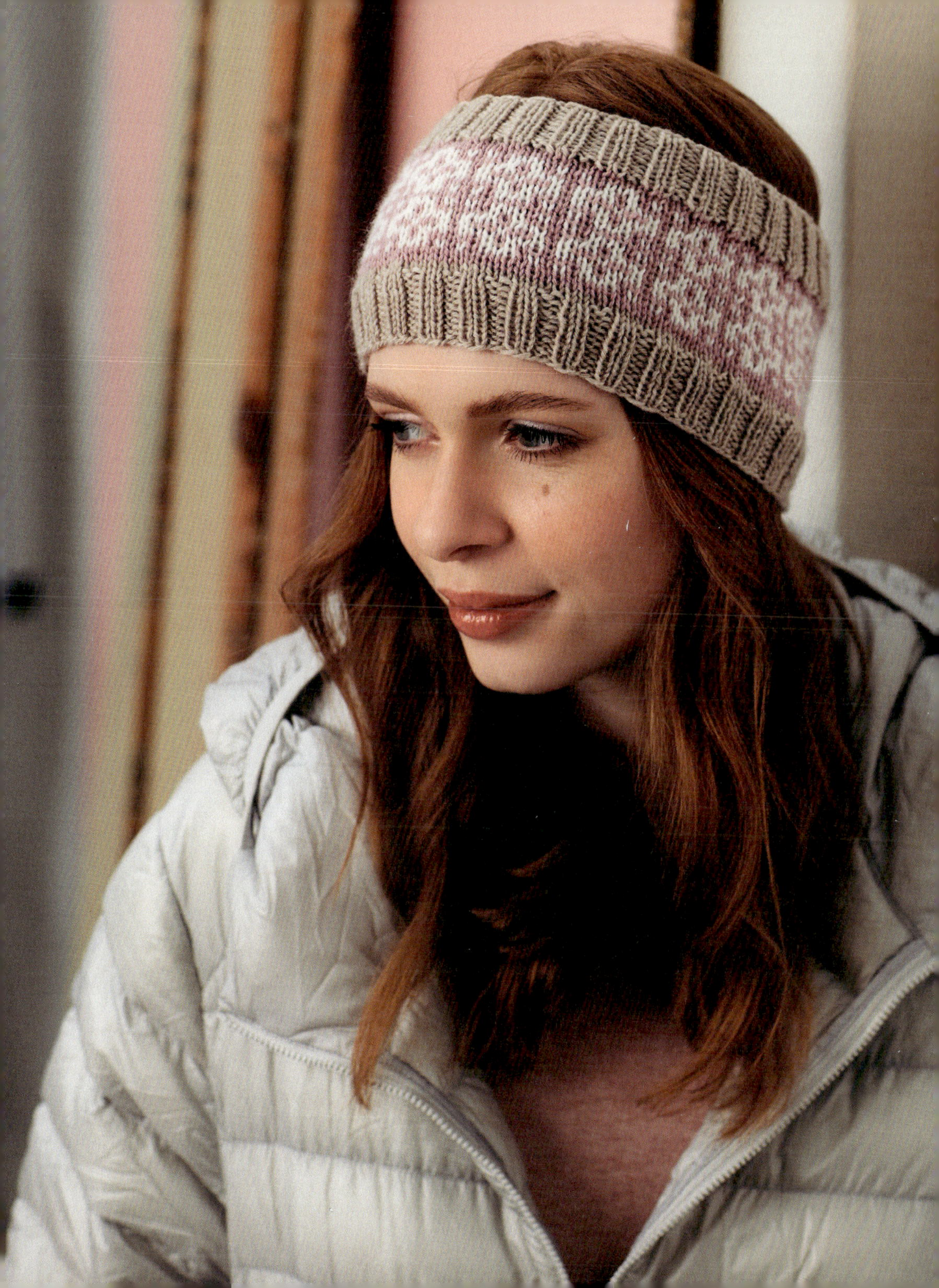

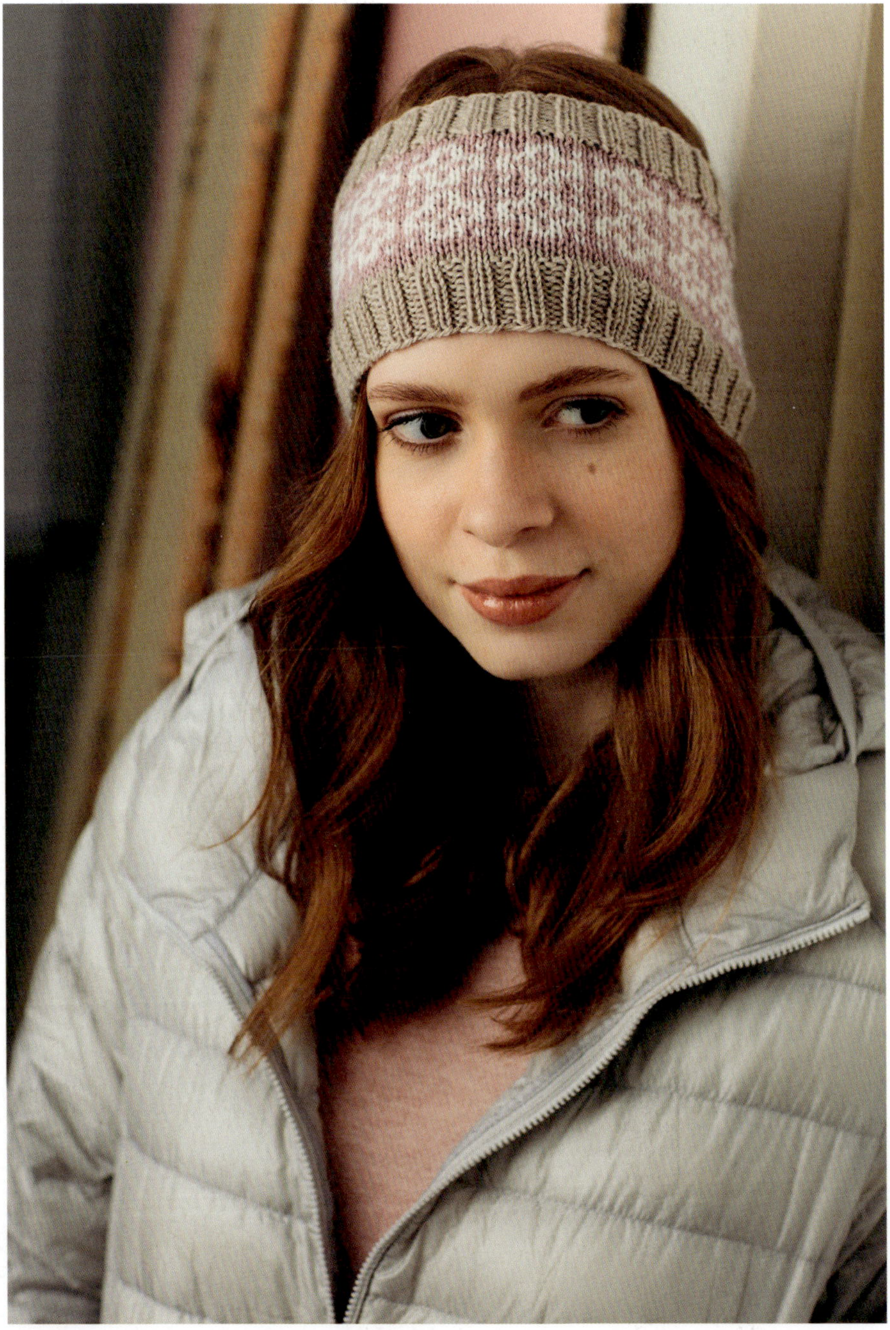

Glatt rechts

In Rd alle M rechts str.

Bündchenmuster

2 M rechts, 2 M links im Wechsel str.

Jacquardmuster

M-Zahl teilbar durch 8. In allen Rd glatt rechts nach dem Zählmuster str. Den Rapport von 8 M fortlaufend wdh.

Jacquardmuster

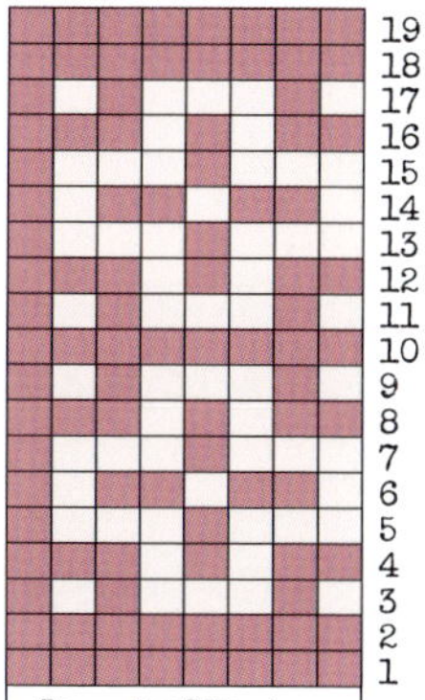

Rapport = 8 Maschen

- = Rosa dunkel
- = Offwhite

ANLEITUNG

120 M in Beige Mélange mit Nd 3,0 mm anschl, gleichmäßig auf 4 Spielnd verteilen (= 30 M pro Nd) und zur Rd schließen. Für das Bündchen 10 Rd (= 2,5 cm) im Bündchenmuster str. Anschließend zu Nd 3,5 mm wechseln und 1 Rd rechte M in Beige Mélange str. Danach im Jacquardmuster in Rosa dunkel und Offwhite weiterarb. Die 1.–19. Rd des Zählmusters 1x str. Die Fäden in Rosa dunkel und Offwhite abschneiden und 1 Rd rechte M in Beige Mélange arb. Wieder zu Nd 3,0 mm wechseln und 10 Rd (= 2,5 cm) im Bündchenmuster in Beige Mélange arb.
Die M locker abk, wie sie erscheinen (siehe Seite 166).
Alle Fäden vernähen.

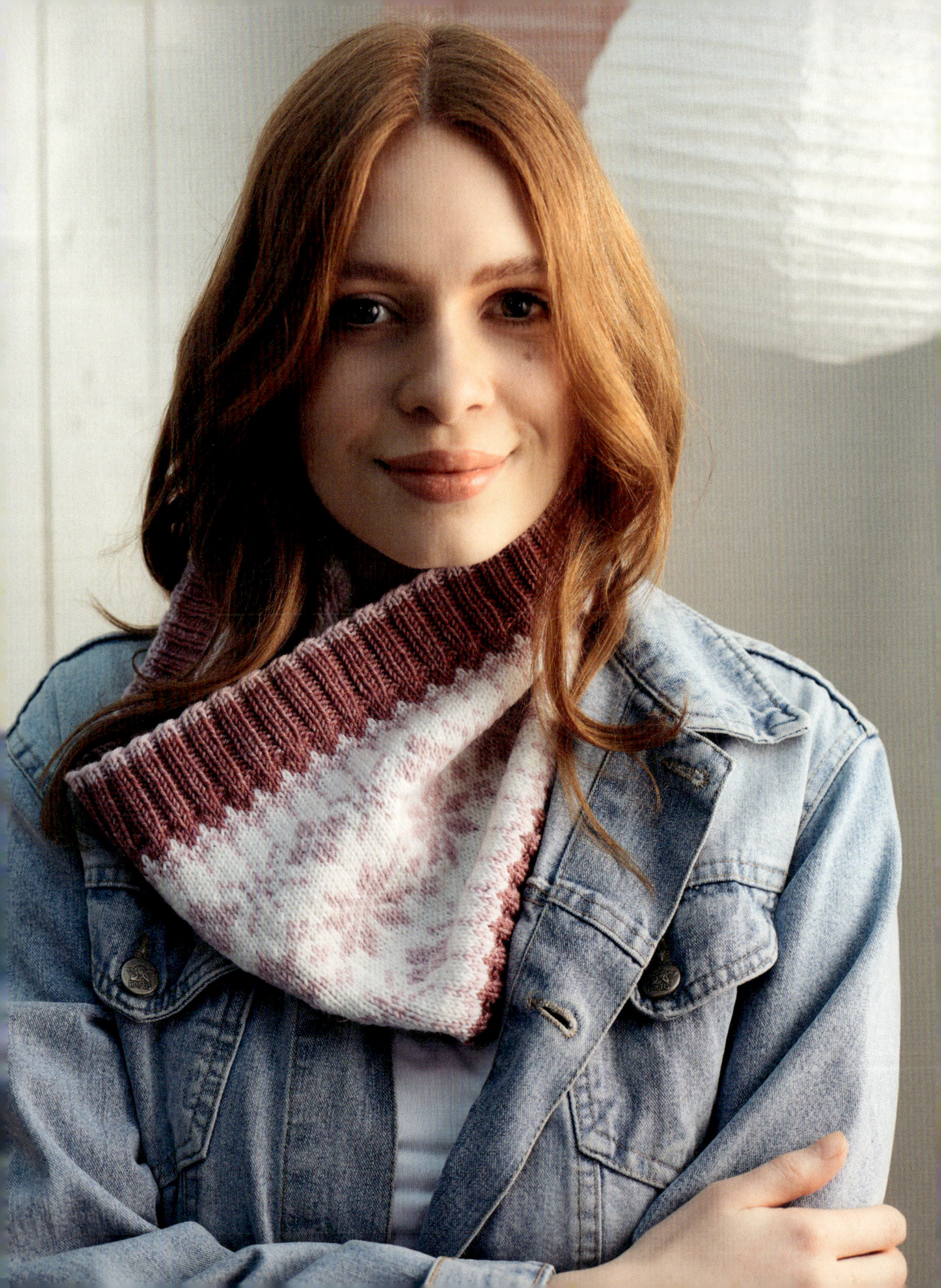

SOXXLOOK NO.22

SCHWIERIGKEITSGRAD 3

GRÖSSE

Umfang: ca. 66 cm
Höhe: ca. 25 cm

MATERIAL

Lana Grossa Cool Wool (LL ca. 160 m/50 g) in Weiß (Fb 431), 100 g

Lana Grossa Cool Wool Melange (LL ca. 160 m/50 g) in Rosa meliert (Fb 134) und Altrosa meliert (Fb 130), je 50 g

Maschenmarkierer

Rundstricknadel 3,0 mm und 3,5 mm, 50 cm lang

MASCHENPROBE

Im Jacquardmuster mit Nd 3,5 mm
30 M und 34 Rd = 10 cm x 10 cm

Glatt rechts

In Rd alle M rechts str.

Bündchenmuster

2 M rechts, 2 M links im Wechsel str.

Jacquardmuster A, B, C und D

M-Zahl jeweils teilbar durch 4 bzw. 16.
In allen Rd glatt rechts nach dem jeweiligen Zählmuster str. Den Rapport von 4 bzw. 16 M fortlaufend wdh.

Jacquardmuster A

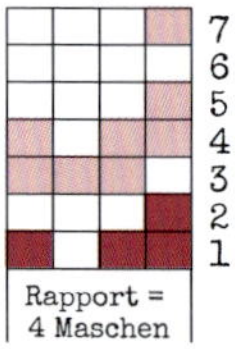

= Altrosa meliert
= Weiß
= Rosa meliert

Jacquardmuster B

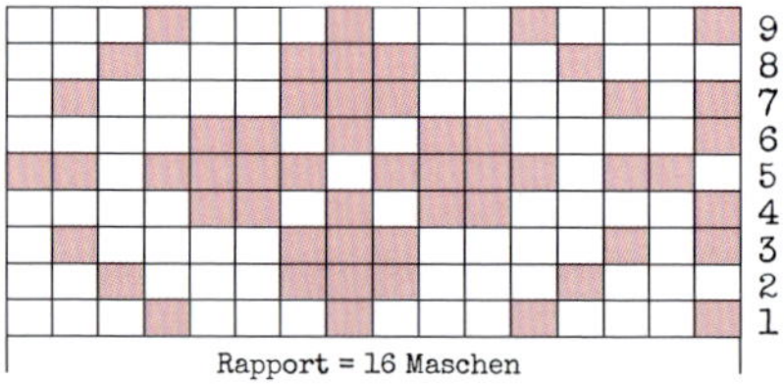

= Rosa meliert
= Weiß

Jacquardmuster C

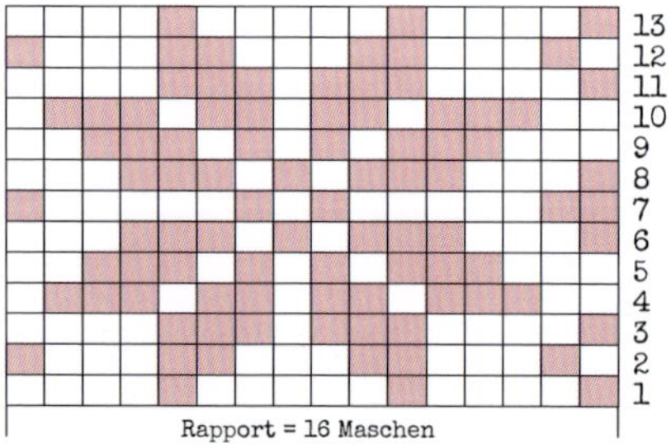

= Rosa meliert
= Weiß

Jacquardmuster D

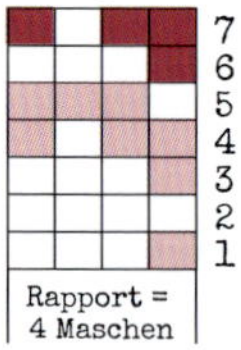

= Rosa meliert
= Weiß
= Altrosa meliert

ANLEITUNG

192 M mit Nd 3,0 mm in Rosa meliert anschl und zur Rd schließen. Den Rd-Beginn mit einem M-Markierer kennzeichnen.

Zunächst 1 Rd Rosa meliert im Bündchenmuster str. Den Faden abschneiden. Anschließend 13 Rd in Altrosa meliert im Bündchenmuster arb (= 3,5 cm). Danach zu Nd 3,5 mm wechseln und 1 Rd glatt rechts in Altrosa meliert arb. Anschließend im Jacquardmuster A in Altrosa meliert, Weiß und Rosa meliert weiterstr.

Die 1.–7. Rd des Zählmusters 1x arb. Den Faden in Altrosa meliert abschneiden.

2 Rd in Weiß str. Danach im Jacquardmuster B in Rosa meliert und Weiß weiterarb. Die 1.–9. Rd des Zählmusters 1x str. Dann 3 Rd in Weiß arb. Nun im Jacquardmuster C in Rosa meliert und Weiß weiterstr. Die 1.–13. Rd des Zählmusters 1x arb. Dann 3 Rd in Weiß str. Anschließend im Jacquardmuster B weiterarb.

Die 1.–9. Rd des Zählmusters 1x str.

2 Rd in Weiß arb. Dann im Jacquardmuster D in Rosa meliert, Weiß und Altrosa meliert weiterstr. Die 1.–7. Rd des Zählmusters 1x arb. Den Faden in Weiß abschneiden. 1 Rd in Altrosa meliert str.

Zu Nd 3,0 mm wechseln und 13 Rd im Bündchenmuster in Altrosa meliert str. Den Faden abschneiden und anschließend den Loop mit 2 Rd im Bündchenmuster in Rosa meliert beenden (= 3,5 cm).

Die M abk, wie sie erscheinen (siehe Seite 166).

Anschließend alle Fäden vernähen.

SOXXLOOK No.23

SCHWIERIGKEITSGRAD 3

GRÖSSE

Umfang: 18 cm
Höhe: 21,5 cm

MATERIAL

Lana Grossa Meilenweit Cashmere (LL ca. 210 m/50 g) in Weiß (Fb 01), Hellgrau (Fb 35) und Altrosa (Fb 36), je 50 g

Nadelspiel 2,5–3,0 mm

Maschenmarkierer

MASCHENPROBE

Im Jacquardmuster mit Nd 2,5–3,0 mm
34 M und 36 Rd = 10 cm x 10 cm

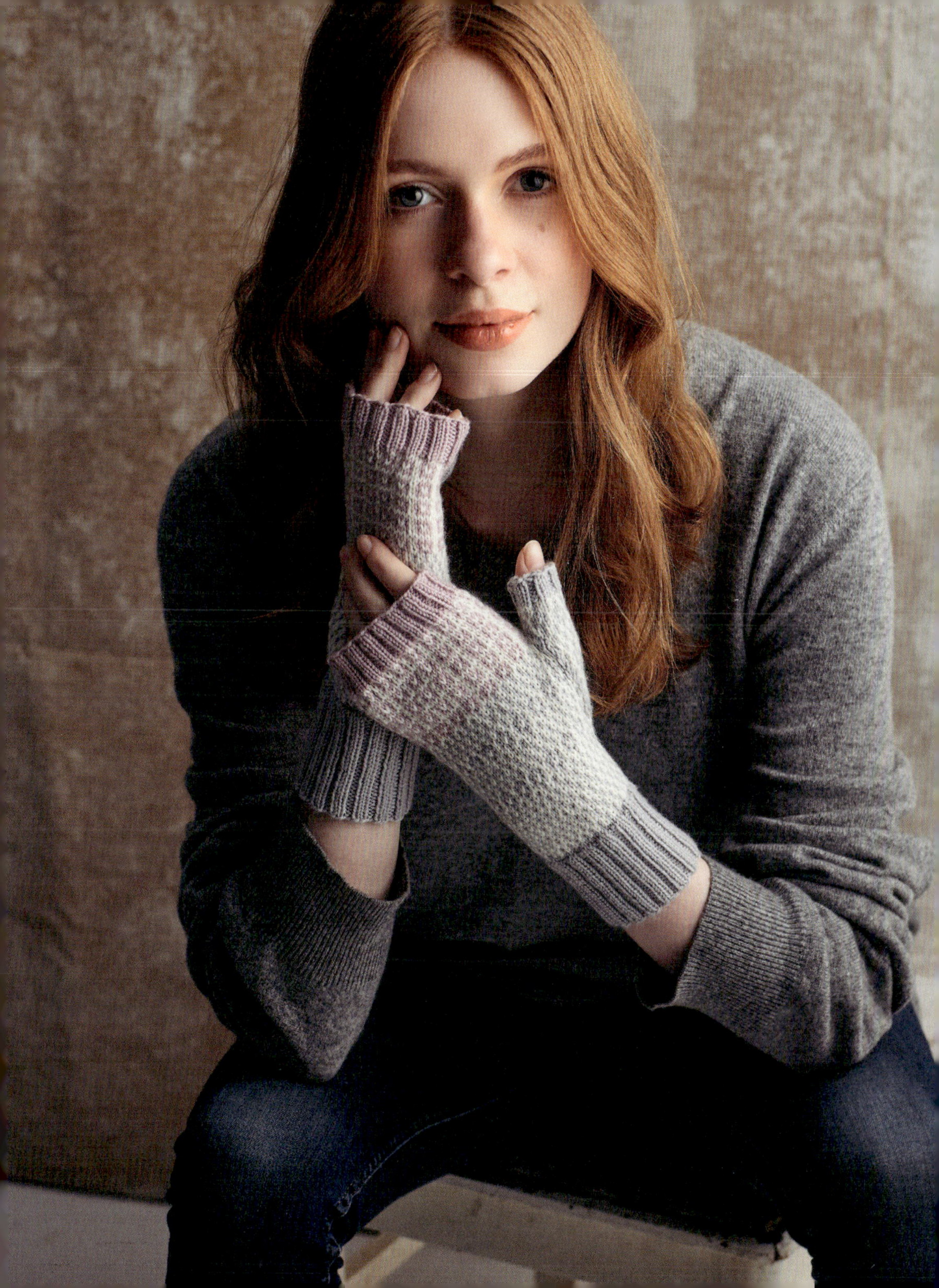

Glatt rechts

In Rd alle M rechts str.

Bündchenmuster

2 M rechts, 2 M links im Wechsel str.

Jacquardmuster A, B, C und D

M-Zahl jeweils teilbar durch 2 bzw. 4. In allen Rd glatt rechts nach dem jeweiligen Zählmuster str. Den Rapport von 2 bzw. 4 M fortlaufend wdh.

Jacquardmuster A

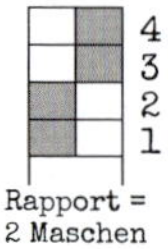

☐ = Weiß
■ = Hellgrau

Jacquardmuster B

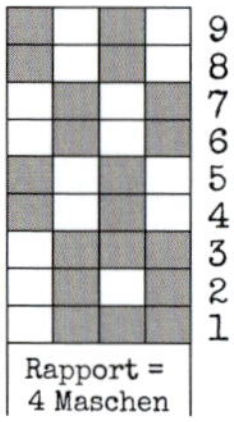

■ = Hellgrau
☐ = Weiß

Jacquardmuster C

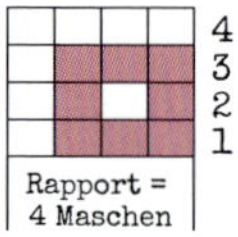

■ = Altrosa
☐ = Weiß

Jacquardmuster D

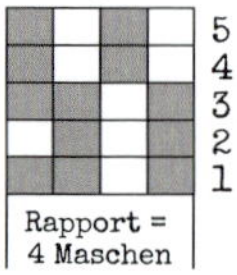

■ = Hellgrau
☐ = Weiß

Daumenkeilmuster

Nach dem Zählmuster arb. In jeder 2. Rd nach dem M-Markierer 1 M aus dem Querfaden rechtsgeneigt zunehmen und am Rd-Ende 1 M aus dem Querfaden linksgeneigt zunehmen (siehe Seite 161).

Daumenkeilmuster

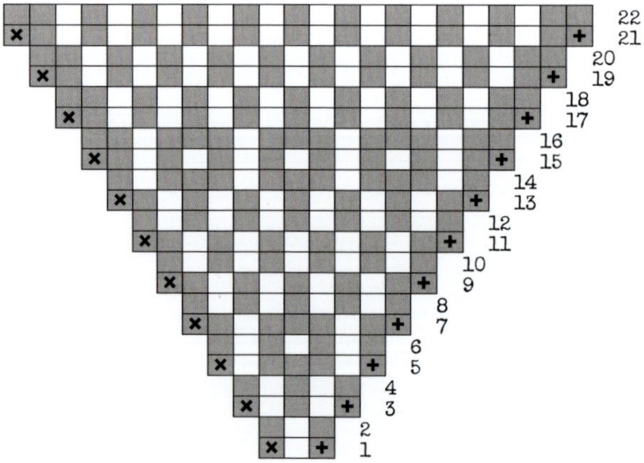

☐ = Weiß
■ = Hellgrau
+ = 1 Masche rechtsgeneigt aus dem Querfaden zunehmen
× = 1 Masche linksgeneigt aus dem Querfaden zunehmen

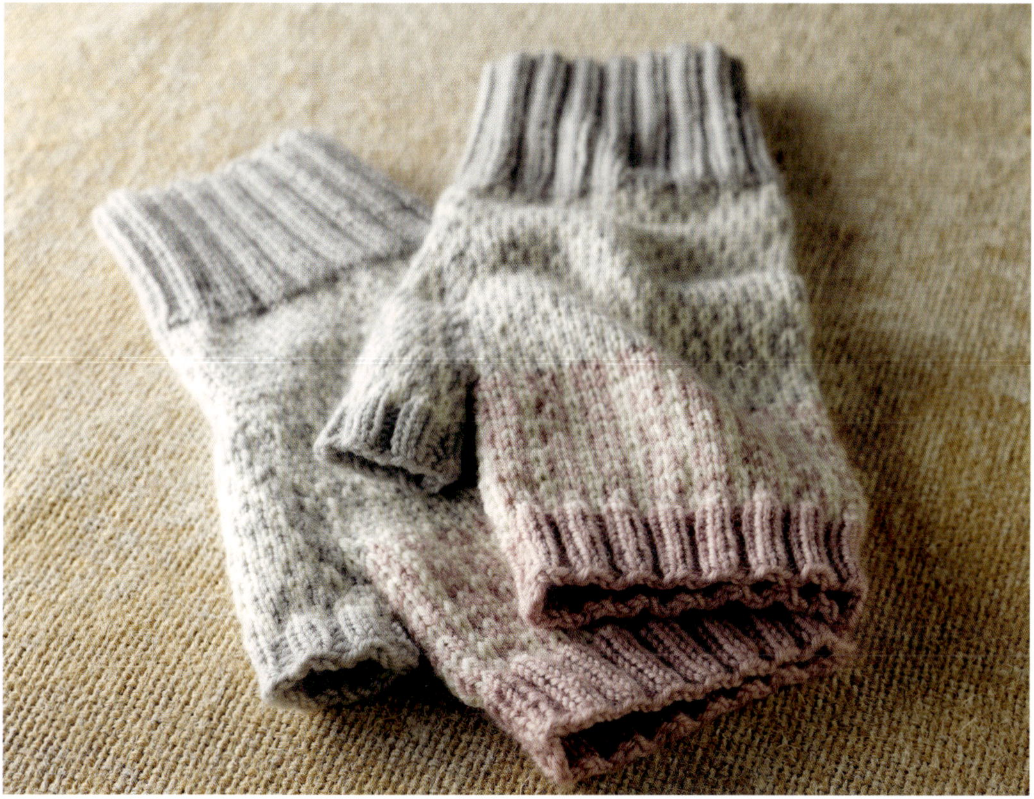

ANLEITUNG

Hinweis: Bitte lies dir die Anleitung einmal komplett durch, bevor du mit dem Stricken beginnst.

64 M in Hellgrau anschl, gleichmäig auf 4 Spielnd verteilen (= 16 M pro Nd) und zur Rd schließen. Für das Bündchen 25 Rd (= 5 cm) im Bündchenmuster str. Anschließend 1 Rd in Hellgrau arb und im Jacquardmuster A in Weiß und Hellgrau weiterstr. Die 1.–4. Rd des Zählmusters 2x str, dann die 1. und 2. Rd noch 1x arb. In der letzten Rd vor der letzten M der 4. Nd einen M-Markierer setzen. Diese M ist die 1. M des Daumenkeils. In der nächsten Rd mit den Zunahmen für den Daumenkeil beginnen. Nach dem M-Markierer 1 M rechtsgeneigt aus dem Querfaden zunehmen und am Rd-Ende 1 M linksgeneigt aus dem Querfaden zuneh-

men (siehe Seite 161). Die Zunahmen in jeder 2. Rd wdh. Die 1.–22. Rd des Daumenkeilmusters 1x arb. GLEICHZEITIG das Jacquardmuster A und B über die M der 1.–4. Nd wie folgt fortführen: Im Jacquardmuster A in Hellgrau und Weiß weiterarb. Die 3. und 4. Rd des Zählmusters 1x arb, dann die 1. und 2. Rd 1x str. Anschließend im Jacquardmuster B in Hellgrau und Weiß weiterarb. Die 1.–9. Rd des Zählmusters 2x str. WICHTIG, beim Jacquardmuster A den Rapport von 2 M 31x wdh, anschließend 1x die 1. M des Rapports str. Beim Jacquardmuster B den Rapport von 4 M 15x wdh und danach die ersten 3 M des Rapports arb.
Anschließend den Faden in Hellgrau abschneiden.
Nun die 23 M des Daumenkeils auf einem Faden stilllegen und über die restlichen 63 M die Handpartie im Jacquardmuster C in Altrosa und Weiß weiterarb.

In der 1. Rd am Rd-Ende 1 M aufschlingen (siehe Seite 156) (= 64 M). Die 1.–4. Rd des Zählmusters 5x str. Den Faden in Weiß abschneiden.
Nun 1 Rd in Altrosa arb. Anschließend 10 Rd im Bündchenmuster (= 2,5 cm) in Altrosa str. Die M abk, wie sie erscheinen (siehe Seite 166).
Nun für den Daumen die stillgelegten 23 Daumenkeil-M wieder aufnehmen und auf 4 Spielnd verteilen (= 6-6-6-5 M). Am Ende der 4. Nd aus der aufgeschlungenen M 1 M in Hellgrau rechts auffassen (= 24 M). Zur Rd schließen und im Jacquardmuster D in Hellgrau und Weiß arb. Die 1.–5. Rd des Zählmusters 1x str. Danach 1 Rd in Weiß arb. Den Faden in Weiß abschneiden. 1 Rd in Hellgrau str. Dann 5 Rd im Bündchenmuster (= 1,5 cm) arb. Die M abk, wie sie erscheinen.
Anschließend alle Fäden vernähen.
Die zweite Stulpe genauso arb.

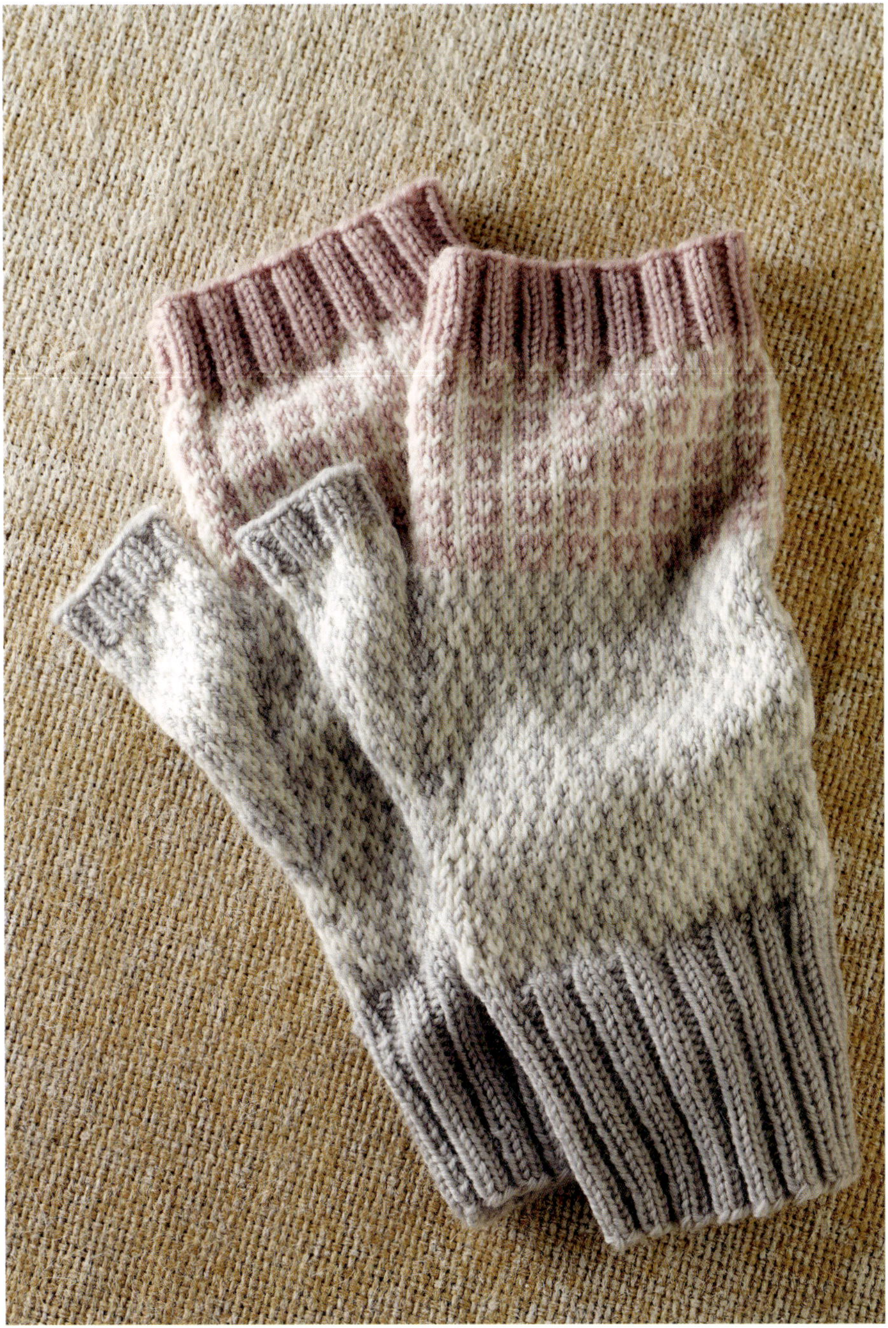

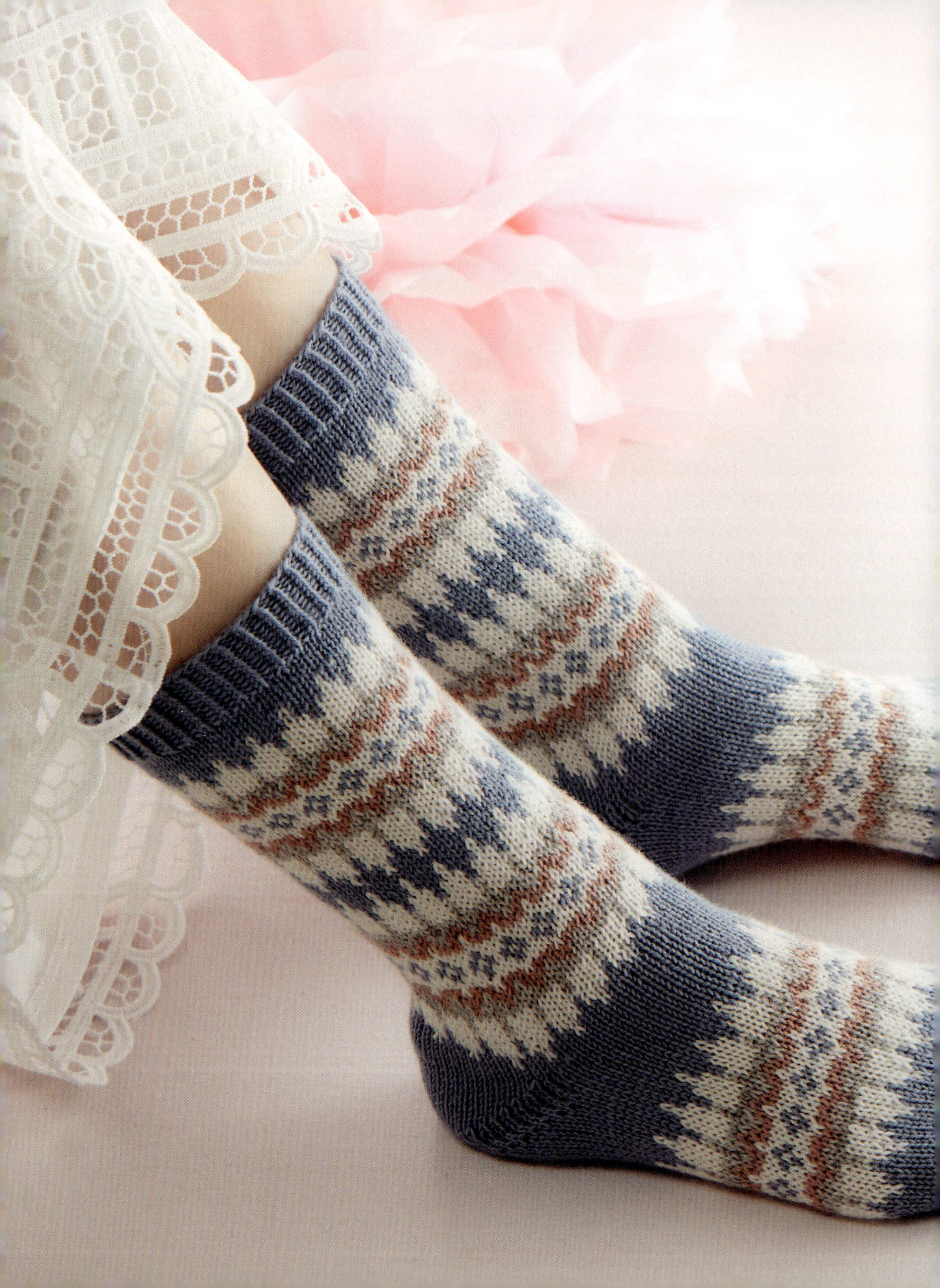

SOXXLOOK No. 24

SCHWIERIGKEITSGRAD 3

GRÖSSE

38/39

MATERIAL

Lang Yarns Jawoll (LL ca. 210 m/50 g) in Offwhite (Fb 94), Altrosa (Fb 248), Hellgrau Mélange (Fb 23) und Jeans hell (Fb 234), je 50 g

Nadelspiel 2,5–3,0 mm

MASCHENPROBE

Im Jacquardmuster mit Nd 2,5–3,0 mm
36 M und 40 Rd = 10 cm x 10 cm

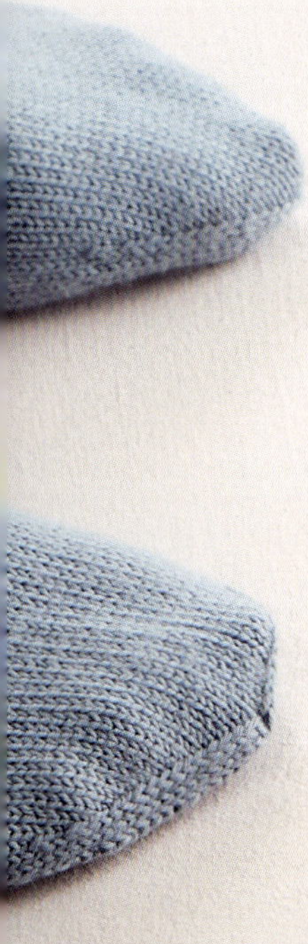

Glatt rechts

In Hinr rechte M, in Rückr linke M str, bzw. in Rd alle M rechts str.

Bündchenmuster

1 M rechts verschränkt, 1 M links im Wechsel str.

Jacquardmuster

M-Zahl teilbar durch 4.
In allen Rd glatt rechts nach dem Zählmuster str. Den Rapport von 4 M fortlaufend wdh.

Jacquardmuster

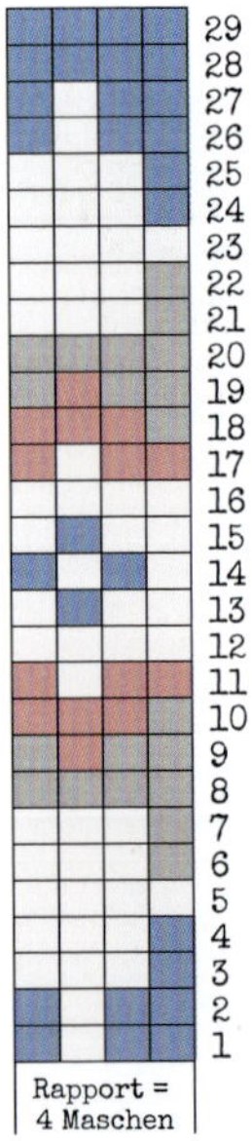

- ■ = Jeans hell
- □ = Offwhite
- ■ = Hellgrau Mélange
- ■ = Altrosa

ANLEITUNG

64 M in Jeans hell anschl, gleichmäßig auf 4 Spielnd verteilen (= 16 M pro Nd) und zur Rd schließen.
Für das BÜNDCHEN 12 Rd (= 2,5 cm) im Bündchenmuster str.
Den SCHAFT glatt rechts mit 5 Rd in Jeans hell beginnen. Anschließend im Jacquardmuster in Jeans hell, Offwhite, Hellgrau Mélange und Altrosa weiterarb. Die 1.–29. Rd des Zählmusters 2x str. Die Fäden in Offwhite, Hellgrau Mélange und Altrosa abschneiden.
Nun die BUMERANGFERSE glatt rechts in Jeans hell über die 32 M der 4. und 1. Nd nach der Grundanleitung arb (siehe Seite 178).

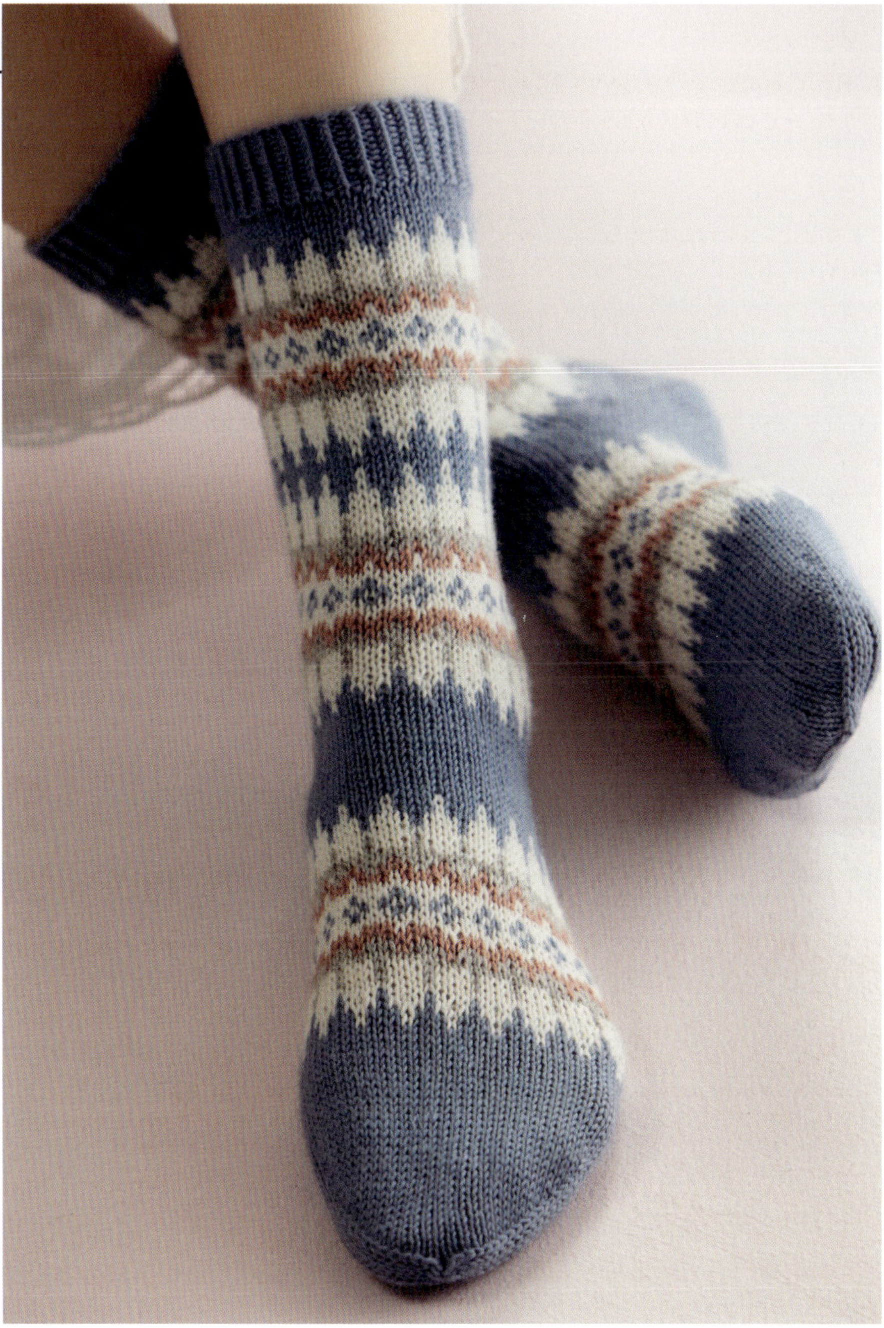

Den FUSS weiter glatt rechts in Jeans hell über alle M der 4 Spielnd str. Nach 7 cm ab Fersenmitte im Jacquardmuster in Jeans hell, Offwhite, Hellgrau Mélange und Altrosa weiterarb. Die 1.–29. Rd des Zählmusters 1x str. Die Fäden in Offwhite, Hellgrau meliert und Altrosa abschneiden. Den FUSS in Jeans hell beenden. Nach 17,5 cm ab Fersenmitte mit den Abnahmen für die Bandspitze beginnen.

Die BANDSPITZE in Jeans hell nach der Grundanleitung str (siehe Seite 183). Den Faden abschneiden und nach innen ziehen.
Alle Fäden vernähen.
Die zweite Socke genauso arb.

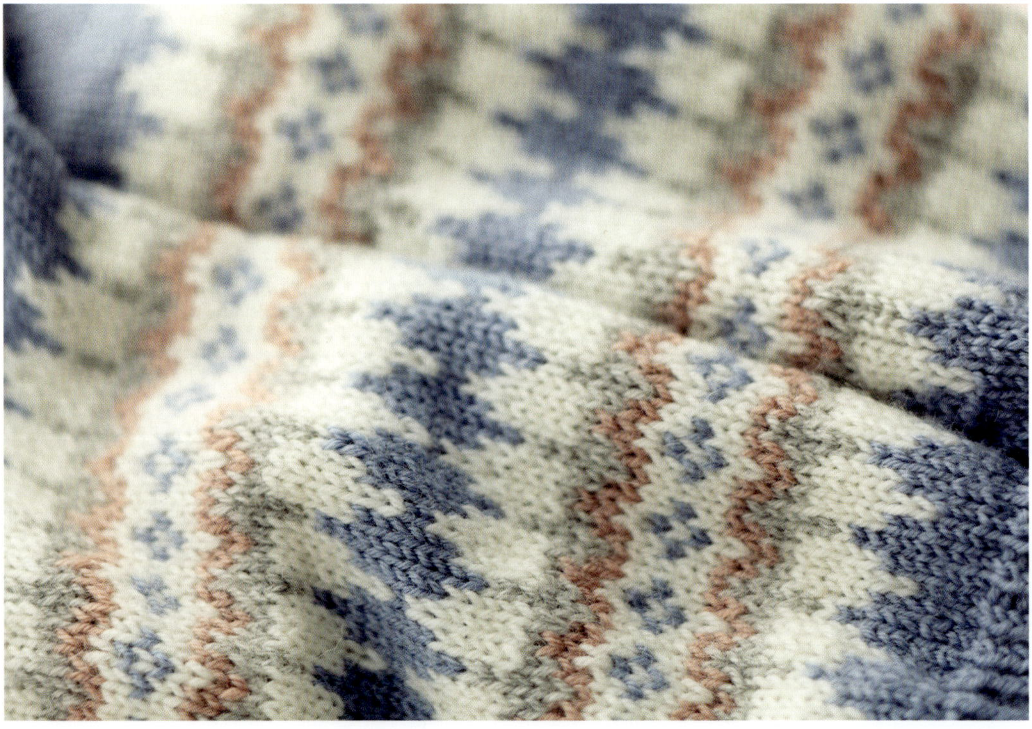

HINWEISE ZUM STRICKEN VON ANDEREN GRÖSSEN

GRÖSSE 36/37

64 M anschl (= 16 M pro Nd).

Fuß: Nach 6 cm ab Fersenmitte 1x das Jacquardmuster arb. Nach Anleitung weiterarb und nach 16 cm ab Fersenmitte mit den Abnahmen für die Bandspitze beginnen.

GRÖSSE 40/41

68 M anschl (= 17 M pro Nd).

Fuß: Nach 8 cm ab Fersenmitte 1x das Jacquardmuster arb. Nach Anleitung weiterarb und nach 19 cm ab Fersenmitte mit den Abnahmen für die Bandspitze beginnen.

GRÖSSE 42/43

68 M anschl (= 17 M pro Nd).

Fuß: Nach 9 cm ab Fersenmitte 1x das Jacquardmuster arb. Nach Anleitung weiterarb und nach 20,5 cm ab Fersenmitte mit den Abnahmen für die Bandspitze beginnen.

GRÖSSE 44/45

72 M anschl (= 18 M pro Nd).

Fuß: Nach 10 cm ab Fersenmitte 1x das Jacquardmuster arb. Nach Anleitung weiterarb und nach 22 cm ab Fersenmitte mit den Abnahmen für die Bandspitze beginnen.

SOXXLOOK NO. 25

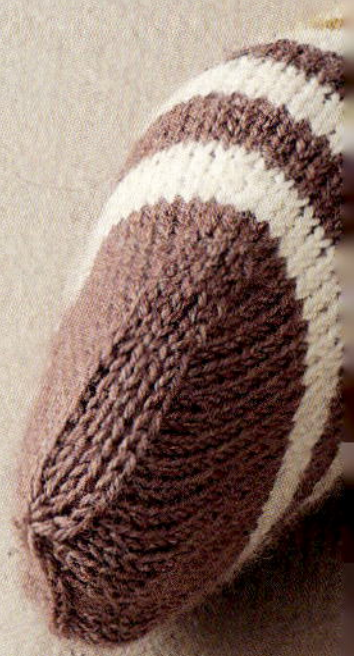

SCHWIERIGKEITSGRAD I

GRÖSSE

38/39

MATERIAL

Lang Yarns Jawoll (LL ca. 210 m/50 g) in Offwhite (Fb 94), Altrosa dunkel (Fb 348), Altrosa (Fb 248) und Goldgelb hell (Fb 250), je 50 g

Nadelspiel 2,5–3,0 mm

MASCHENPROBE

Glatt rechts mit Nd 2,5–3,0 mm
32 M und 48 Rd = 10 cm x 10 cm

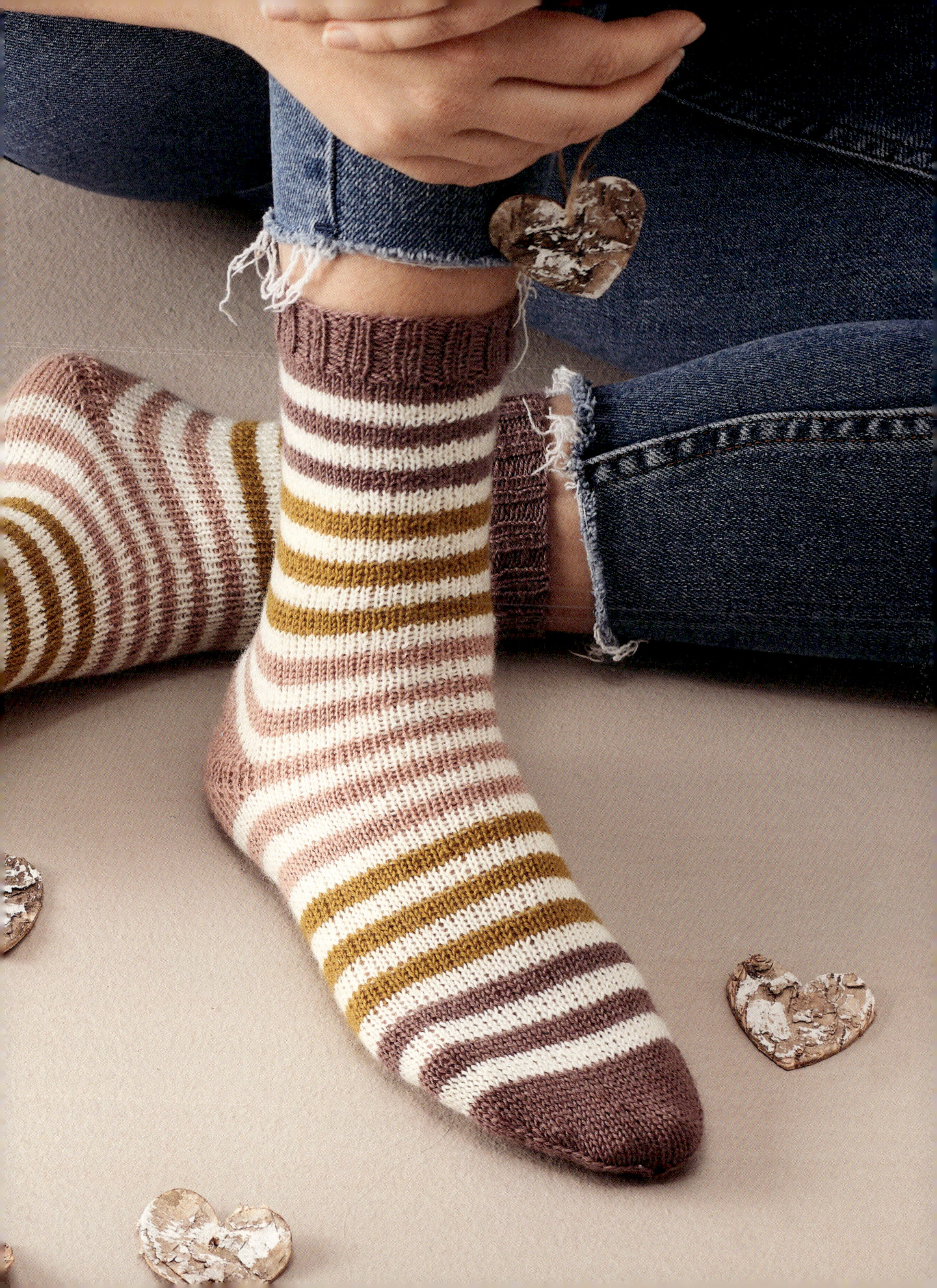

Glatt rechts

In Hinr rechte M, in Rückr linke M str, bzw. in Rd alle M rechts str.

Bündchenmuster

2 M rechts, 2 M links im Wechsel str.

ANLEITUNG

60 M in Altrosa dunkel anschl, gleichmäßig auf 4 Spielnd verteilen (= 15 M pro Nd) und zur Rd schließen.
Für das BÜNDCHEN 12 Rd (= 2,5 cm) im Bündchenmuster str.
Den SCHAFT glatt rechts weiterarb. * 4 Rd in Altrosa dunkel, 4 Rd in Offwhite str, ab * 2x wdh. Den Faden in Altrosa dunkel abschneiden. Danach * 4 Rd in Goldgelb hell, 4 Rd in Offwhite arb, ab * 2x wdh. Den Faden in Goldgelb hell abschneiden. Anschließend * 4 Rd in Altrosa, 4 Rd in Offwhite str, ab * 1x wdh. Den Faden in Offwhite abschneiden und 1 Rd in Altrosa arb.
Nun die BUMERANGFERSE glatt rechts in Altrosa über die 30 M der 4. und 1. Nd nach der Grundanleitung str (siehe Seite 178).
Den FUSS weiter glatt rechts über alle M der 4 Spielnd arb. Mit 1 Rd in Altrosa beginnen und anschließend * 4 Rd in Offwhite, 4 Rd in Altrosa str, ab * 1 x wdh. Den Faden in Altrosa abschneiden. Danach * 4 Rd in Offwhite, 4 Rd in Goldgelb hell arb, ab * 2x wdh. Den Faden in Goldgelb hell abschneiden. Nun * 4 Rd in Offwhite, 4 Rd in Altrosa dunkel str, ab * 1x wdh. Anschließend 4 Rd in Offwhite arb. Den Faden in Offwhite abschneiden und die Socke in Altrosa dunkel beenden. Dabei nach 17,5 cm ab Fersenmitte mit den Abnahmen für die BANDSPITZE beginnen.
Die Bandspitze in Altrosa dunkel nach der Grundanleitung str (siehe Seite 183). Den Faden abschneiden und nach innen ziehen.
Alle Fäden vernähen.
Die zweite Socke genauso arb.

HINWEISE ZUM STRICKEN VON ANDEREN GRÖSSEN

Größe 36/37
60 M anschl (= 15 M pro Nd).
Fuß: 1 Rd in Altrosa str, anschließend * 4 Rd in Offwhite, 4 Rd in Altrosa str, ab * 1x wdh. Dann * 4 Rd in Offwhite, 4 Rd in Goldgelb hell arb, ab * 1x wdh. Nun * 4 Rd in Offwhite, 4 Rd in Altrosa dunkel str, ab * 1x wdh. Danach 4 Rd in Offwhite arb. Nach 16 cm ab Fersenmitte mit den Abnahmen für die Bandspitze beginnen.

Größe 40/41
64 M anschl (= 16 M pro Nd).
Fuß: 1 Rd in Altrosa str, anschließend *4 Rd in Offwhite, 4 Rd in Altrosa str, ab * 1x wdh. Dann * 4 Rd in Offwhite, 4 Rd in Goldgelb hell arb, ab * 3x wdh. Nun * 4 Rd in Offwhite, 4 Rd in Altrosa dunkel str, ab * 1x wdh. Danach 4 Rd in Offwhite arb. Nach 19 cm ab Fersenmitte mit den Abnahmen für die Bandspitze beginnen.

Größe 42/43
64 M anschl (= 16 M pro Nd).
Fuß: 1 Rd in Altrosa str, anschließend * 4 Rd in Offwhite, 4 Rd in Altrosa str, ab * 1x wdh. Dann * 4 Rd in Offwhite, 4 Rd in Goldgelb hell arb, ab * 4x wdh. Nun * 4 Rd in Offwhite, 4 Rd in Altrosa dunkel str, ab * 1x wdh. Danach 4 Rd in Offwhite arb. Nach 20,5 cm ab Fersenmitte mit den Abnahmen für die Bandspitze beginnen.

Größe 44/45
68 M anschl (= 17 M pro Nd).
Fuß: 1 Rd in Altrosa str, anschließend * 4 Rd in Offwhite, 4 Rd in Altrosa str, ab * 1x wdh. Dann * 4 Rd in Offwhite, 4 Rd in Goldgelb hell arb, ab * 4x wdh. Nun * 4 Rd in Offwhite, 4 Rd in Altrosa dunkel str, ab * 1x wdh. Danach 4 Rd in Offwhite arb. Nach 22 cm ab Fersenmitte mit den Abnahmen für die Bandspitze beginnen.

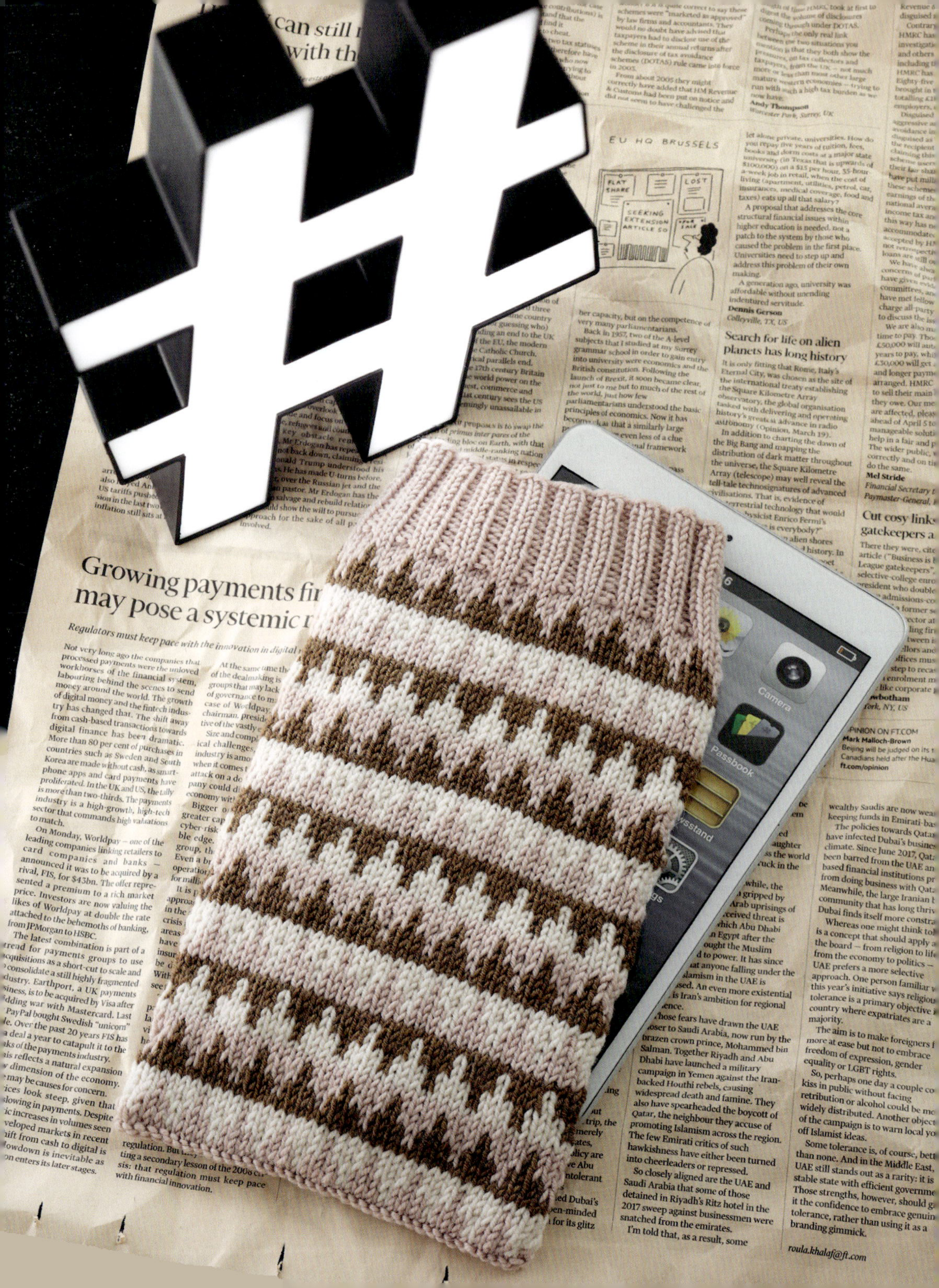
Growing payments fir
may pose a systemic r
Regulators must keep pace with the innovation in digital
EU HQ BRUSSELS
Search for life on alien planets has long history
Cut cosy link gatekeepers

SOXXLOOK NO.26

SCHWIERIGKEITSGRAD 2

GRÖSSE

Für ein Tablet
Umfang: 27 cm
Höhe: 24 cm

MATERIAL

Lana Grossa Cool Wool (LL ca. 160 m/50 g) in Natur (Fb 590) und Helles Rosenholz (Fb 2010), je 50 g

Lana Grossa Cool Wool Melange (LL ca. 160 m/50 g) in Braun meliert (Fb 144), 50 g

Nadelspiel 3,0 und 3,5 mm

MASCHENPROBE

Im Jacquardmuster mit Nd 3,5 mm
27 M und 30 Rd = 10 cm x 10 cm

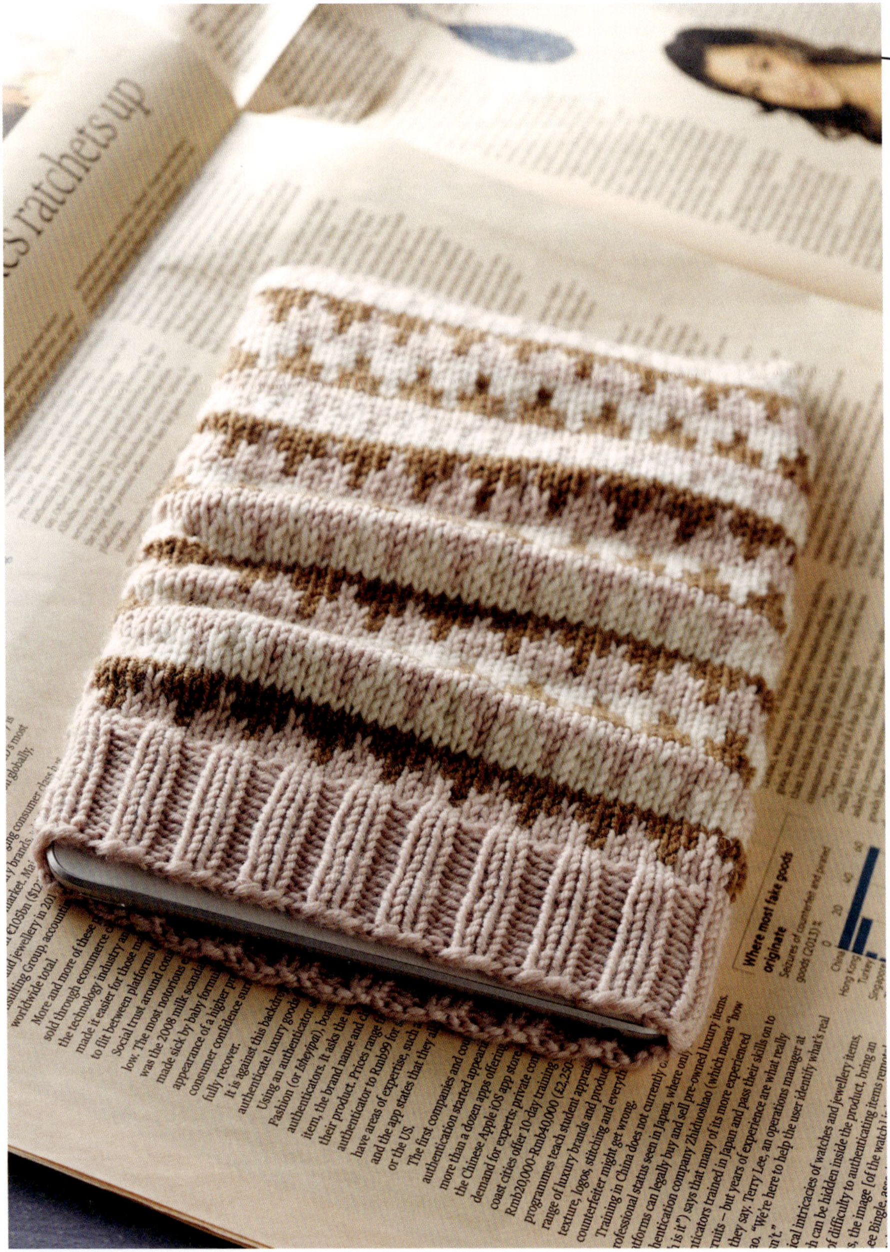

Glatt rechts

In Rd alle M rechts str.

Bündchenmuster

2 M rechts, 2 M links im Wechsel str.

Jacquardmuster

M-Zahl teilbar durch 4.
In allen Rd glatt rechts nach dem Zählmuster str. Den Rapport von 4 M fortlaufend wdh.

Jacquardmuster

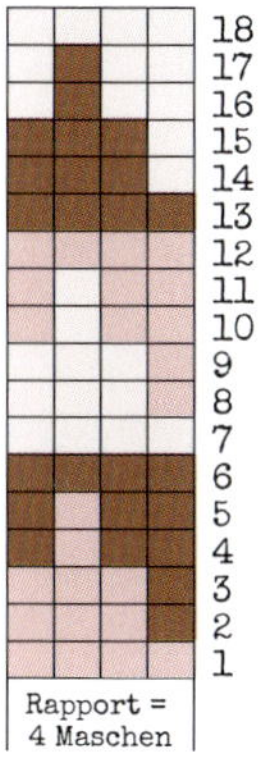

= Helles Rosenholz
= Braun meliert
= Natur

ANLEITUNG

76 M mit Nd 3,0 mm in hellem Rosenholz anschl, gleichmäßig auf 4 Spielnd verteilen (= 19 M pro Nd) und zur Rd schließen.
Für das Bündchen 15 Rd (= 3,5 cm) im Bündchenmuster str.
Anschließend zu Nd 3,5 mm wechseln und im Jacquardmuster in hellem Rosenholz, Natur und Braun meliert weiterarb. Die 1.–18. Rd des Zählmusters 3x str, dann noch 1x die 1.–12. Rd 1x arb. Die Fäden in Natur und Braun meliert abschneiden. Die M der 1. und 2. Nd und die M der 3. und 4. Nd jeweils auf einer Nd zusammenfassen. Die Nd parallel legen und immer eine M der vorderen Nd mit einer M der hinteren Nd zusammen abk (siehe Seite 167).
Anschließend alle Fäden vernähen.

TIPP: Die Tablethülle kann ohne Probleme für andere Größen angepasst werden. Der Rapport von 4 Maschen entspricht 1,5 cm, 6 Runden entsprechen ca. 2 cm. Du kannst die Maschenzahl erweitern oder verringern, wenn du beachtest, dass sie durch 4 teilbar ist.

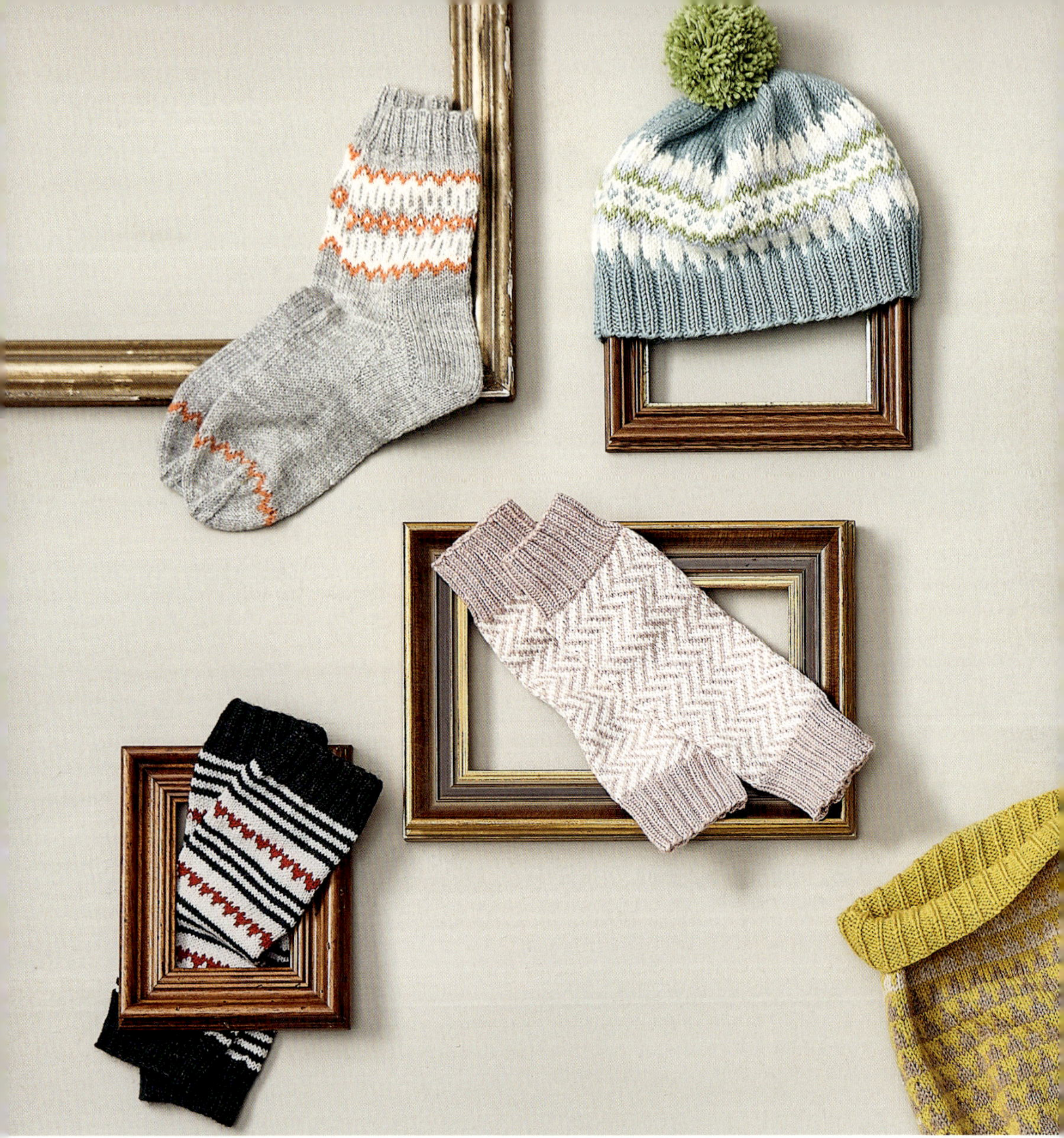

Soxx are always

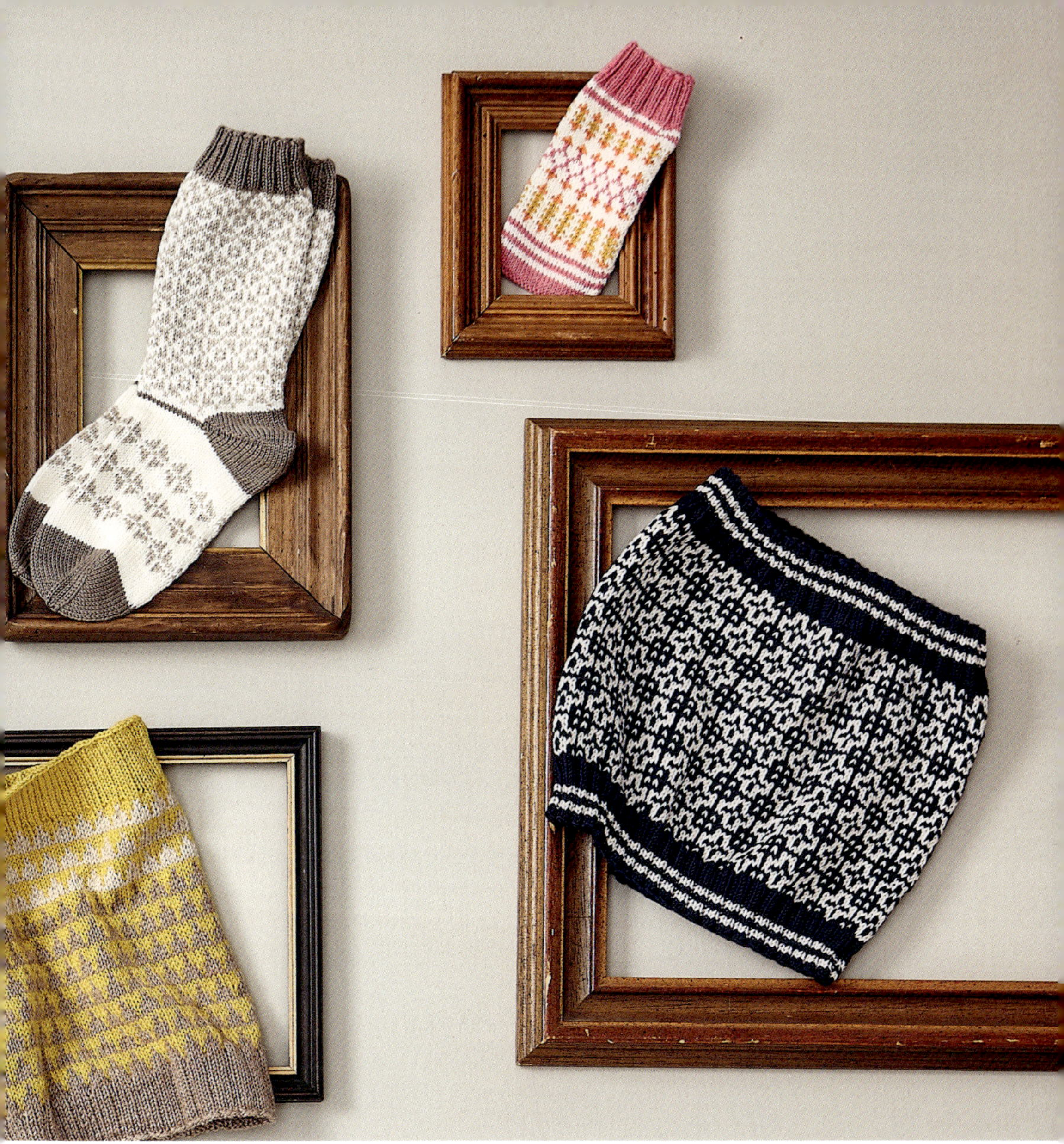

a good idea >>>>>>>

WERDE KREATIV

Da die meisten meiner Muster einen kleinen Rapport von 4 bis 8 Maschen haben, können sie sehr vielseitig verwendet werden. Mützenmuster sehen auch auf Socken schön aus und das Muster eines Stirnbands kann sich auf einem Loop wiederfinden. Wenn du dann auch noch Muster verschiedener Modelle mischst, ergeben sich unendlich viele Möglichkeiten für wunderschöne gestrickte Accessoires.

Wenn ich mir nicht sicher bin, ob die Muster zusammenpassen, zeichne ich sie auf kariertem Papier auf. Auch Farbkombinationen kann man so testen. Wollknäule sehen oft nebeneinander wunderschön aus, wenn sie aber zusammen in einem Muster verstrickt werden, kann das ganz anders aussehen. Ich musste schon viele Strickstücke wieder aufribbeln! In den letzten Jahren konnte ich im Internet und der realen Welt viele Socken aus meinen Büchern bewundern. Manchmal musste ich mehrmals hinsehen, bis ich meine Muster erkannte. Es ist erstaunlich, was eine andere Farbkombination bewirken kann. Bei Instagram kann man viele meiner Modelle unter den Hashtags SoxxBook und soxxsüchtig finden. Es lohnt sich, dort vorbeizuschauen und sich inspirieren zu lassen. Dort findest du auch Kissen, Babysöckchen, Puppenjacken und andere Strickstücke mit meinen Mustern.

Ich achte immer darauf, dass die Grundfarbe neutral ist. Weiß, Offwhite, Natur und Grau eignen sich besonders gut. Die Farben der Muster kommen so gut zur Geltung und das Strickstück wirkt, auch wenn viele Farben zusammen verstrickt werden, nicht zu unruhig.

Wenn mit vielen Farben gestrickt wird, müssen auch viele Fäden vernäht werden. Wenn dich das zu sehr abschreckt, kannst du die Muster auch in einem Garn mit Farbverlauf stricken. Mittlerweile gibt es Garne, bei denen beim Stricken gleich breite Ringel entstehen, diese eignen sich besonders gut für Jacquardmuster.

Es gibt viele Garnhersteller, die Garne einer Qualität in unglaublich vielen Farben anbieten. Wenn die Lauflänge und Maschenprobe übereinstimmen, kannst du die SoxxLook-Modelle natürlich auch aus einem anderen Garn stricken. Manchmal können auch Garne verschiedener Hersteller kombiniert werden. Bei Sockengarnen ist das meistens kein Problem. Bei anderen Garnen muss nicht nur auf die Lauflänge und Nadelstärke geachtet werden, die Garne sollten auch die gleiche Oberflächenstruktur haben, damit das Strickbild einheitlich aussieht. Natürlich kann es auch spannend sein, ganz bewusst auf die Einheitlichkeit der Garne zu verzichten.

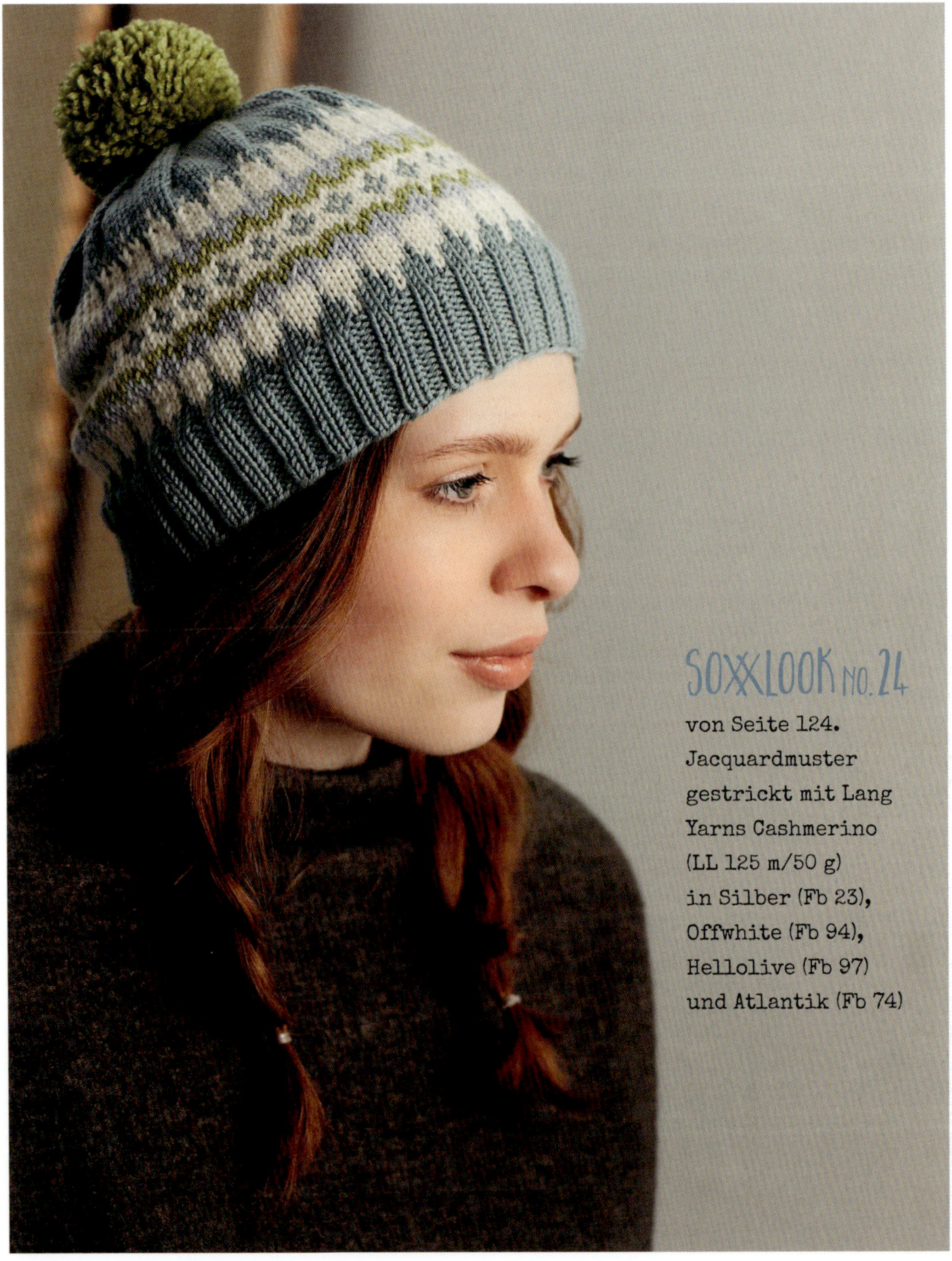

SOXXLOOK NO. 24

von Seite 124.
Jacquardmuster gestrickt mit Lang Yarns Cashmerino (LL 125 m/50 g) in Silber (Fb 23), Offwhite (Fb 94), Hellolive (Fb 97) und Atlantik (Fb 74)

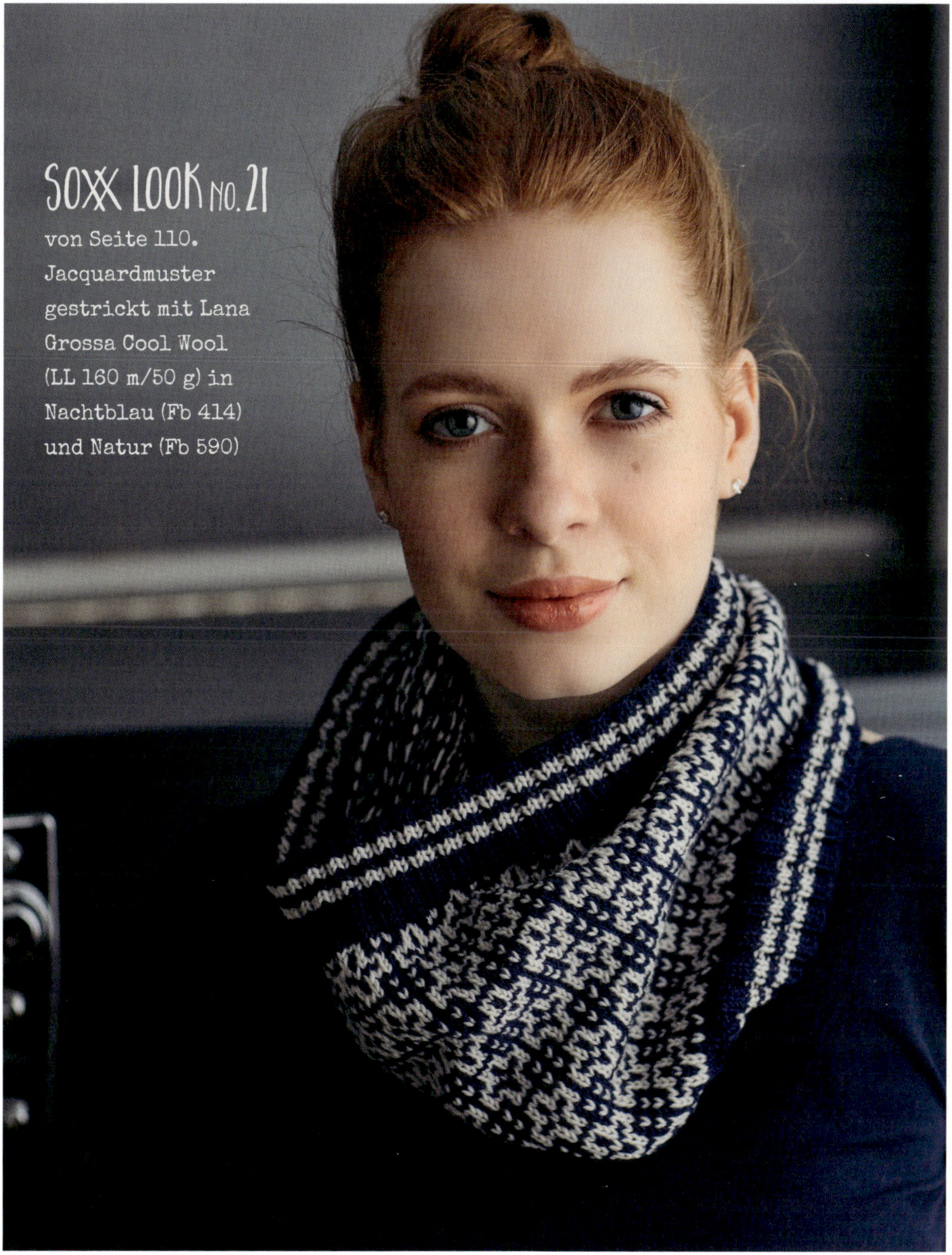

SOXX LOOK NO. 21

von Seite 110. Jacquardmuster gestrickt mit Lana Grossa Cool Wool (LL 160 m/50 g) in Nachtblau (Fb 414) und Natur (Fb 590)

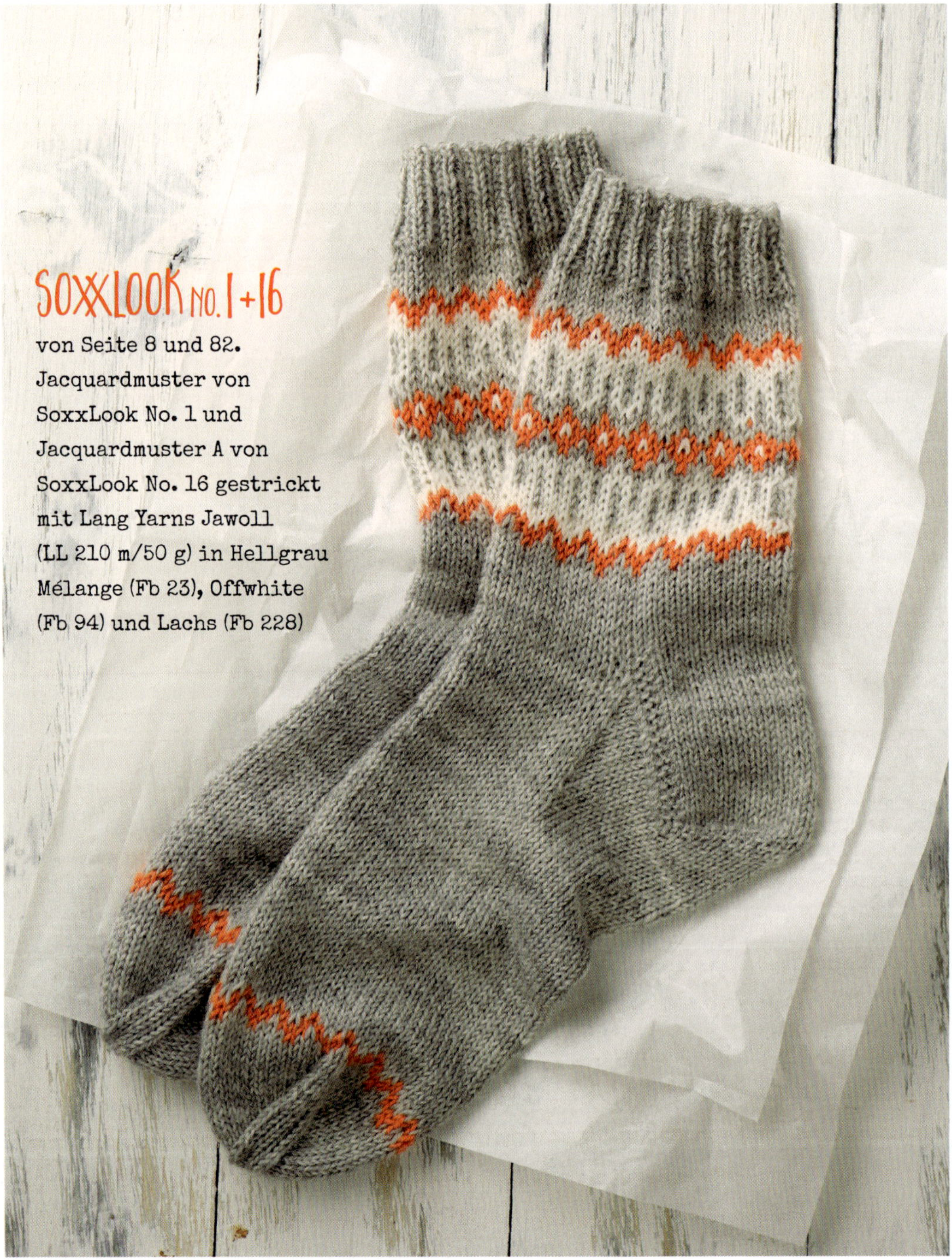

SOXXLOOK NO. 1 + 16

von Seite 8 und 82. Jacquardmuster von SoxxLook No. 1 und Jacquardmuster A von SoxxLook No. 16 gestrickt mit Lang Yarns Jawoll (LL 210 m/50 g) in Hellgrau Mélange (Fb 23), Offwhite (Fb 94) und Lachs (Fb 228)

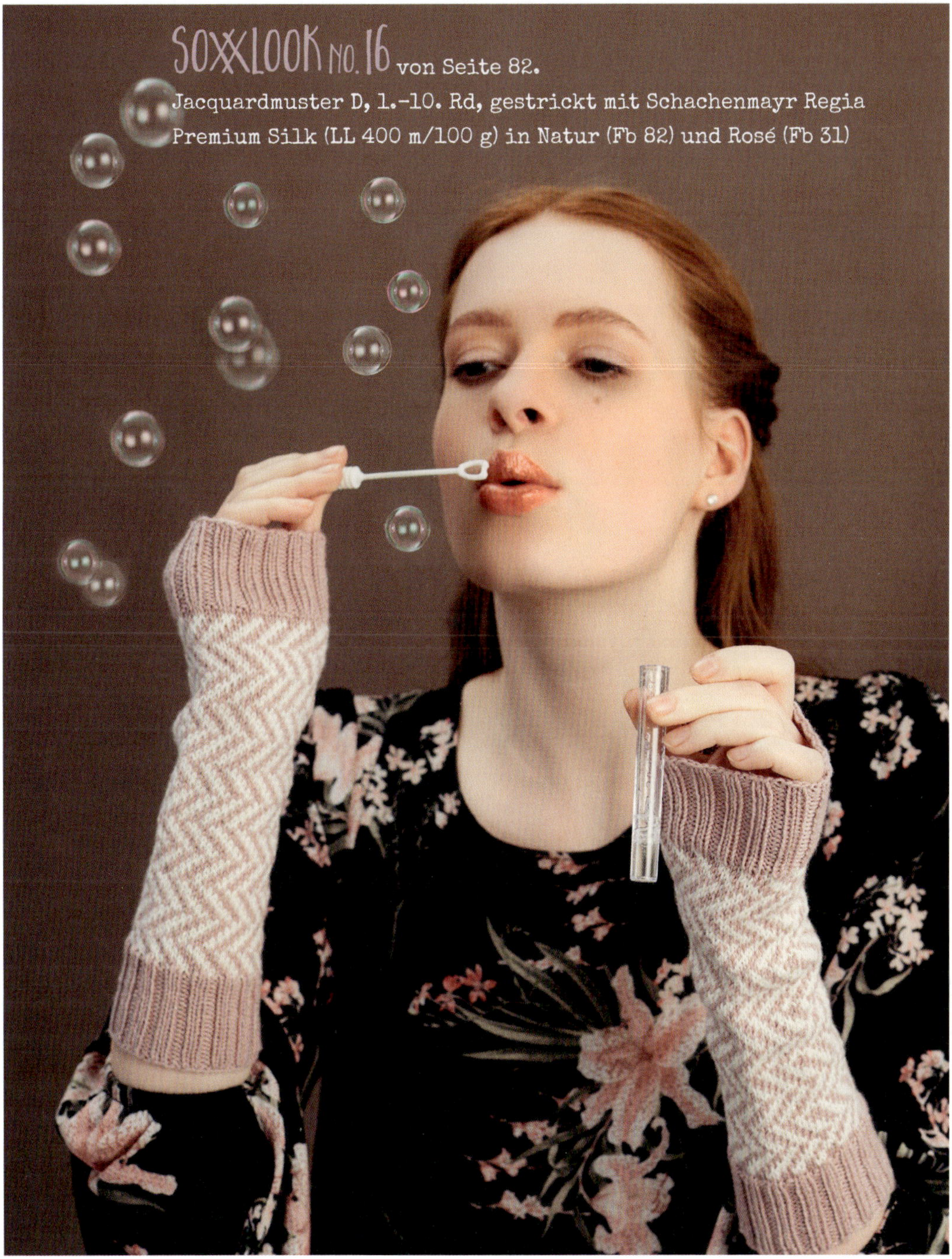
SOXXLOOK NO. 16 von Seite 82.
Jacquardmuster D, 1.-10. Rd, gestrickt mit Schachenmayr Regia Premium Silk (LL 400 m/100 g) in Natur (Fb 82) und Rosé (Fb 31)

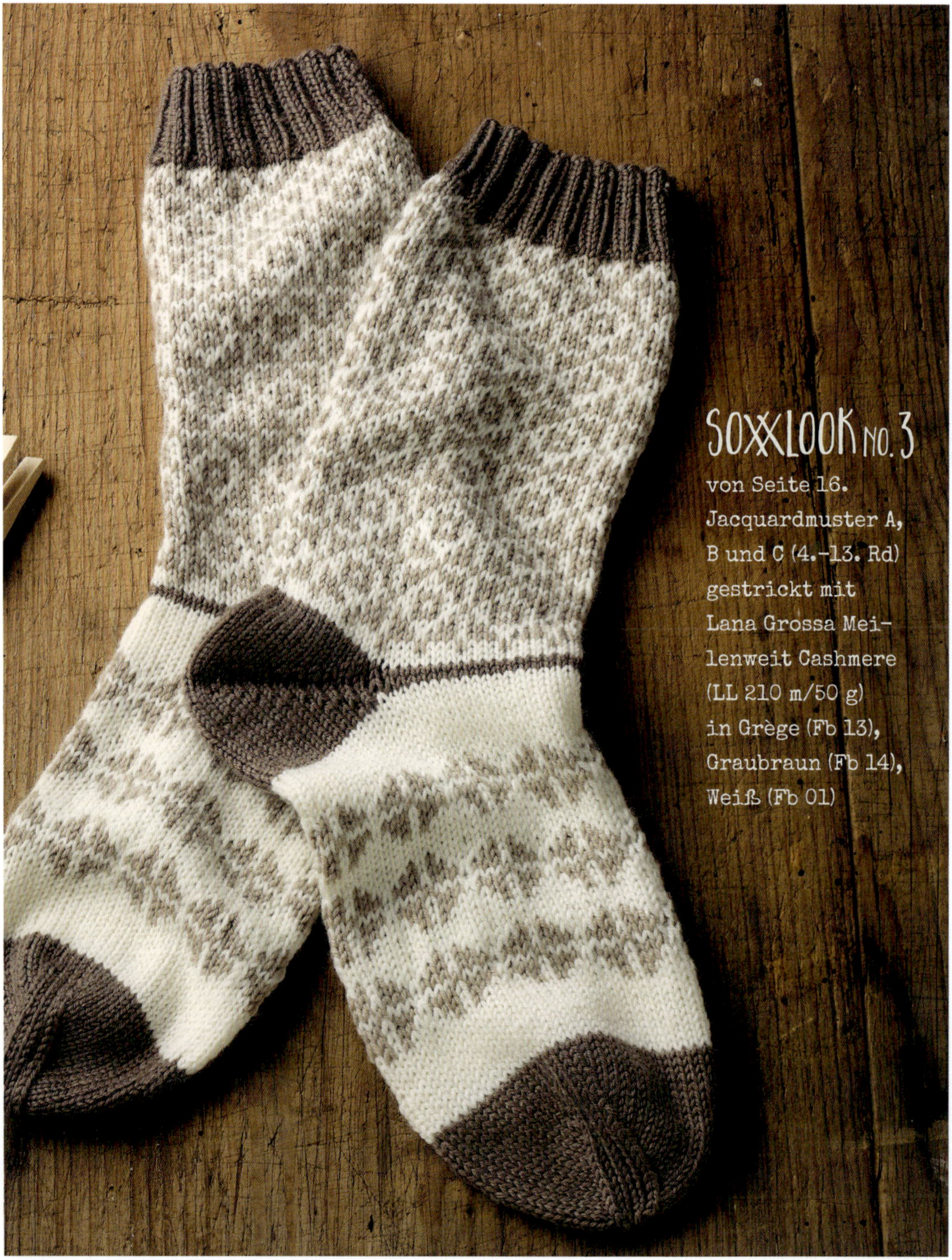

SOXXLOOK NO. 3

von Seite 16.
Jacquardmuster A, B und C (4.–13. Rd) gestrickt mit Lana Grossa Meilenweit Cashmere (LL 210 m/50 g) in Grège (Fb 13), Graubraun (Fb 14), Weiß (Fb 01)

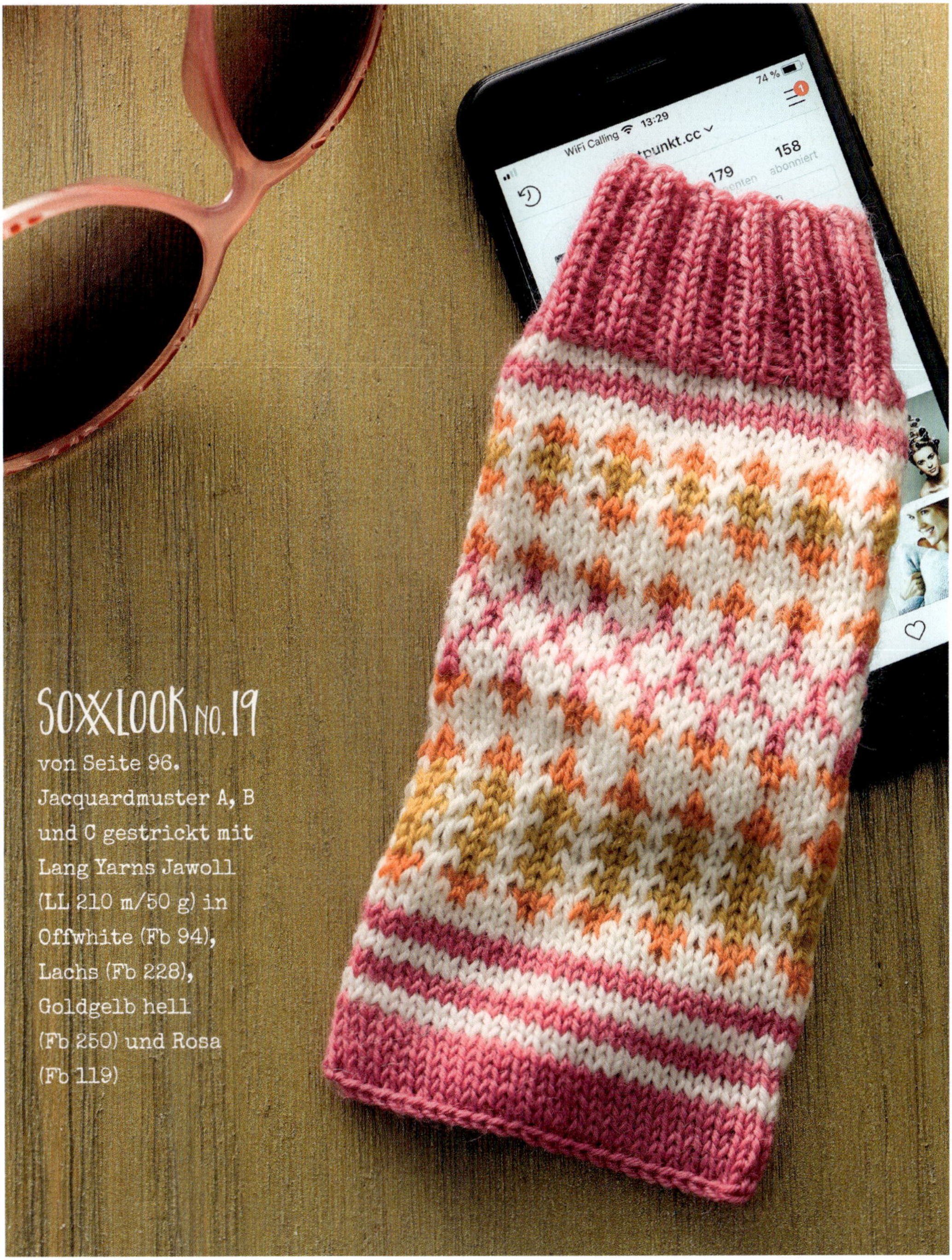

SOXXLOOK NO. 19

von Seite 96.
Jacquardmuster A, B und C gestrickt mit Lang Yarns Jawoll (LL 210 m/50 g) in Offwhite (Fb 94), Lachs (Fb 228), Goldgelb hell (Fb 250) und Rosa (Fb 119)

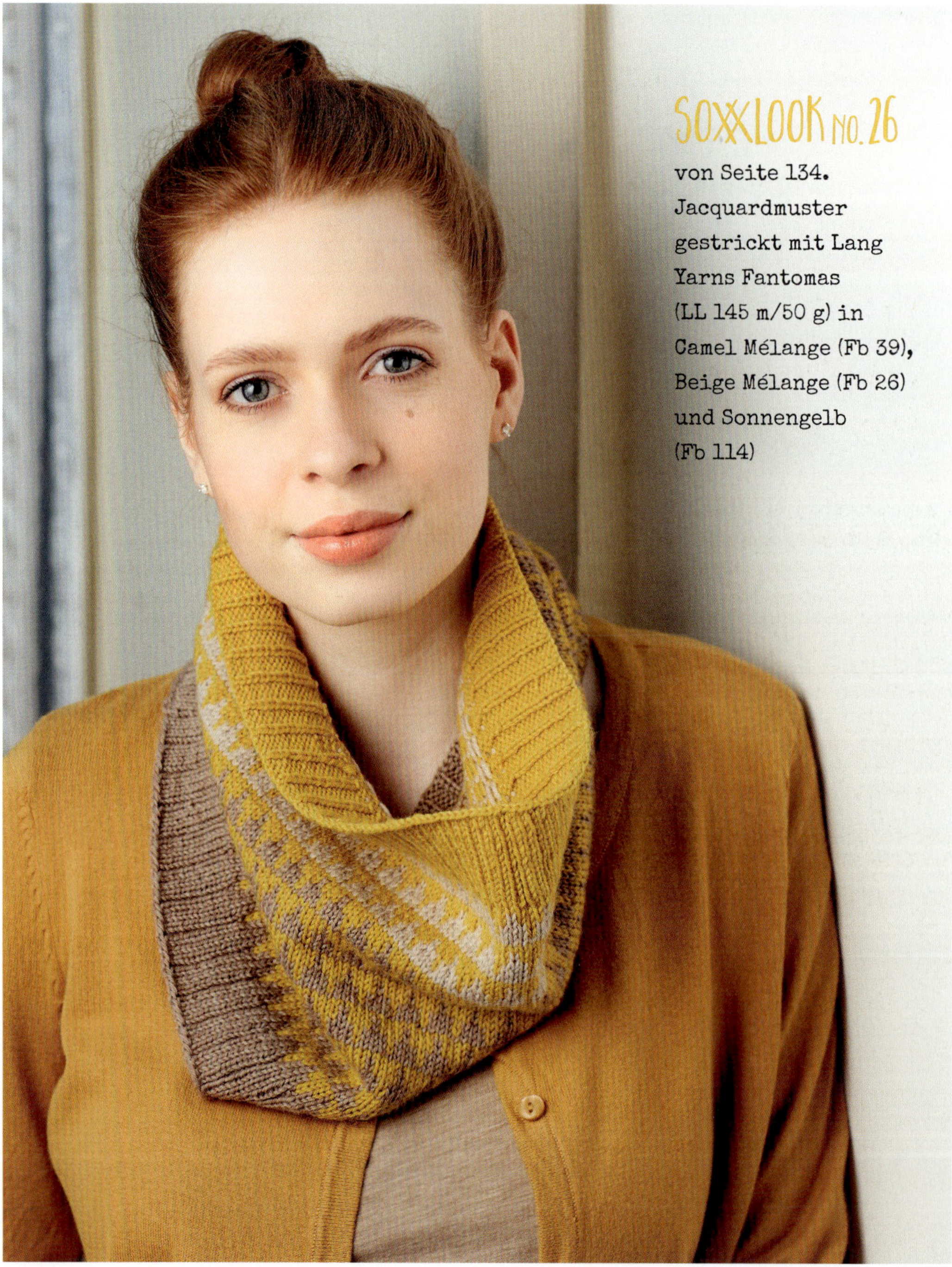

SOXXLOOK NO. 26

von Seite 134. Jacquardmuster gestrickt mit Lang Yarns Fantomas (LL 145 m/50 g) in Camel Mélange (Fb 39), Beige Mélange (Fb 26) und Sonnengelb (Fb 114)

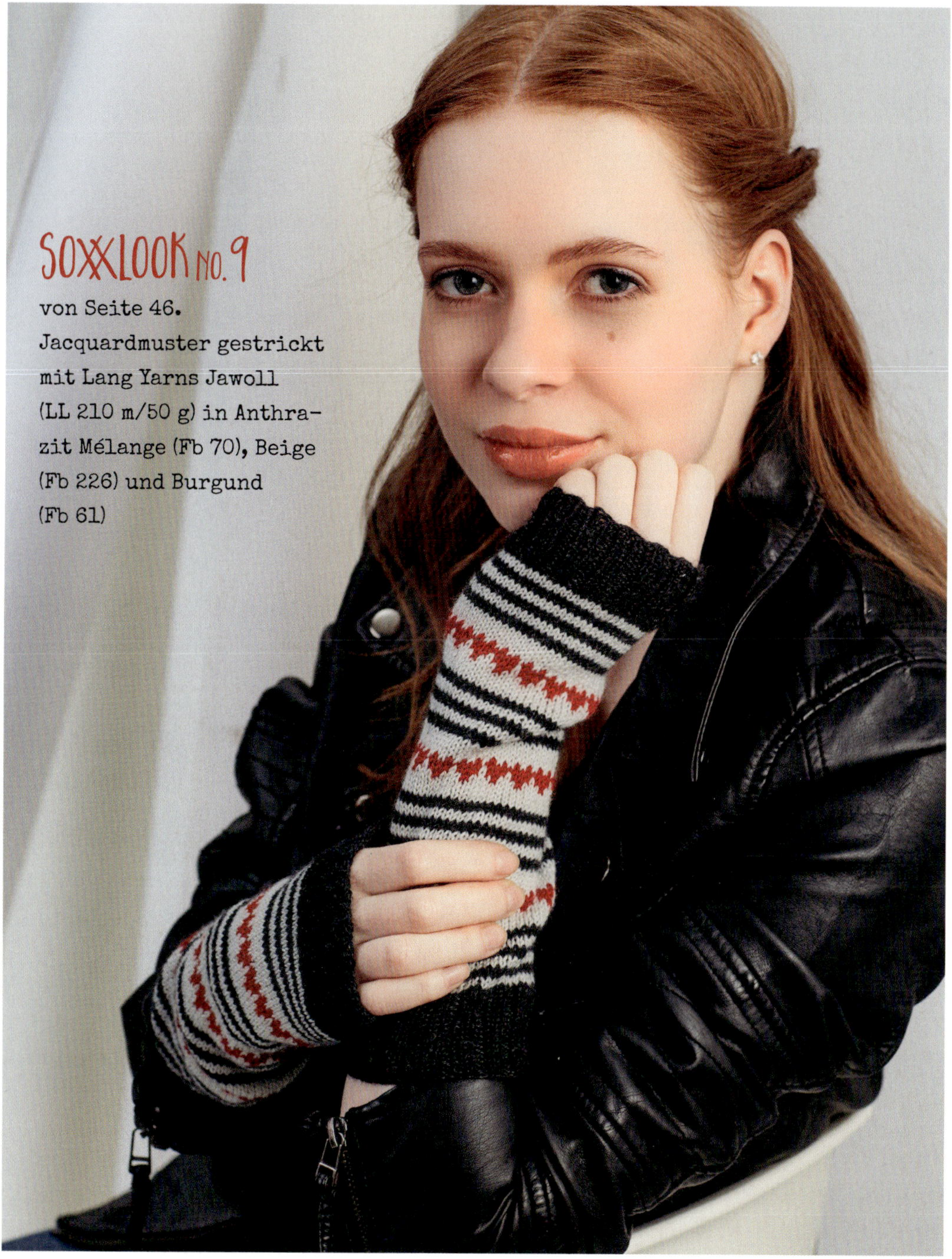

SOXXLOOK NO. 9

von Seite 46.
Jacquardmuster gestrickt mit Lang Yarns Jawoll (LL 210 m/50 g) in Anthrazit Mélange (Fb 70), Beige (Fb 226) und Burgund (Fb 61)

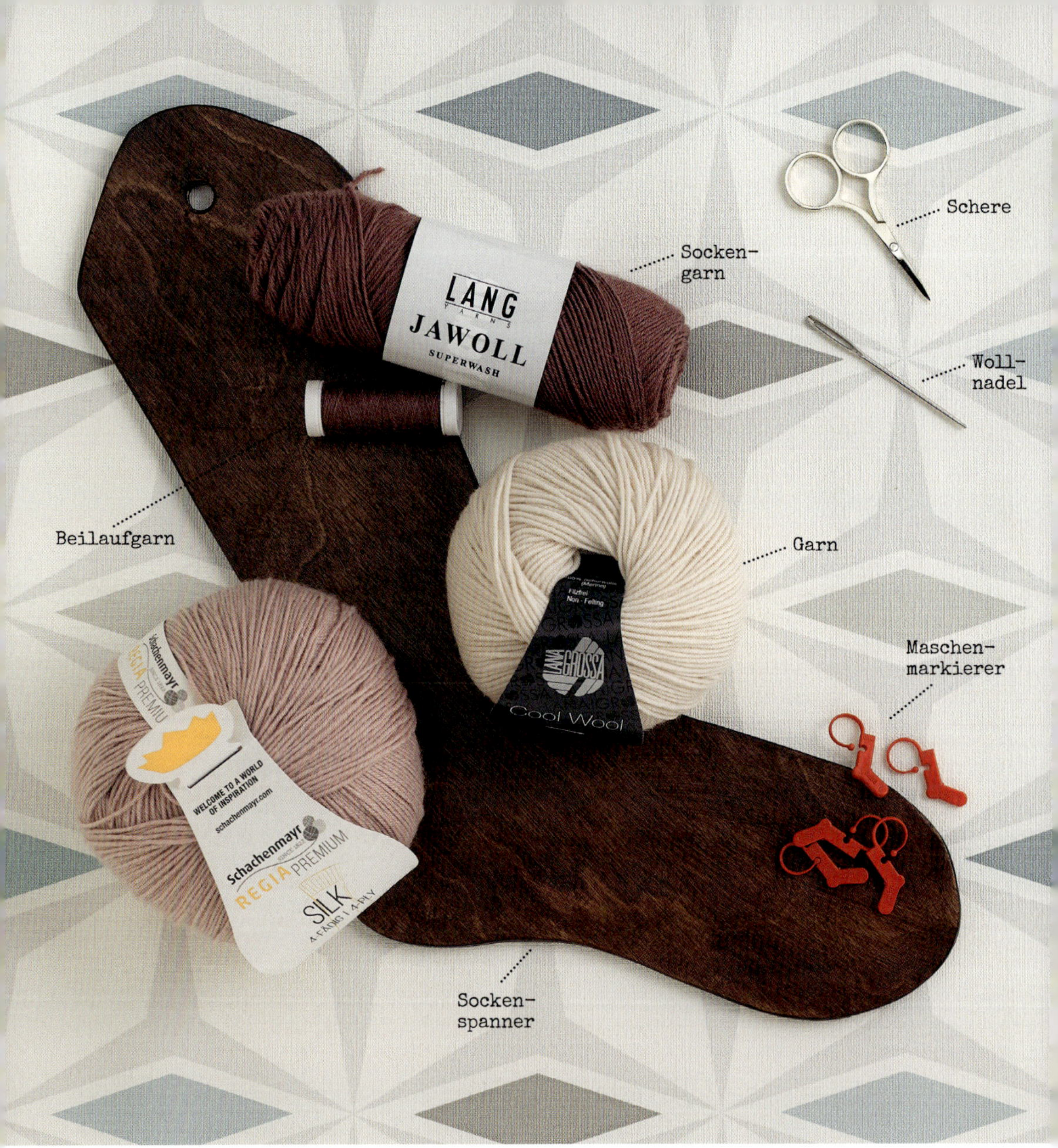

Grundanleitung

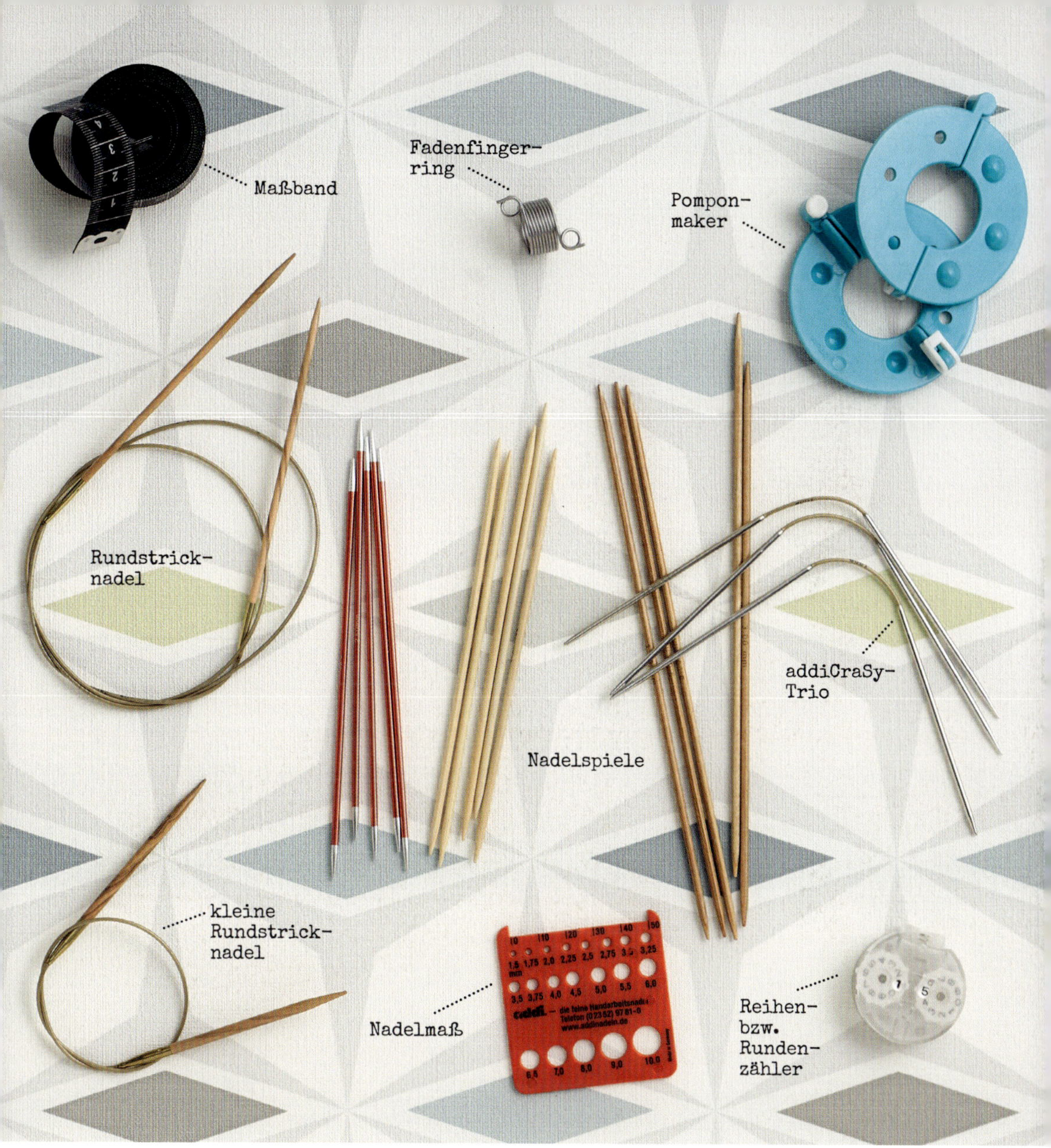
Maßband
Fadenfinger-
ring
Pompon-
maker
Rundstrick-
nadel
Nadelspiele
addiCraSy-
Trio
kleine
Rundstrick-
nadel
Nadelmaß
Reihen-
bzw.
Runden-
zähler

MATERIAL

DAS RICHTIGE GARN ZUM SOCKENSTRICKEN

Video 1

Socken sollten immer aus speziellem Sockengarn gestrickt werden. Dieses Garn besteht in der Regel aus Schurwolle mit einem Anteil von 25–30 % Polyamid, dadurch ist es strapazierfähig und durch eine besondere Ausrüstung in der Maschine waschbar, ohne dass es verfilzt.

Ich stricke Socken mit Jacquardmuster am liebsten aus 4-fädiger Wolle. Mit diesem Garn werden die Socken nicht zu dick und das Muster sieht schön fein aus. Garne verschiedener Hersteller mit der gleichen Qualität können zusammen verstrickt werden, so lassen sich auch Reste ohne Probleme verarbeiten.

Bei feineren Garnen können Ferse und Spitze mit dem mitgelieferten, gleichfarbigen Beilaufgarn verstärkt werden. Bitte auf eine gute Qualität der Garne achten, damit man lange Freude an dem Strickstück hat.

STRICKNADELN

Video 1

Ob mit Holz-, Stahl-, Kunststoff- oder Bambusnadeln gearbeitet wird, hängt ganz von der Vorliebe ab. Eine große Rolle spielt auch, wie fest oder locker man strickt.

Durch die raue Oberfläche von Bambusnadeln rutschen die Maschen nicht so leicht von der Nadel, sie sind deshalb nicht so gut geeignet, wenn sehr fest gestrickt wird. Diese Nadeln sind schön leicht und geben beim Stricken nach.

Stahlnadeln haben eine glattere Oberfläche und sind etwas schwerer als Nadeln aus anderen Materialien. Ein großer Vorteil ist, dass diese Nadeln nicht durchbrechen können. Allerdings rutschen sie leicht aus dem Strickstück, wenn sehr locker gestrickt wird.

Holznadeln sind angenehm glatt und leicht.

Kunststoffnadeln sind leicht und flexibel. Die Spitze dieser Nadel ist etwas runder und deshalb nicht so gut für das Stricken mit mehreren Fäden geeignet.

Mittlerweile gibt es auch verschiedene Nadelformen. Man hat die Wahl zwischen konventionellen runden, dreieckigen oder quadratischen Nadeln.

SONSTIGES ZUBEHÖR

Video 1

Zusätzlich benötigt man ein Maßband, eine Schere und eine stumpfe Wollnadel zum Schließen der Mützenspitze und zum Vernähen der Fäden.

Weiteres Zubehör wie Maschenmarkierer und Maschenreihenzähler können das Arbeiten erleichtern, sind aber nicht unbedingt notwendig. Eine kleine Schlaufe aus einem andersfarbigen Garn, ein Stück Papier und ein Bleistift reichen auch aus.

Damit die Maschen beim Transport nicht von den Nadeln rutschen, gibt es im Fachhandel Nadelspielhalter, Maschenstopper und Nadelspielröhren. Natürlich können Nadeln auch mit Gummibändern fixiert werden.

NADELMASS

Kein Nadelmaß zur Hand? Kein Problem. Leg deine Nadel auf diese Zeichnung und miss nach. In diesem Buch werden die Stärken 2,5 mm–3,5 mm verwendet. Hier ist jeweils noch eine Stärke kleiner und größer abgebildet, falls du sie brauchst.

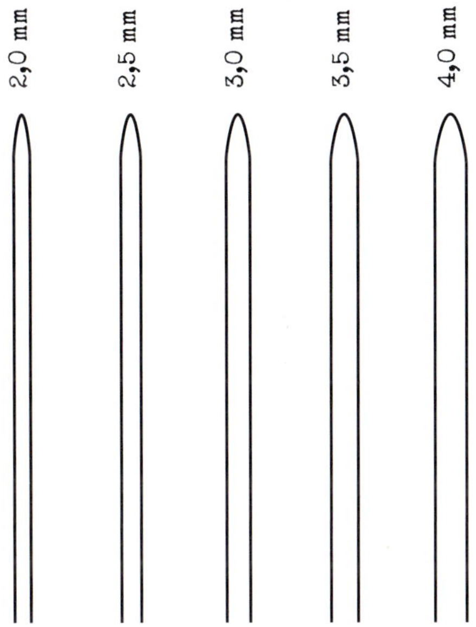

TECHNIKEN

KREUZANSCHLAG

▶ **Video 2**

Für die Modelle aus diesem Buch empfehle ich den klassischen Kreuzanschlag, da dieser Anschlag elastisch, aber nicht zu locker ist.

1 Die Fadenlänge, die für den Anschlag benötigt wird, lässt sich leicht ermitteln. Du benötigst bei dünnen Garnen 1 cm Faden pro Masche plus 20 cm und bei mittleren Garnen 1,5 cm pro Masche plus 20 cm. Ein entsprechendes Stück Garn abwickeln und eine Grundschlinge bilden. Die Schlinge über eine Nadel schieben und festziehen.

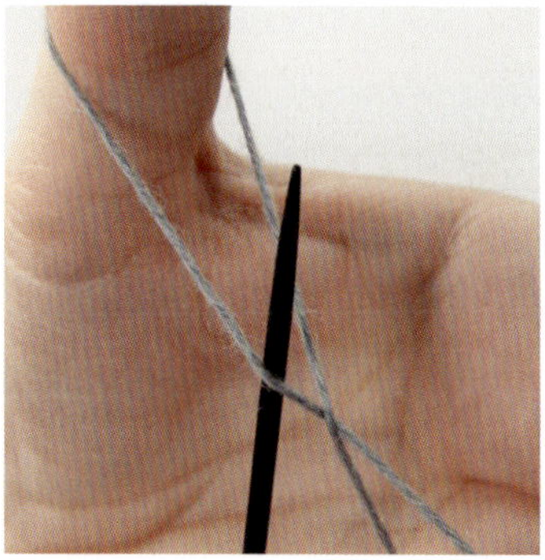

2 Den Faden mit dem Ende über den Daumen führen und den Faden, der zum Knäuel führt, über den gestreckten Zeigefinger legen. Die Nadel mit der Schlinge befindet sich zwischen Daumen und Zeigefinger. Damit die Fäden gespannt sind, die herunterhängenden Enden mit den übrigen Fingern festhalten.

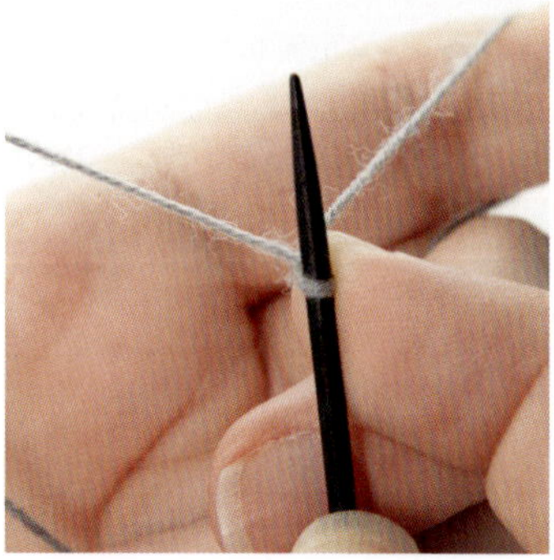

3 Nun die Nadel von vorne unter dem vorderen Faden durchführen und mit der Nadelspitze den hinteren Arbeitsfaden durchziehen. Die Masche vom Daumen gleiten lassen. Mit dem Daumen den Faden wieder greifen und nach vorne ziehen. Dadurch wird die Masche festgezogen und der Faden liegt wieder über den Daumen.

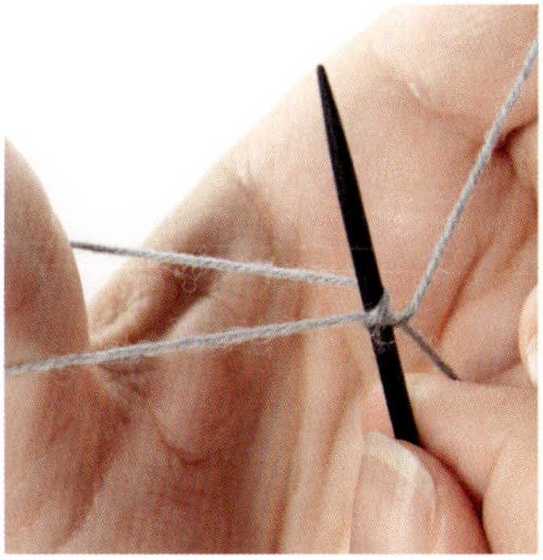

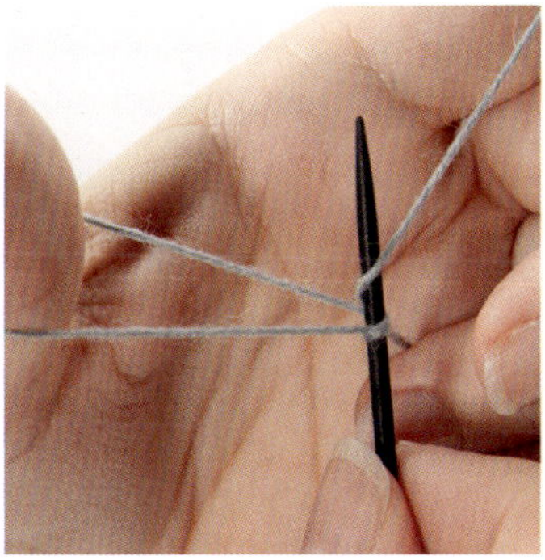

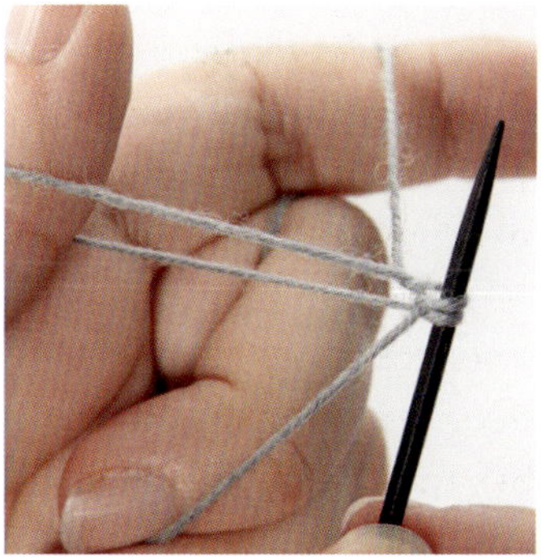

4 Diesen Vorgang so oft wiederholen, bis auf jeder Nadel gleich viele Maschen angeschlagen sind und die gewünschte Maschenzahl erreicht ist. Beim Übergang zur nächsten Nadel die Fadenspannung nicht verändern. Bevor die Runde geschlossen wird, darauf achten, dass die Nadeln nicht verdreht sind.

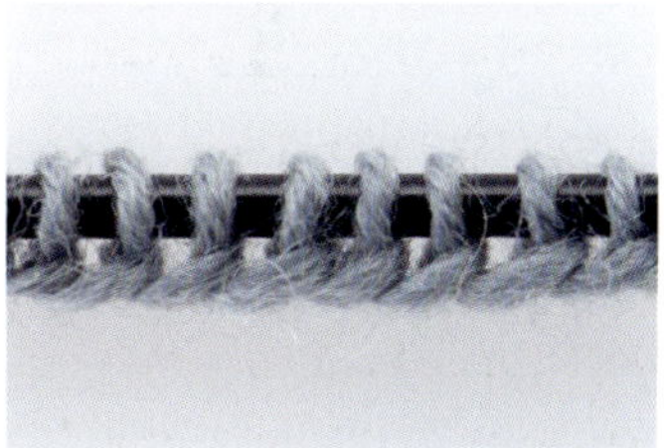

AUFSCHLINGEN

Beim Stricken der Stulpen mit einem Daumen (SoxxLook No. 8 und SoxxLook No. 23) muss nach der Fertigstellung des Daumenkeils eine Masche aufgeschlungen werden.

1 Die Stricknadel in der rechten Hand halten. Der Arbeitsfaden wird von vorne nach hinten über den linken Daumen geführt.

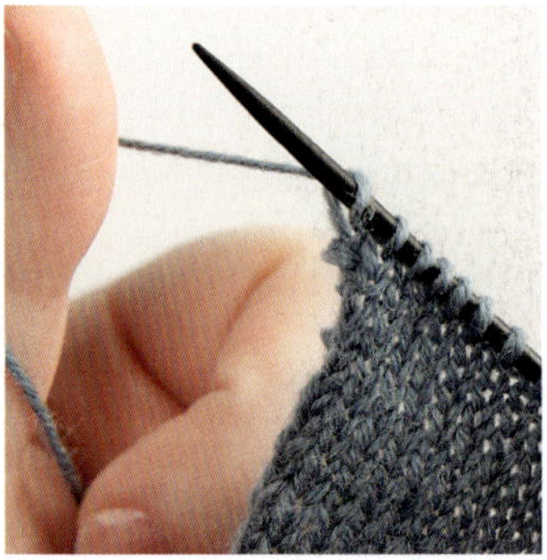

2 Die Nadel von vorne unter dem vorderen Faden durchführen.

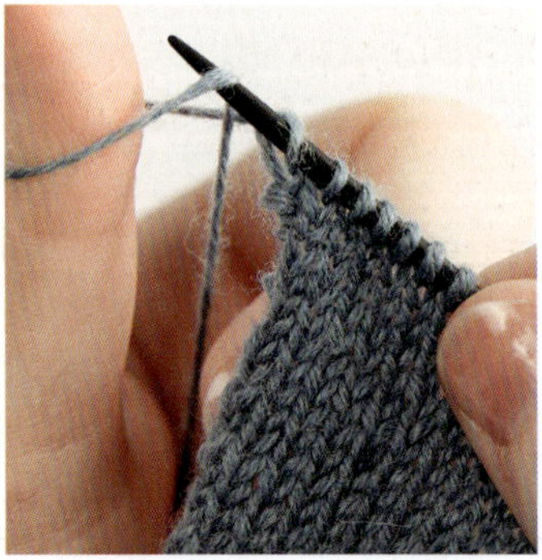

3 Daumen aus der Schlinge ziehen, die neue Masche auf der Nadel anziehen.

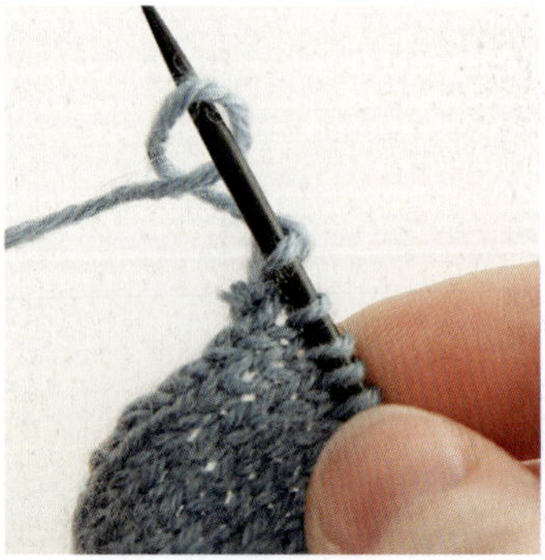

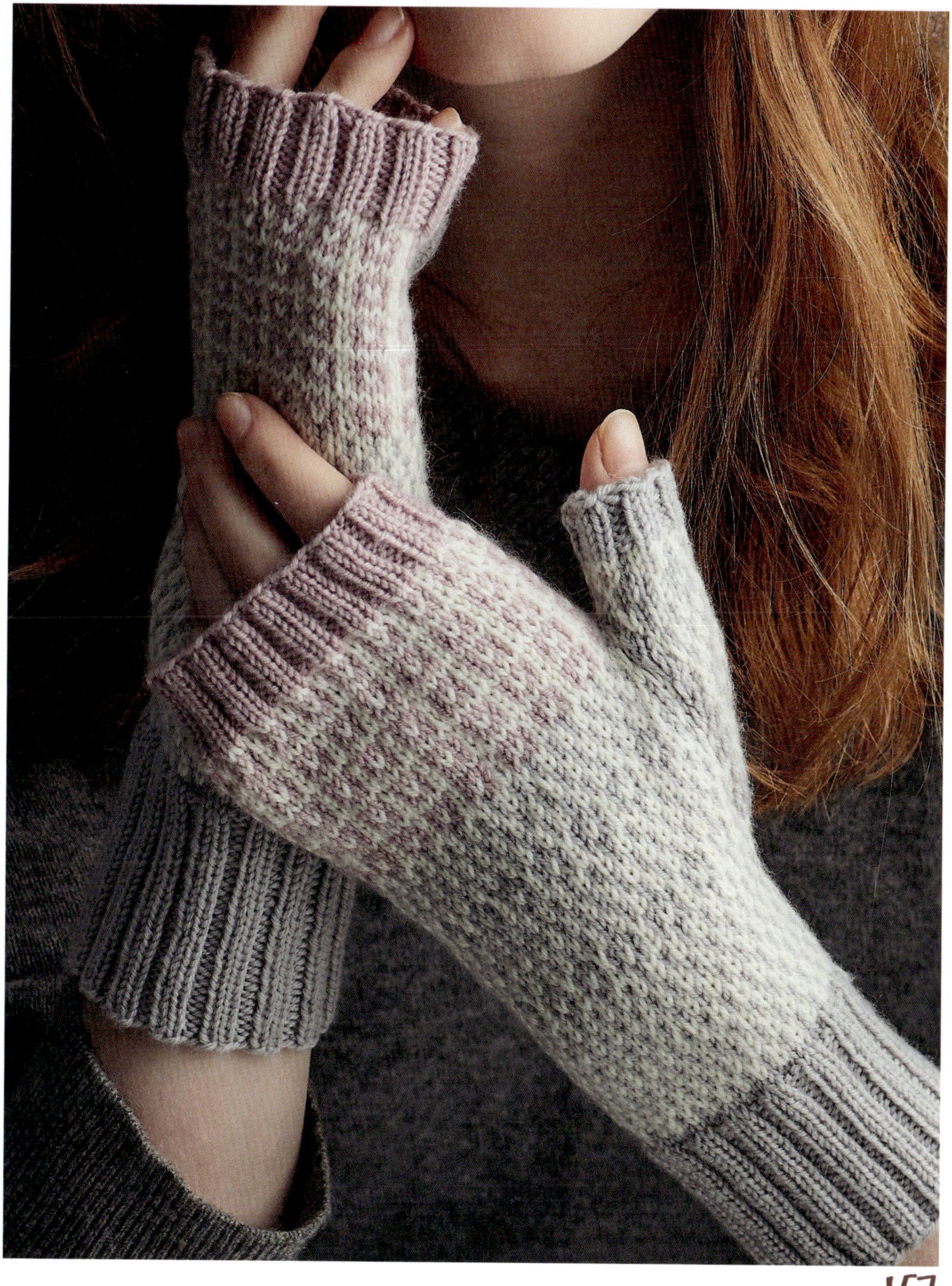

RECHTE MASCHEN

Die Nadel mit den angeschlagenen Maschen in der linken Hand und die Arbeitsnadel in der rechten Hand halten. Der Faden befindet sich hinter der Nadel und wird über den gestreckten Zeigefinger der linken Hand geführt. Der Faden kann gespannt werden, indem er mehrmals um den Zeigefinger oder um den kleinen Finger gewickelt wird.

1 Um die Masche abzustricken, mit der Arbeitsnadel von vorne nach hinten in die Schlinge der ersten Masche einstechen und den Faden von hinten nach vorne durch die Masche ziehen.

2 Die neu entstandene Masche auf der rechten Nadel anziehen und die Masche der vorherigen Reihe bzw. Runde von der linken Nadel gleiten lassen.

3 Die folgenden Maschen genauso stricken.

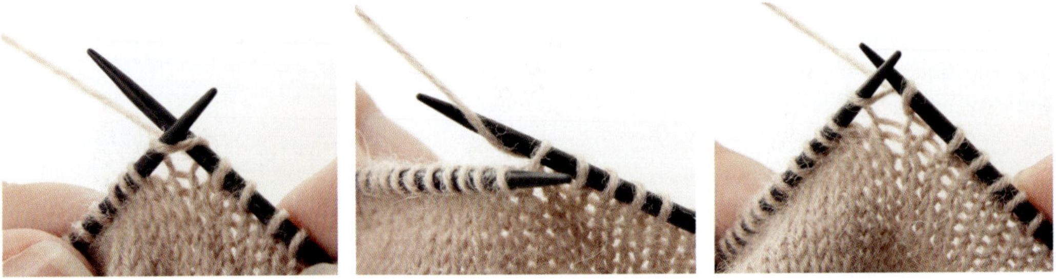

HINWEIS: Linkshänder halten die Nadel mit den angeschlagenen Maschen in der rechten Hand und die Arbeitsnadel in der linken Hand.

LINKE MASCHEN

Wie beim Rechtsstricken wird die Nadel mit den Maschen in der linken Hand und die Arbeitsnadel in der rechten Hand gehalten. Der Faden liegt beim Linksstricken vor der Arbeit.

1 Mit der Arbeitsnadel in die Schlinge der ersten Masche von rechts nach links einstechen, sodass die Spitze der rechten Nadel vor der linken Nadel liegt, und den Faden von vorne nach hinten durch die Masche ziehen.

2 Die neue Masche auf der rechten Nadel anziehen und die Masche der vorherigen Reihe bzw. Runde von der linken Nadel gleiten lassen.

3 Die folgenden Maschen genauso stricken.

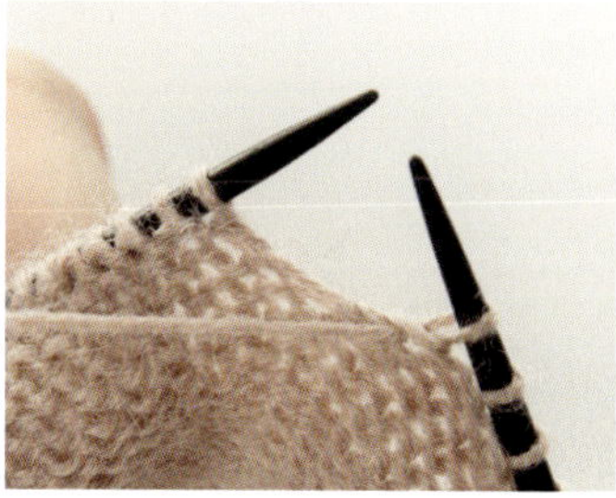

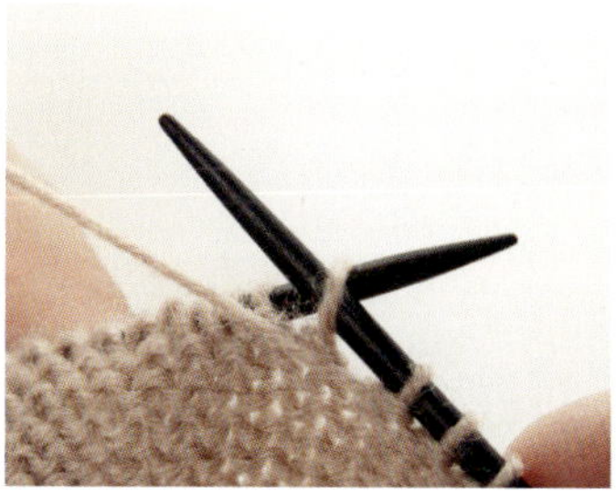

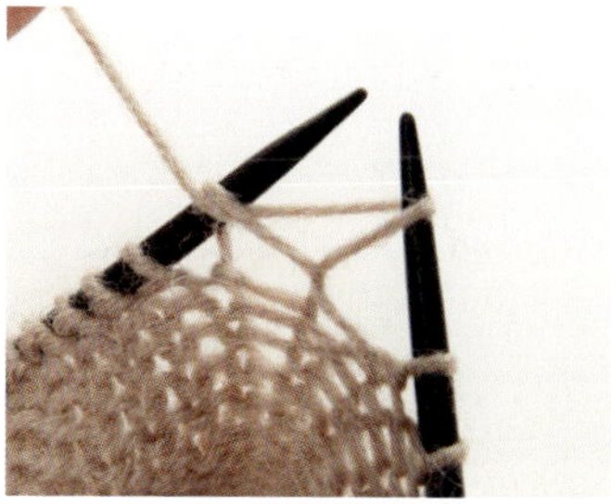

HINWEIS: Linkshänder halten die Nadel mit den Maschen in der rechten Hand und die Arbeitsnadel in der linken Hand.

ÜBRIGENS: In osteuropäischen und islamischen Ländern wird der Faden andersherum durch die Masche gezogen, deshalb liegen die Maschen beim Rechtsstricken umgekehrt auf der Nadel. Das spielt vor allem eine Rolle bei der rechts- bzw. linksgeneigten Abnahme. Außerdem sind dabei Löcher bei der Bumerangferse unvermeidlich.

VERSCHRÄNKTE MASCHEN

RECHTS VERSCHRÄNKTE MASCHEN

In das hintere Maschenglied von rechts nach links einstechen und die Masche rechts abstricken, sodass sich die Masche verdreht.

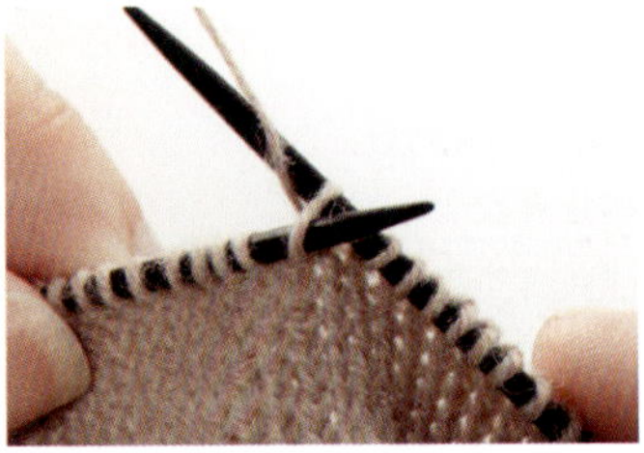

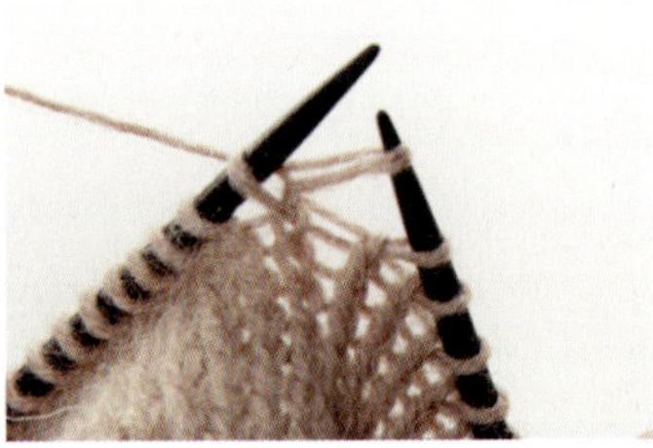

LINKS VERSCHRÄNKTE MASCHEN

In das hintere Maschenglied von links nach rechts einstechen und die Masche links abstricken, sodass sich die Masche verdreht.

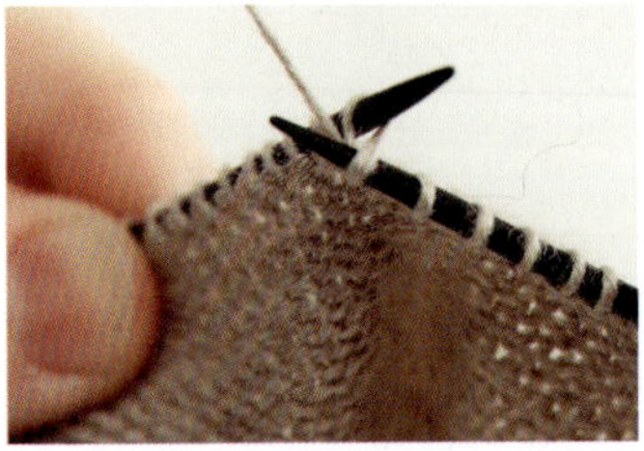

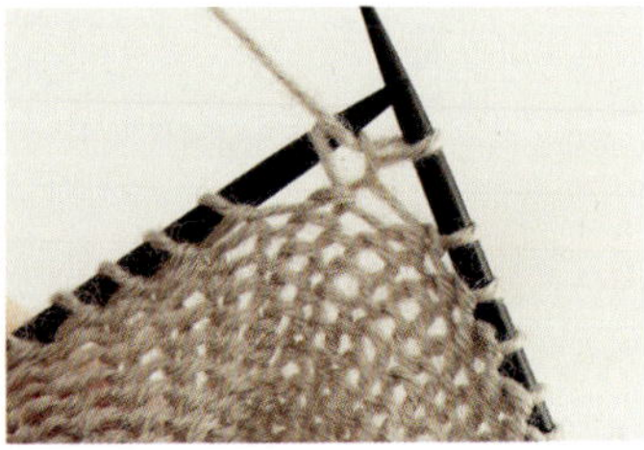

DOPPELMASCHEN

Sowohl nach Hinreihen als auch nach Rückreihen das Strickstück wenden und den Faden vor die Arbeit legen. Die erste Masche abheben und dabei den Faden fest nach hinten ziehen. Die Masche wird über die Nadel gezogen und liegt doppelt.

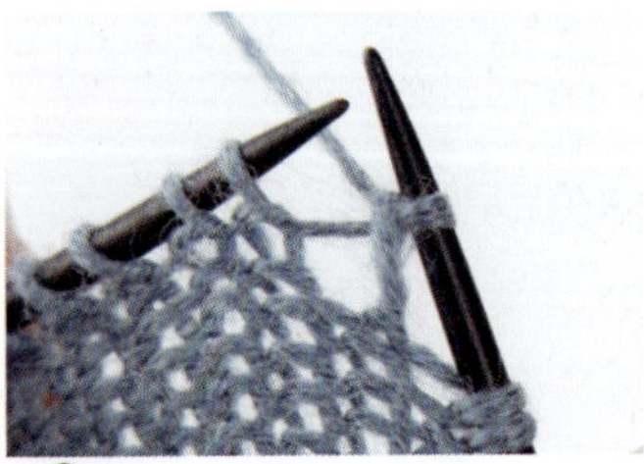

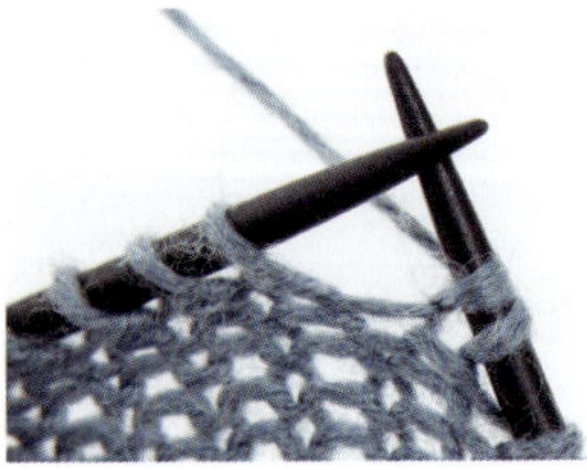

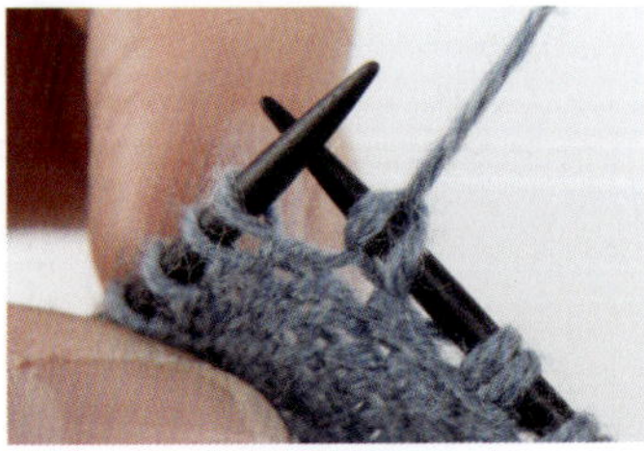

ZUNAHMEN

ZUNAHMEN AUS DEM QUERFADEN

Für diese Zunahmen wird der Querfaden zwischen zwei Maschen der Vorrunde hochgezogen.

RECHTSGENEIGTE ZUNAHME

Diese Zunahme neigt sich im Maschenbild nach rechts.

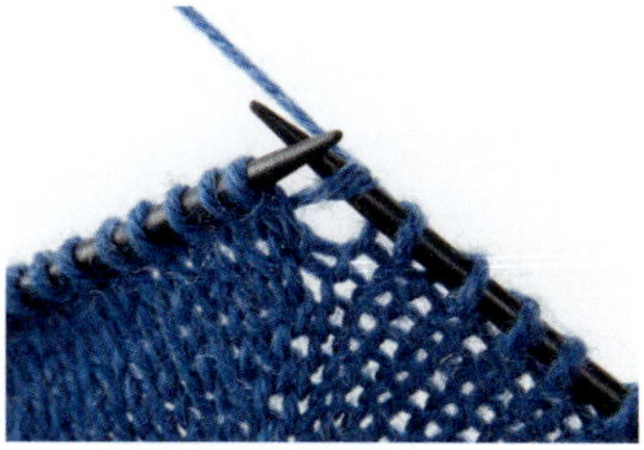

1 Mit der rechten Nadelspitze von vorne nach hinten unter dem Querfaden der Vorrunde einstechen.

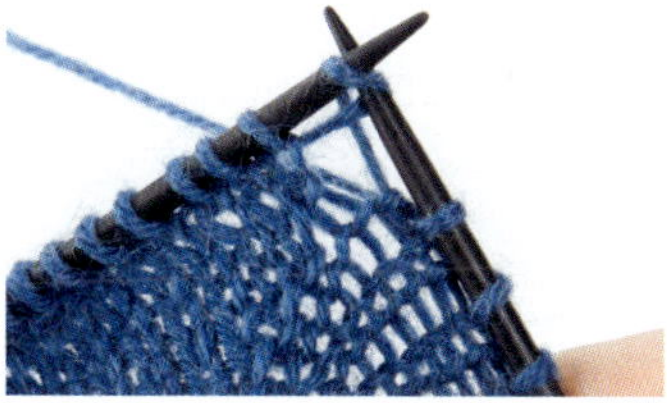

2 Den Querfaden auf die linke Nadel heben. Die Schlaufe wie zum Rechtsstricken abstricken. Die Schlinge verschränkt sich nach rechts.

LINKSGENEIGTE ZUNAHME

Diese Zunahme neigt sich im Maschenbild nach links.

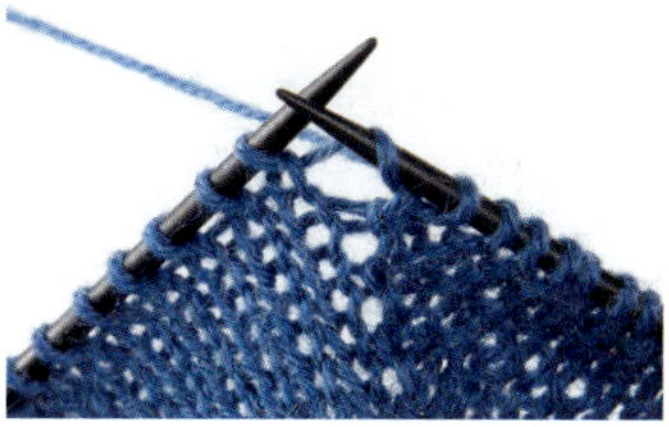

1 Mit der rechten Nadelspitze von hinten nach vorne unter dem Querfaden der Vorrunde einstechen.

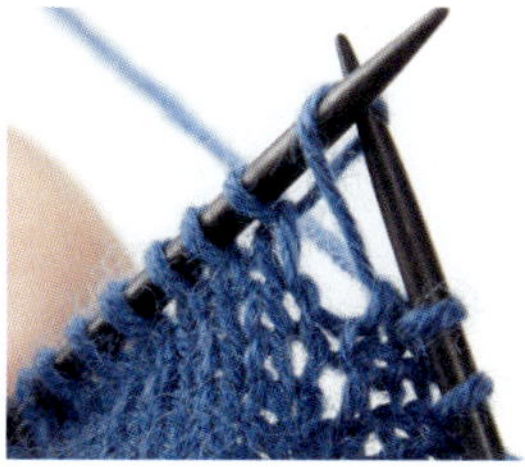

2 Den Querfaden auf die linke Nadel heben. Die Schlaufe wie zum Rechtsstricken durch den hinteren Maschenschenkel abstricken. Die Schlinge verschränkt sich nach links.

RECHTS- UND LINKSGENEIGTE ABNAHMEN

2 MASCHEN RECHTS ZUSAMMENSTRICKEN

Diese Abnahme neigt sich im Maschenbild nach rechts.
Mit der rechten Nadel wie zum Rechtsstricken gleichzeitig in die beiden folgenden Maschen einstechen. Den Faden holen und gleichzeitig durch beide Maschen ziehen.

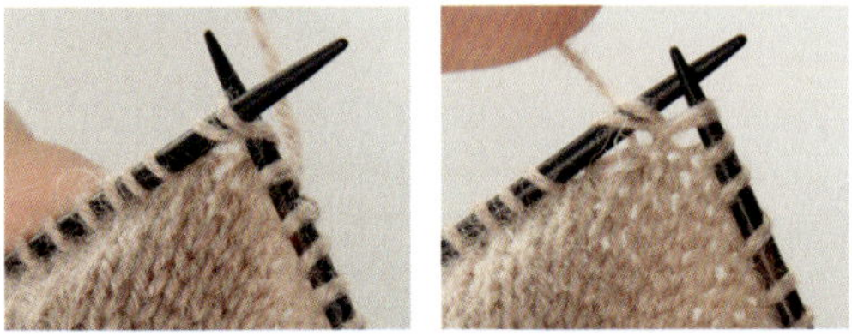

2 MASCHEN LINKS ZUSAMMENSTRICKEN

Diese Abnahme neigt sich im Maschenbild nach links.
Mit der rechten Nadel wie zum Linksstricken gleichzeitig in die beiden folgenden Maschen einstechen. Den Faden holen und beide Maschen zusammen links abstricken.

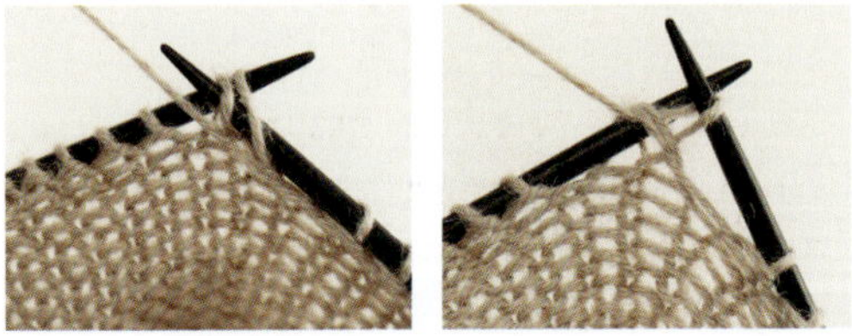

2 MASCHEN RECHTS ÜBERZOGEN ZUSAMMENSTRICKEN

Diese Abnahme neigt sich im Maschenbild nach links.
Mit der rechten Nadel in die nächste Masche wie zum Rechtsstricken einstechen und die Masche auf die rechte Nadel abheben. Die folgende Masche rechts stricken und die abgehobene Masche über die gestrickte Masche ziehen.

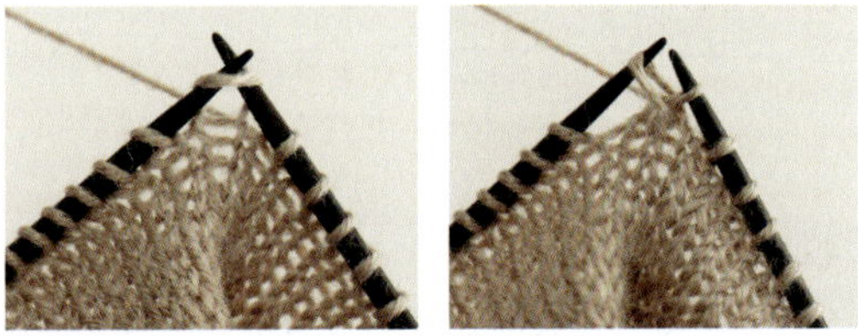

Alternativ können für eine linksgeneigte Abnahme auch 2 Maschen rechts abgehoben zusammengestrickt werden. Dazu 1 Masche wie zum Rechtsstricken abheben. Dann die nächste Masche ebenfalls wie zum Rechtsstricken abheben. Mit der linken Nadel von links nach rechts gleichzeitig in die beiden abgehobenen Maschen einstechen, den Faden holen und durch beide Maschen ziehen.

IN RUNDEN STRICKEN

MIT DEM NADELSPIEL

Video 3

Es gibt verschiedene Techniken, um in Runden zu stricken. Die gängigste Methode beim Sockenstricken ist das Stricken mit dem Nadelspiel.
Die gewünschte Maschenzahl gleichmäßig auf 4 Nadeln (Maschennadeln) anschlagen und zur Runde schließen.
Mit der 5. Nadel (Arbeitsnadel) werden die Maschen abgestrickt.

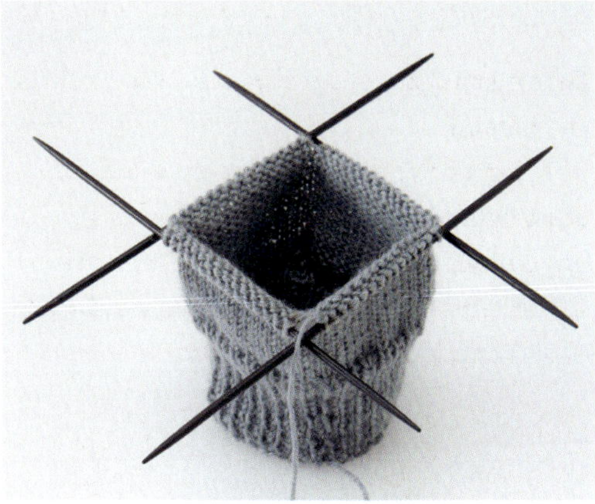

MIT EINER RUNDSTRICKNADEL

Video 4

Strickprojekte mit wenig Maschen, wie z.B. Socken und Stulpen, können auch mit einer Rundstricknadel gestrickt werde. Die Rundstricknadel sollte eine Länge von 100 cm haben, damit das Seil auf zwei Seiten des Strickstücks herausgezogen werden kann. Die so entstandenen Schlingen werden als Zauberschlinge (im Englischen „Magic Loop") bezeichnet.

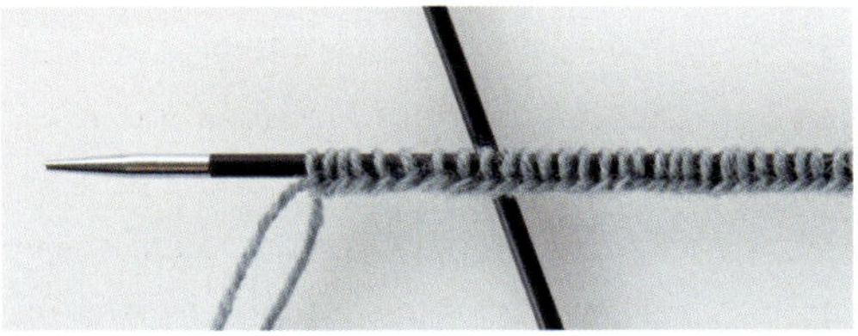

Die benötigten Maschen auf der Rundstricknadel anschlagen.
Anschließend das Seil nach der Hälfte der angeschlagenen Maschen zu einer Schlaufe herausziehen.

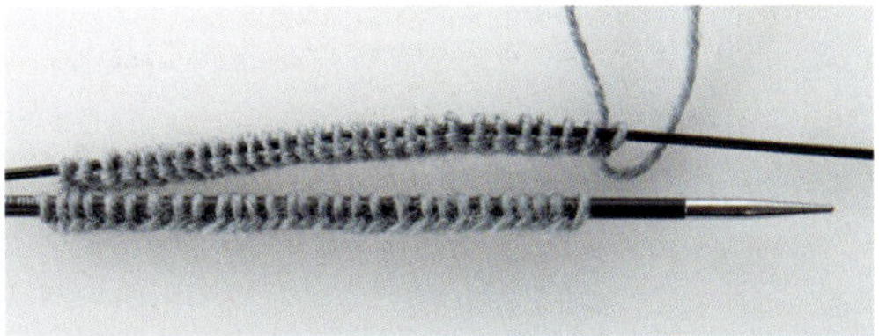

Die eine Hälfte der Maschen auf die linke Nadelspitze schieben, die andere Hälfte liegt auf dem Seil. Dazwischen befindet sich eine Schlaufe.

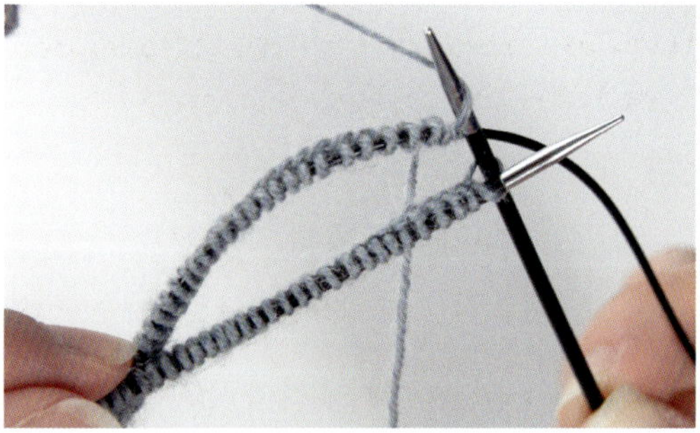

Mit der rechten Nadel die Maschen abstricken. Dabei das Seil auf der rechten Seite zu einer zweiten Schlaufe legen.

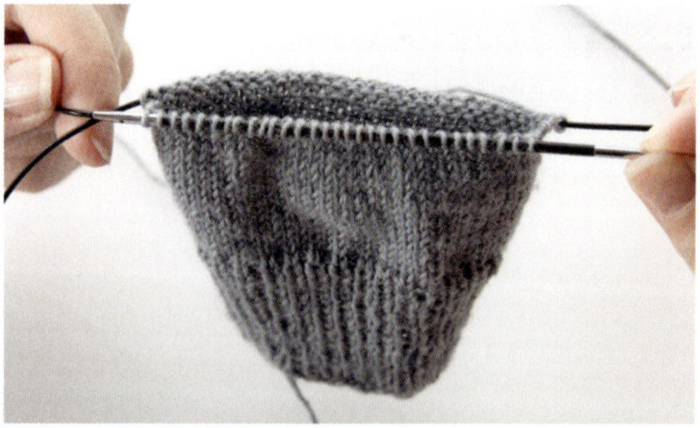

Wenden und die Maschen auf die linke Nadel schieben, die zweite Hälfte der Maschen auf das Seil schieben. Anschließend die Maschen abstricken. Wenden und den Vorgang wiederholen.

MIT ZWEI RUNDSTRICKNADELN

Video 5

Socken & Co. lassen sich auch mit zwei Rundstricknadeln stricken, die jeweils eine Länge von mindestens 60 cm haben. Jede Maschenhälfte wird nur mit einer Rundstricknadel gestrickt und darf nicht mit der anderen Rundstricknadel durcheinandergebracht werden.

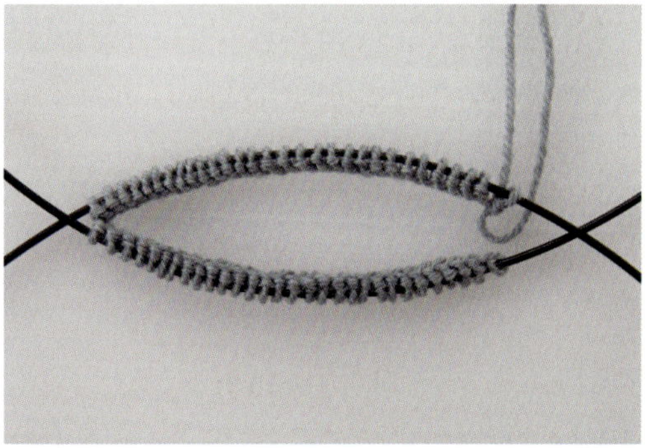

Die Maschen gleichmäßig verteilt auf zwei Rundstricknadeln anschlagen.

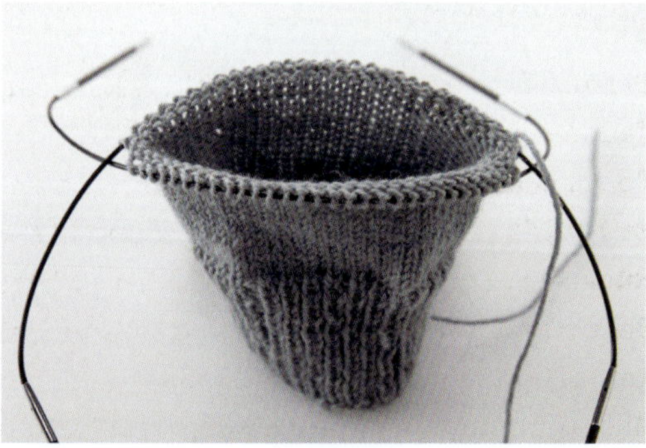

Die Maschen der hinteren Nadel ruhen auf dem Seil, während die Maschen der vorderen Nadel abgestrickt werden.

Die abgestrickten Maschen auf das Seil schieben. Die Arbeit wenden, die Maschen der zweiten Rundstricknadel auf die linke Nadel schieben und abstricken. Wenden und den Vorgang wiederholen.

MIT DEM ADDICRASYTRIO

Video 6

Das addiCraSyTrio besteht aus drei kurzen Nadeln mit flexiblem Mittelteil. Die Maschen werden gleichmäßig verteilt auf zwei Nadeln angeschlagen und mit der dritten Nadel abgestrickt.
Die Arbeit wenden und die zweite Nadel abstricken.

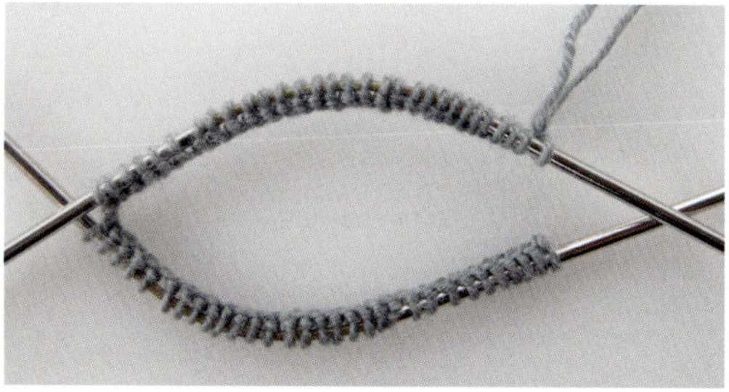

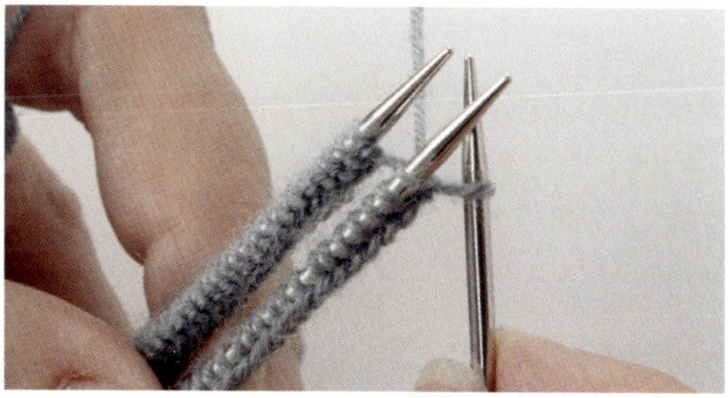

Damit sich zwischen den Nadeln keine Gässchen bilden, ist darauf zu achten, dass der Faden beim Übergang von einer Nadel zur anderen fest angezogen wird.
Bei allen Methoden ist der Rundenbeginn durch den Anschlagfaden gekennzeichnet. Er befindet sich bei Socken, die mit einem Nadelspiel gestrickt werden, auf der Rückseite, bei Stulpen und Hüllen auf der äußeren Kante des Strickstücks.
Beim Sockenstricken mit Rundstricknadeln bzw. mit dem addiCrasyTrio wird normalerweise die Ferse über die Maschen einer Nadel bzw. über die erste Hälfte der Maschen gestrickt. Deshalb befindet sich bei diesen Socken der Rundenbeginn an der Seite der Socke.

MASCHEN ABKETTEN

RECHTS ABKETTEN

Eine Masche wie zum Rechtsstricken abheben. Die folgende Masche rechts stricken und die abgehobene Masche über die gestrickte Masche ziehen, dann die Masche von der linken Nadel gleiten lassen. Anschließend die nächste Masche rechts stricken und die Masche der rechten Nadel darüberziehen. Den Vorgang so oft wiederholen, bis alle Maschen abgekettet sind. Den Faden abschneiden, durch die letzte Masche ziehen und vernähen.

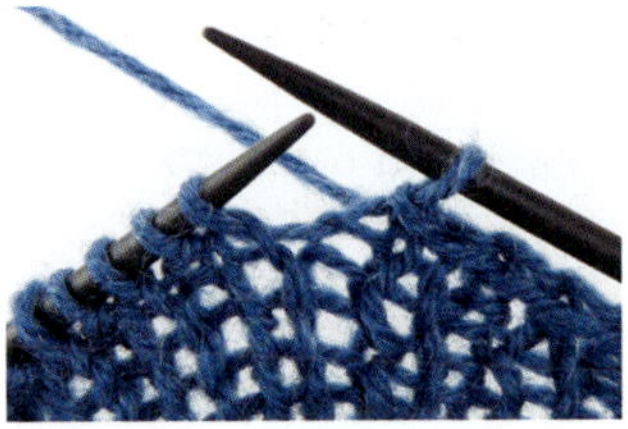

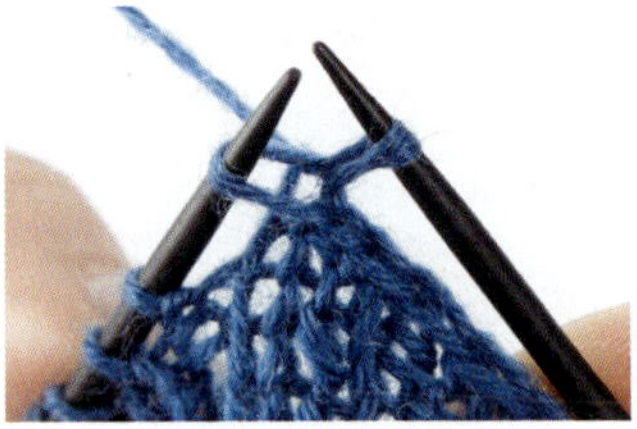

LINKS ABKETTEN

Mit der rechten Nadel wie zum Linksstricken gleichzeitig in die beiden folgenden Maschen einstechen. Den Faden holen und beide Maschen zusammen links abstricken. Die abgestrickte Masche zurück auf die linke Nadel heben und mit der nächsten Masche links zusammenstricken. Den Vorgang mit den folgenden Maschen wiederholen, bis alle Maschen abgekettet sind. Den Faden abschneiden, durch die letzte Masche ziehen und vernähen.

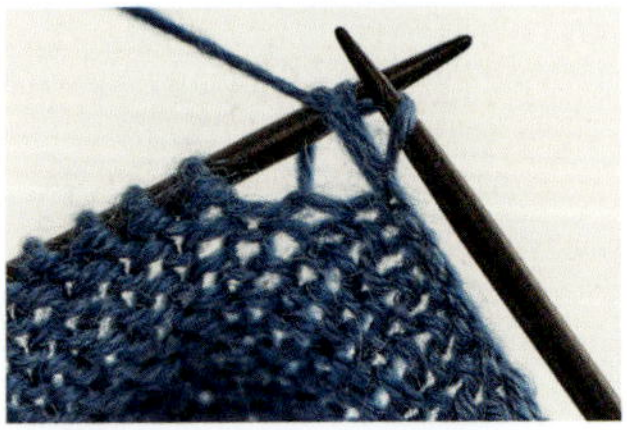

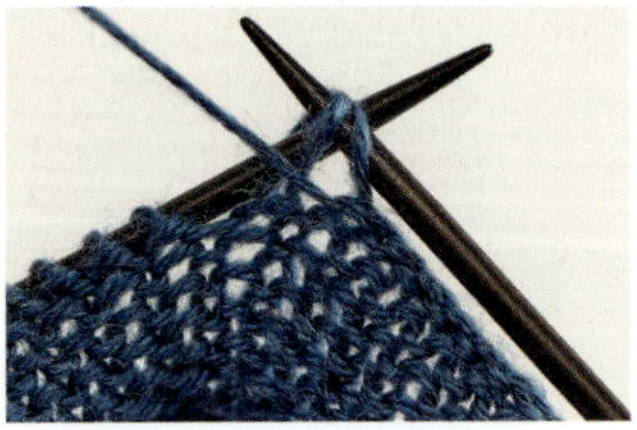

IM MUSTER ABKETTEN

Werden die Maschen eines Bündchens im Muster abgekettet, entsteht nicht nur ein schöner Abschluss, die Kante ist auch elastisch.
Bei einem 2/2-Bündchen wird die erste Masche rechts abgekettet.

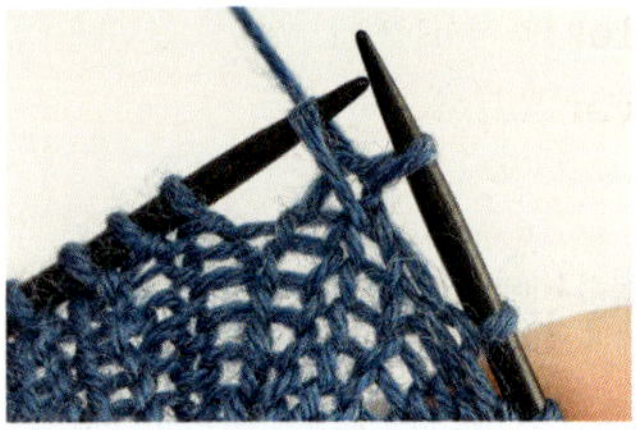

Anschließend die nächsten beiden Maschen links abketten.

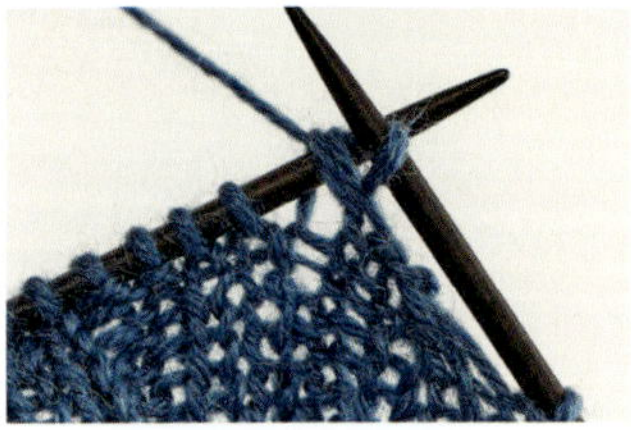

Die folgenden beiden Maschen rechts abketten, danach 2 Maschen links abketten. Das Abketten bis zur letzten Masche fortführen und die letzte Masche der Runde rechts abketten. Den Faden abschneiden, durch die letzte Masche ziehen und vernähen.

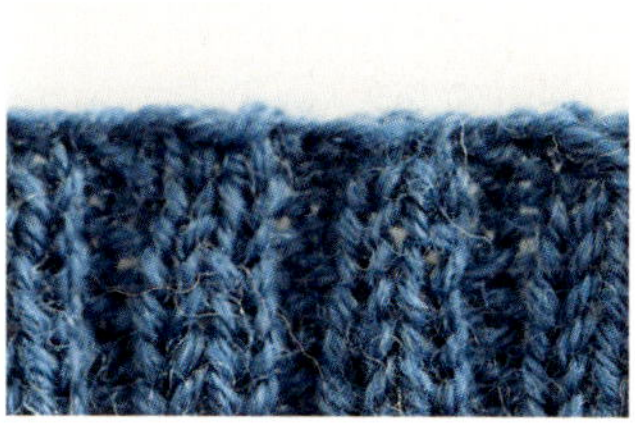

ABKETTEN MIT DREI NADELN

Mit dieser Methode werden zwei Kanten in einem Arbeitsgang abgekettet. Sie eignet sich besonders gut, um die Handyhülle (SoxxLook No. 15) und die Tablethülle (SoxxLook No. 26) zu schließen.
Dafür die Maschen der 1. und 2. Nadel und die Maschen der 3. und 4. Nadel jeweils auf einer Nadel zusammenfassen. Die beiden Nadeln parallel legen. Mit einer dritten Nadel gleichzeitig in die ersten Maschen der vorderen und hinteren Nadel einstechen und die Maschen gemeinsam rechts abstricken.

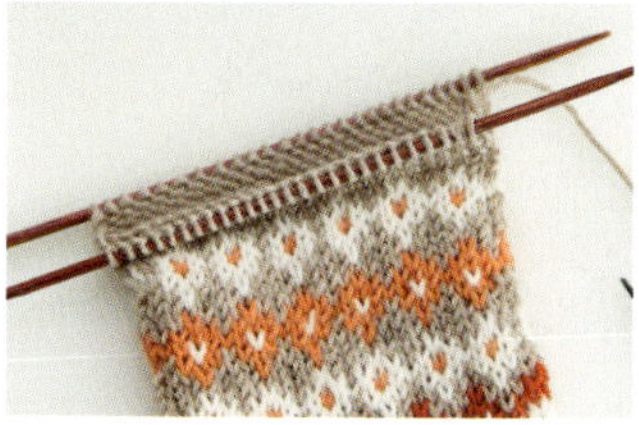

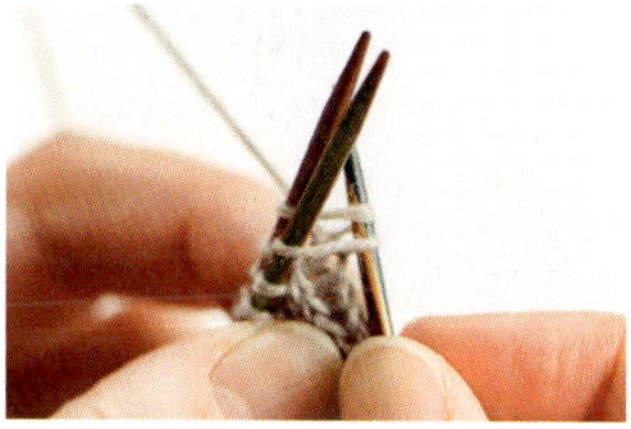

Die Maschen von den linken Nadeln gleiten lassen. In die nächsten beiden Maschen einstechen und die Maschen zusammen abstricken. Anschließend die erste Masche über die neue Masche ziehen.
Diesen Vorgang so oft wiederholen, bis alle Maschen abgekettet sind. Den Faden abschneiden und durch die letzte Masche ziehen.

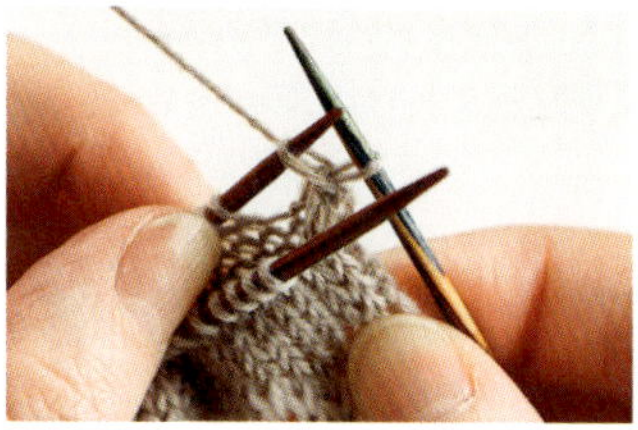

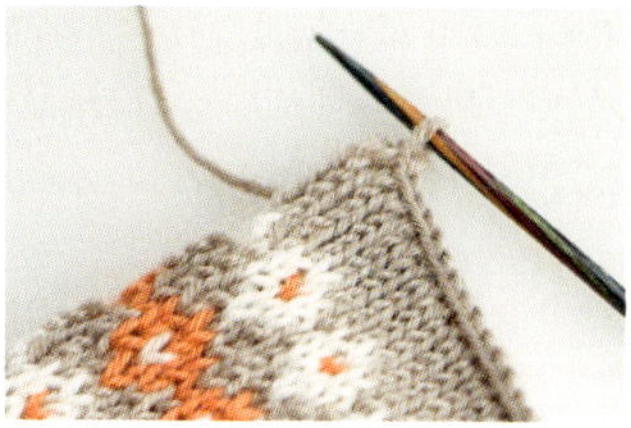

Anschließend den Faden vernähen.

JACQUARDTECHNIK

▶ **Video 7**

Das Stricken von Jacquardmustern erfordert ein bisschen Übung und Geduld, aber es lohnt sich. Mit dieser Technik können wunderschöne bunte, individuelle Socken und Accessoires gestrickt werden.

FADENSPANNUNG

Jacquardmuster werden mit mindestens zwei Farben pro Runde gearbeitet. Während mit einem Faden nach dem entsprechenden Zählmuster gestrickt wird, läuft der andere Faden auf der Rückseite mit. Dabei ist auf eine gleichmäßige Fadenspannung zu achten.

Wird der Faden zu fest gespannt, zieht sich das Muster zusammen. Dann kann es hilfreich sein, die Maschen vor dem Farbwechsel ein bisschen auseinanderzuziehen oder mit einer dickeren Nadel zu stricken.

Ist der Faden zu locker, wird das Strickbild nicht gleichmäßig und es können Lücken zwischen den Maschen der einzelnen Farben entstehen. In diesem Fall kann es sinnvoll sein, mit dünneren Nadeln zu stricken.

Beim Stricken mit einem Nadelspiel, zwei Rundstricknadeln oder dem addiCrasyTrio ist beim Wechsel von einer Nadel zur anderen auf die Fadenspannung zu achten. An dieser Stelle den Faden etwas fester anziehen. So werden sogenannte Gässchen vermieden und der Übergang ist bei dem fertigen Strickstück nicht sichtbar.

Wenn der mitlaufende Faden über mehr als 3 Maschen mitgeführt wird, muss er nach 2 oder 3 Maschen eingewebt werden. In der nächsten Runde darauf achten, dass der Faden nicht an der gleichen Stelle eingewebt wird. Ruht eine Farbe einige Runden, so muss dieser Faden nach der 3. oder 4. Runde mit dem Arbeitsfaden verschränkt werden, damit keine Schlaufen auf der Rückseite der Arbeit entstehen, an der man beim An- und Ausziehen hängen bleiben kann. Auch hier darauf achten, dass der Faden nicht zu fest nach oben gezogen wird.

FADENHALTUNG

Es gibt verschiedene Möglichkeiten, die Fäden zu halten. Bei mir liegen beide Fäden auf dem linken Zeigefinger. Für die Fadenspannung wird der vordere Faden vor dem Mittelfinger und der hintere Faden hinter dem Mittelfinger entlanggeführt, beide Fäden werden mit dem Ringfinger und kleinen Finger der gleichen Hand fixiert. Bei einem Linkshänder liegen die Fäden auf dem rechten Zeigefinger.
Es ist wichtig, dass immer die gleiche Farbe vorne liegt, da ein Wechsel deutlich sichtbar ist und das Muster sehr unruhig wirken kann.

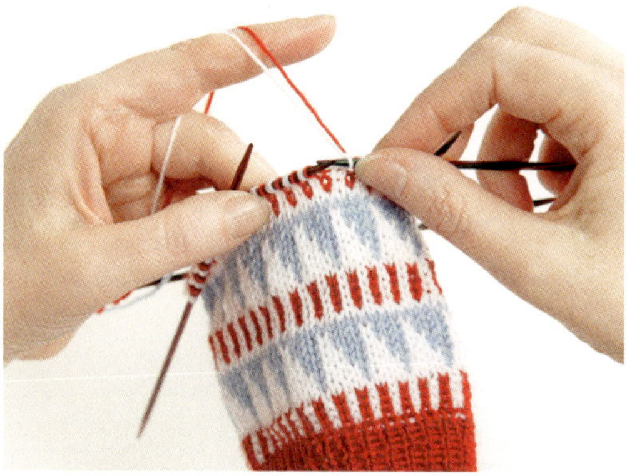

Der weiße Faden liegt vor dem roten.

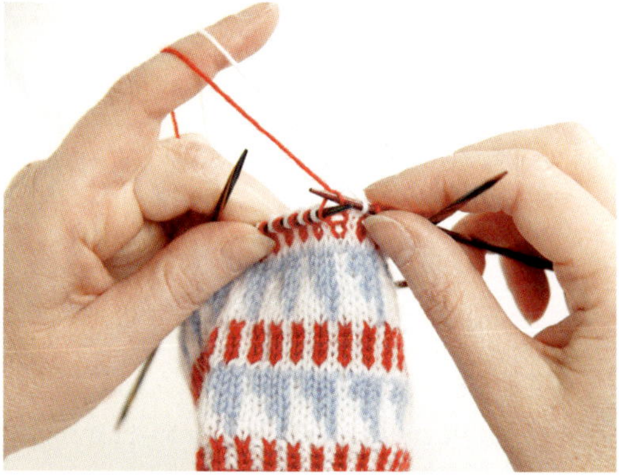

Der rote Faden liegt vor dem weißen.

Die hier gezeigten Mustersocken findest du im SoxxBook by Stine & Stitch (TOPP 6495) auf Seite 110–115.

Als Hilfsmittel kann ein sogenannter Fadenfingerring oder Strickfingerhut verwendet werden. Die Ringe werden auf den Zeigefinger gesetzt. Die Fäden werden durch die kleinen Ösen geführt, sodass sie nicht verrutschen und sich verheddern können.

WIE WIRD EIN ZÄHLMUSTER ODER EINE STRICKSCHRIFT GELESEN?

Zählmuster und Strickschriften werden von unten nach oben und von rechts nach links gelesen. Dabei wird das Zählmuster fortlaufend wiederholt. Ein Kästchen entspricht einer Masche, eine Reihe entspricht einer Runde.

Als Beispiel dient hier das Jacquardmuster B von SoxxLook No. 7.

Jacquardmuster B

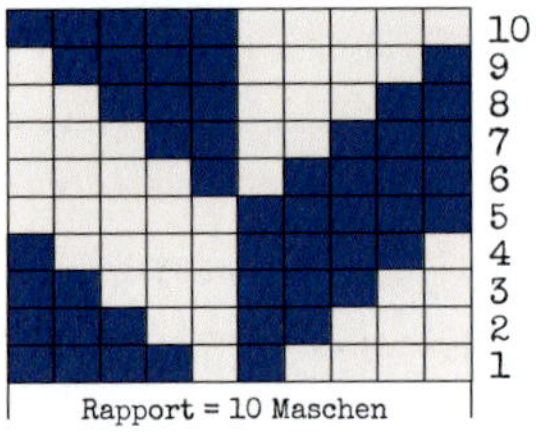

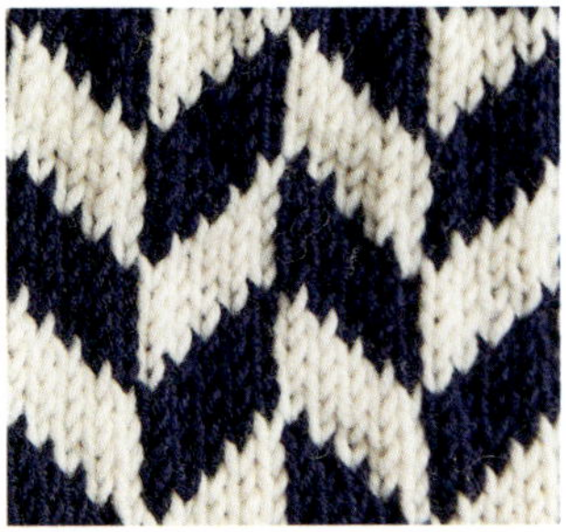

= Natur
= Nachtblau

Das Muster beginnt mit 4 Maschen in Natur, anschließend werden 1 Masche in Nachtblau, 1 Masche in Natur und weitere 4 Maschen in Nachtblau gestrickt. Dann das Jacquardmuster wieder mit der 1. Masche beginnen. In der 2. Runde werden zuerst 3 Maschen in Natur, danach 2 Maschen in Nachtblau, 2 Maschen in Natur und 3 Maschen in Nachtblau gestrickt. Anschließend das Muster fortlaufend wiederholen. Der Rapport muss dabei 10 Maschen haben, die Gesamtmaschenzahl also durch 10 teilbar sein.
Wenn in der Anleitung steht, dass das Zählmuster 3x gestrickt werden soll, fängt man nach der 10. Runde wieder mit der 1. Runde an. Das wird so oft wiederholt, bis das Strickstück die gewünschte Länge hat.

Strukturmuster werden auf die gleiche Weise gearbeitet. Eine Runde beginnt immer mit der 1. Masche der 1. Nadel und endet mit der letzten Masche der 4. Nadel. Der Rundenübergang liegt bei der fertigen Socke auf der rückwärtigen Sockenmitte bzw. auf der Mitte der Fußsohle.

SO WIRD GESTRICKT

MASCHENPROBE

Für eine Maschenprobe wird normalerweise ein ca. 12 x 12 cm großes Stück glatt rechts gestrickt. Bei Jacquardmustern muss das Muster in der Rückreihe mit linken Maschen gestrickt werden. Das ist sehr mühsam und das Strickstück entspricht eventuell nicht einem in Runden gestrickten Abschnitt. Deshalb empfehle ich, auch die Maschenprobe in Runden zu stricken. Bei dieser Technik werden nicht die Maschen pro 10 cm, sondern nur pro 5 cm abgemessen und anschließend verdoppelt.

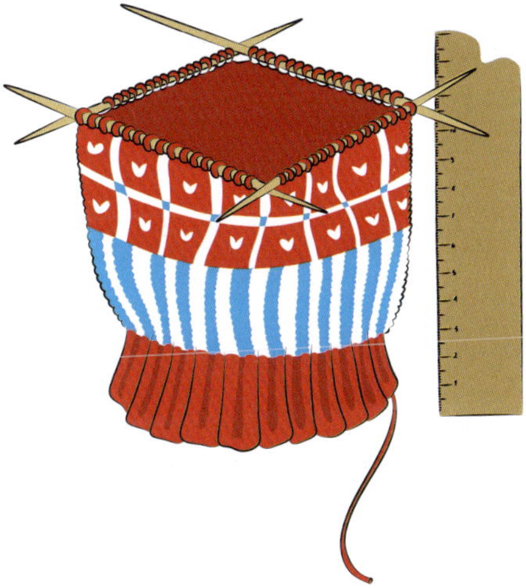

Damit sich die Socke, Stulpe oder Mütze später gut anziehen lässt, muss die Maschenprobe elastisch sein.
Werden mehr Maschen gestrickt, als in der Maschenprobe angegeben wurde, ist das Strickstück zu fest gestrickt.
Es muss deshalb für das Strickprojekt eine dickere Nadelstärke gewählt werden. Wurden weniger Maschen gestrickt und ist das Strickstück sehr locker, müssen dünnere Nadeln verwendet werden. Im Handel sind Nadeln mit einer Abstufung von 0,25 mm erhältlich.
Die Maschenprobe im Jacquardmuster fällt in der Regel schmaler aus als beim Stricken mit nur einem Faden.
Bei Anleitungen, die einen Abschnitt im Jacquardmuster und einen Abschnitt in Uni oder in Ringeln haben (z. B. SoxxLook No. 13), können Unterschiede mit verschiedenen Nadelstärken ausgeglichen werden. Das Jacquardmuster wird dann mit einer größeren Nadelstärke gestrickt als der Abschnitt mit nur einem Faden.
Jacquardmuster sind weniger elastisch, deshalb müssen mehr Maschen angeschlagen werden als bei Socken, die nur mit einem Faden gestrickt werden.

BÜNDCHEN

Video 8

Das Bündchen verhindert nicht nur das Rutschen von Socken und Stulpen, es kann auch ein dekorativer Bestandteil sein.

Es gibt verschiedene Möglichkeiten das Bündchen zu stricken. Die sicher üblichsten sind die 1/1- und 2/2-Bündchen.

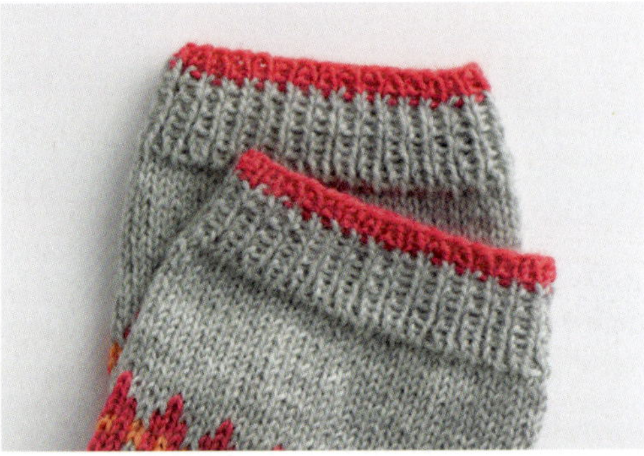

Beim 1/1-Bündchen muss die Maschenzahl teilbar durch 2 sein. Nach dem Anschlag wird jede Runde fortlaufend 1 Masche rechts, 1 Masche links im Wechsel gestrickt, bis die gewünschte Bündchenlänge erreicht ist.

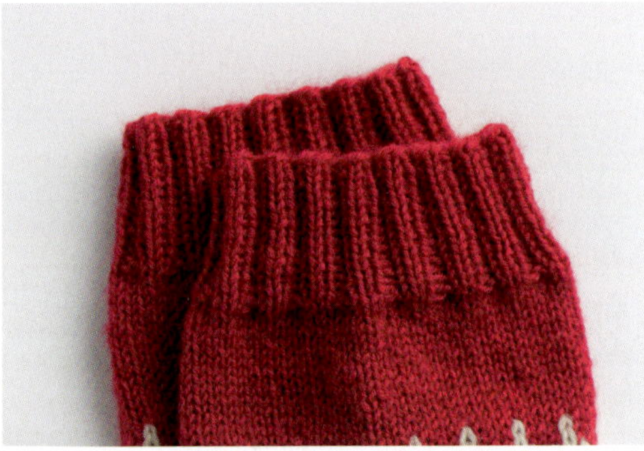

Für das 2/2-Bündchen muss die Maschenzahl teilbar durch 4 sein. Nach dem Anschlag wird in Runden fortlaufend 2 Maschen rechts, 2 Maschen links im Wechsel gestrickt.

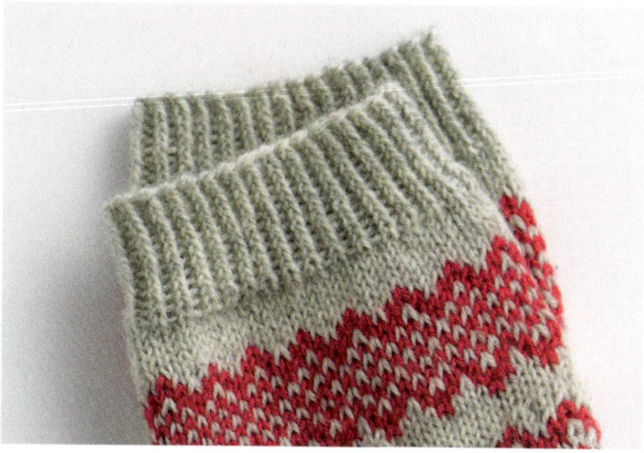

Besonders schön und sehr elastisch ist ein Bündchen mit verschränkten rechten Maschen. Da es sich stärker zusammenzieht, treten die Rippen deutlich hervor. Nach dem Anschlag wird in jeder Runde fortlaufend 1 Masche rechts verschränkt, 1 Masche links im Wechsel gestrickt.

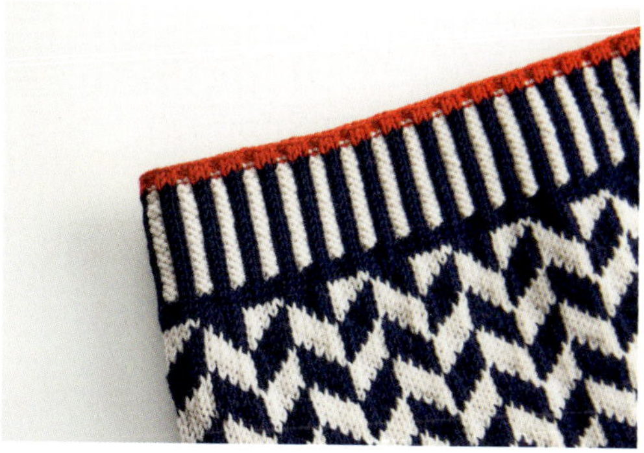

Für Loops eignet sich eine weitere Bündchenvariante. Ein zweifarbig gestricktes 2/2-Bündchen ist nicht elastisch, aber sehr dekorativ.
Bei dem Loop SoxxLook No. 7 werden 2 Maschen rechts in Nachtblau und 2 Maschen links in Natur im Wechsel gestrickt.

Die verschiedenen Bündchenarten können frei gewählt werden und auch die Bündchenlänge kann individuell verändert werden.

HERZCHENFERSE MIT BANDSPITZE

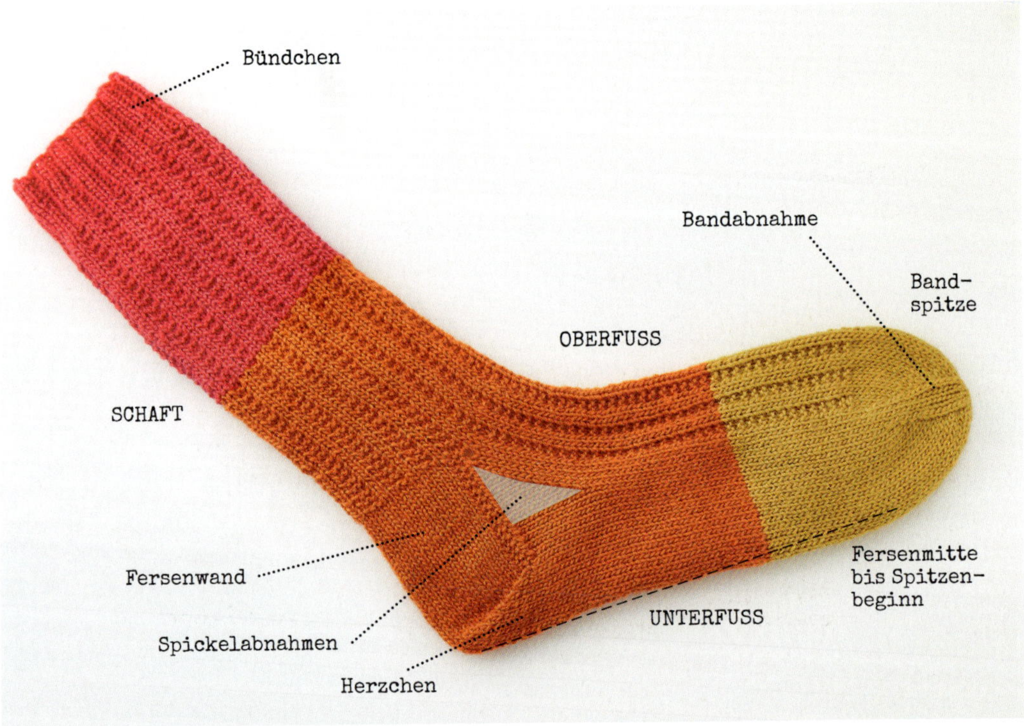

BUMERANGFERSE MIT BANDSPITZE

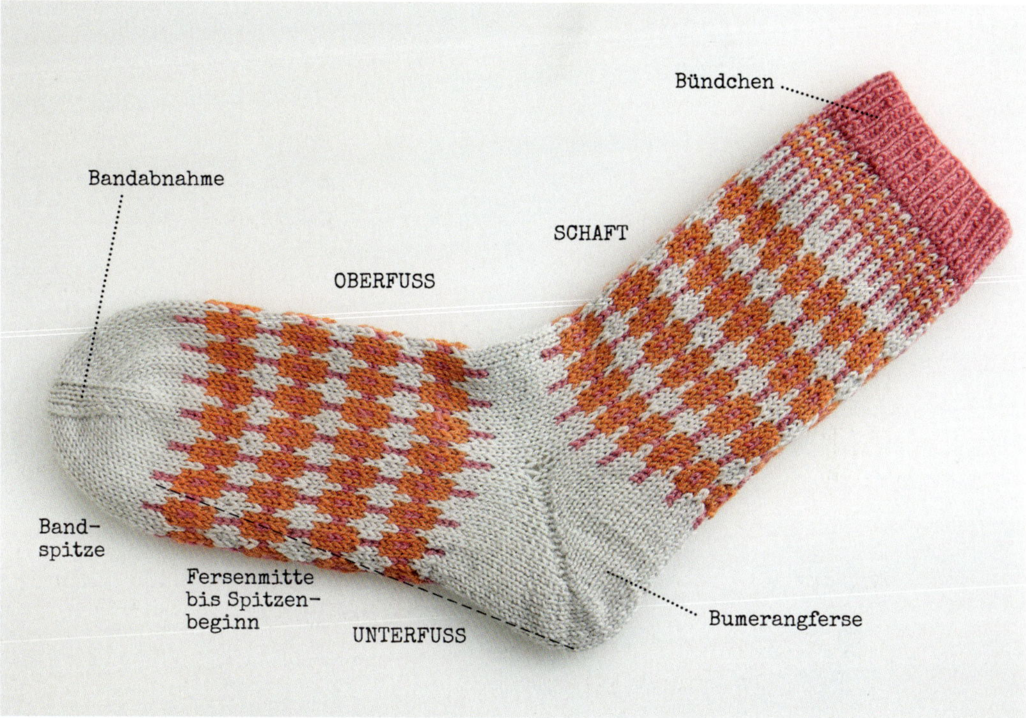

GRÖSSENTABELLE

Für 4-fädiges Sockengarn (Lauflänge 210 m/50 g)

Größe	**36/37**	**38/39**	**40/41**	**42/43**	**44/45**	**46/47**
Anschlag/Maschen pro Nadel						
Jacquardmuster	64/16	64/16	68/17	68/17	72/18	76/19
Rechts-Links-Muster, Ringel & Co.	60/15	60/15	64/16	64/16	68/17	72/18
Bandspitze: Fußlänge in cm von Fersenmitte bis Spitzenbeginn	16	17,5	19	20,5	22	23,5
Gesamtfußlänge in cm	21,5	23	24,5	26	27,5	29

DIE PERFEKTE SOCKENGRÖSSE

Wie viele Maschen angeschlagen werden müssen, um eine gut sitzende Socke zu stricken, hängt von verschiedenen Faktoren ab – zum einen von der Garnstärke, der Schuhgröße und der Maschenprobe, zum anderen aber auch vom Umfang des Fußes.

Jeder Fuß ist anders. Bei schlanken, großen Füßen kann es sein, dass weniger Maschen angeschlagen werden müssen, als für die entsprechende Größe angegeben sind. Ähnliches gilt für kleine, breitere Füße, hier müssen wahrscheinlich mehr Maschen angeschlagen werden, als bei der eigentlichen Größe angegeben wurden. Bei den Sockenanleitungen in diesem Buch ist das kein Problem, da alle Muster einen Rapport von 4 Maschen haben und du so die Maschenzahl der jeweils kleineren bzw. größeren Größe auswählen kannst.

Auch bei der Fußlängen kann man das Muster individuell verändern. Die Anzahl der Musterwiederholungen können immer reduziert oder erweitert werden. Wenn man sich nicht sicher ist, lieber zwischendurch einmal anprobieren und die Länge kontrollieren.

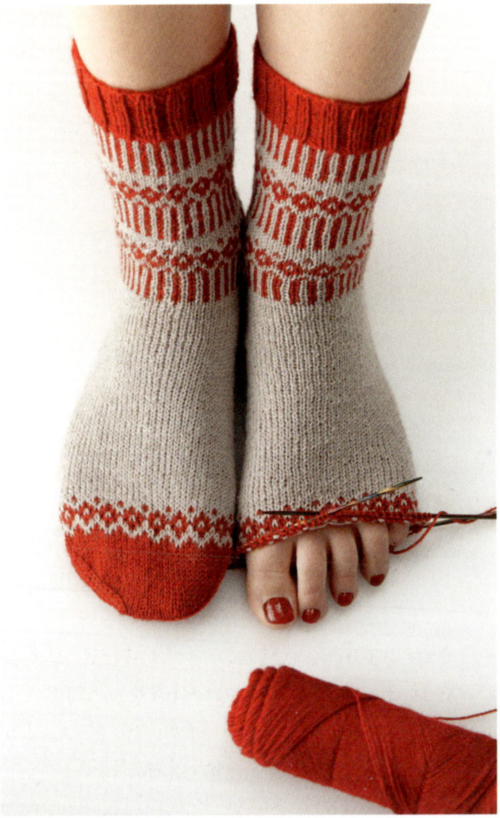

Die hier gezeigte Mustersocke findest du im SoxxBook by Stine & Stitch (TOPP 6495) auf Seite 80–83.

WELCHE FERSE PASST ZU MEINEM FUSS?

Die perfekte Passform einer Ferse richtet sich nach zwei anatomischen Merkmalen, der Spannhöhe und der Fersenbreite.

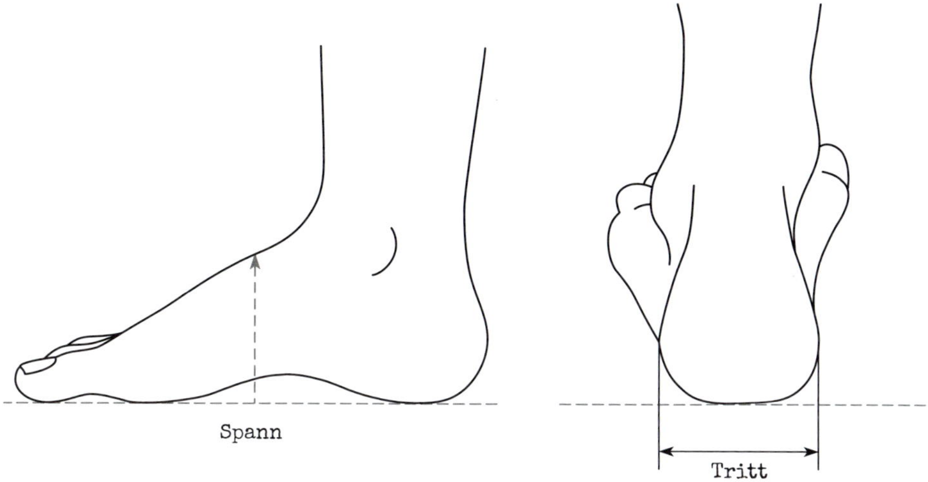

Die Bumerangferse eignet sich besonders für Füße mit einem niedrigen Spann, wobei die Fersenbreite keine große Rolle spielt.
Für einem Fuß mit hohem Spann und breitem Tritt ist die Herzchenferse eventuell besser geeignet.
Bei vielen Modellen kann man die Ferse je nach Vorliebe austauschen. Fast alle Modelle können mit einer Bumerangferse gestrickt werden. Dabei ist zu beachten, dass nach der ersten Hälfte der Ferse 2 Runden über alle Maschen gestrickt werden. Diese beiden Runden können ein durchlaufendes Muster unterbrechen. Bei Socken, bei denen der Fuß mit einem Jacquardmuster beginnt, kann nicht ohne Weiteres eine Herzchenferse gestrickt werden. Bei den Jacquardmustern wurde die Spickelabnahme nicht berücksichtigt.

BUMERANGFERSE

Video 9

Die Bumerangferse wird in verkürzten Reihen mit Doppelmaschen gestrickt (siehe Seite 160). Die Bumerangferse glatt rechts über die Maschen der 4. und 1. Nadel stricken. Dafür alle Maschen auf einer Nadel zusammenfassen und gedanklich oder mithilfe von Maschenmarkierern in 3 Teile teilen (siehe Tabelle Seite 180).

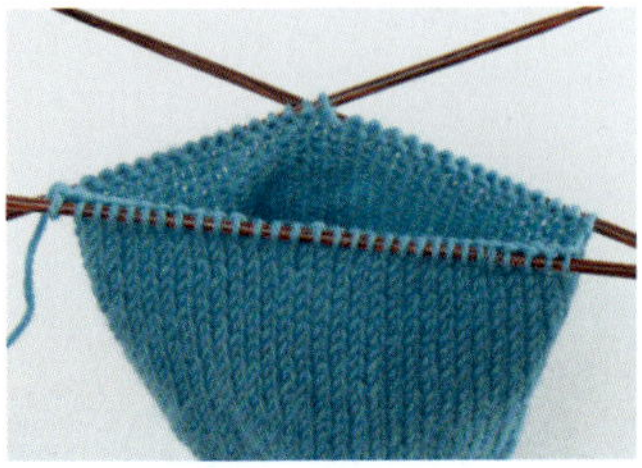

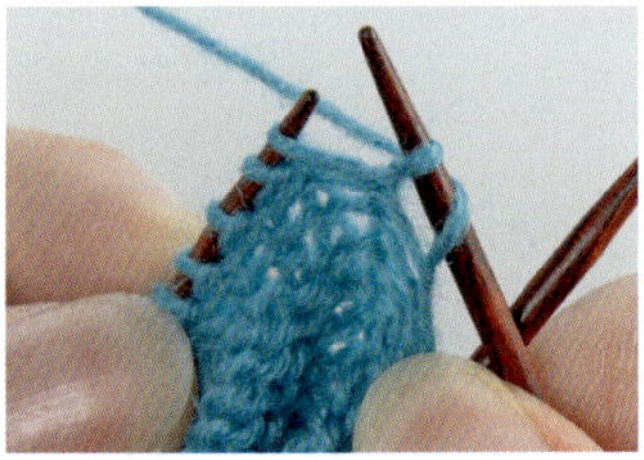

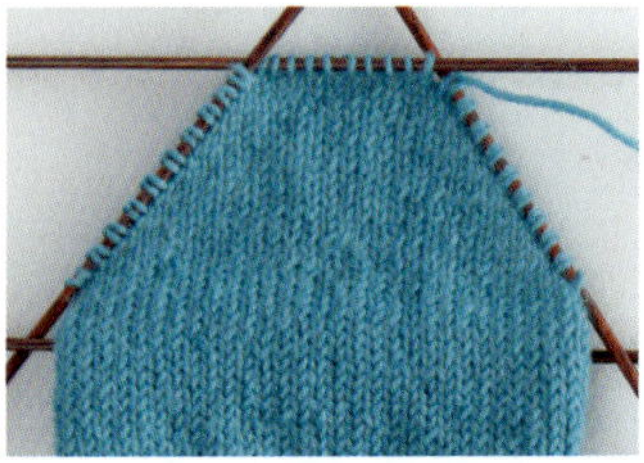

Beim ersten (oberen) Teil der Ferse werden die Doppelmaschen nicht mitgestrickt.

1. Reihe (Hinreihe): Alle Maschen rechts stricken, wenden.

2. Reihe (Rückreihe): Eine Doppelmasche arbeiten, alle weiteren Maschen links stricken, wenden.

3. Reihe (Hinreihe): Eine Doppelmasche arbeiten, alle Maschen bis zur Doppelmasche rechts stricken, wenden.

4. Reihe (Rückreihe): Eine Doppelmasche arbeiten, alle Maschen bis zur Doppelmasche links stricken, wenden.

Die 3. und 4. Reihe so oft wiederholen, bis 1/3 Doppelmaschen, 1/3 einfache Maschen, 1/3 Doppelmaschen gestrickt sind. Anschließend 2 Runden rechte Maschen über alle Maschen der 4 Nadeln stricken. Dabei werden in der 1. Runde die Doppelmaschen jeweils als eine Masche rechts abgestrickt.

Danach den zweiten (unteren) Teil der Ferse über die Maschen der 4. und 1. Nadel stricken.

1. Reihe (Hinreihe): Die Maschen des mittleren Drittels und die 1. Masche des linken Drittels rechts stricken, wenden.

2. Reihe (Rückreihe): Eine Doppelmasche arbeiten, die Maschen des mittleren Drittels und die 1. Masche des rechten Drittels links stricken, wenden.

3. Reihe (Hinreihe): Eine Doppelmasche arbeiten, alle Maschen einschließlich der Doppelmasche und einer weiteren Masche rechts stricken, wenden.

4. Reihe (Rückreihe): Eine Doppelmasche arbeiten, alle einschließlich der Doppelmasche und einer weiteren Masche links stricken, wenden.
Die 3. und 4. Reihe so oft wiederholen, bis die beiden äußeren Maschen als Doppelmaschen auf der Nadel liegen. Die Maschen der Ferse wieder gleichmäßig auf 2 Spielnadeln verteilen und in der nächsten Runde die Doppelmaschen jeweils als eine Masche rechts abstricken.

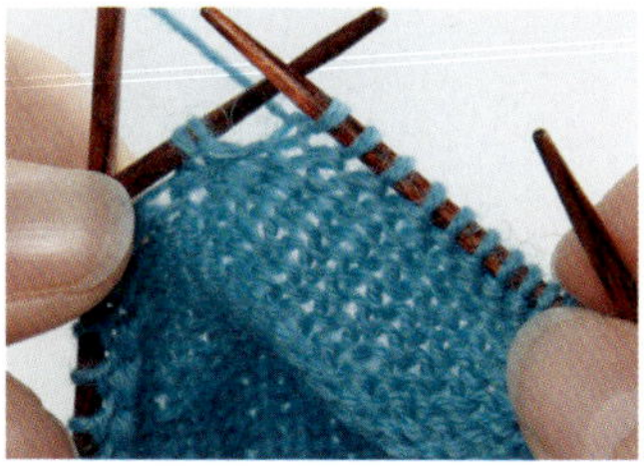

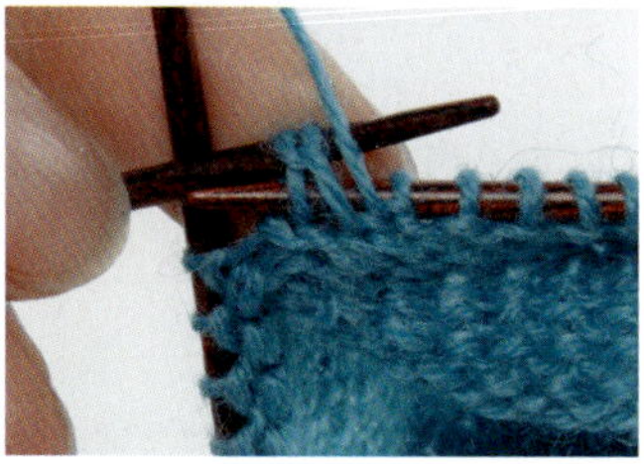

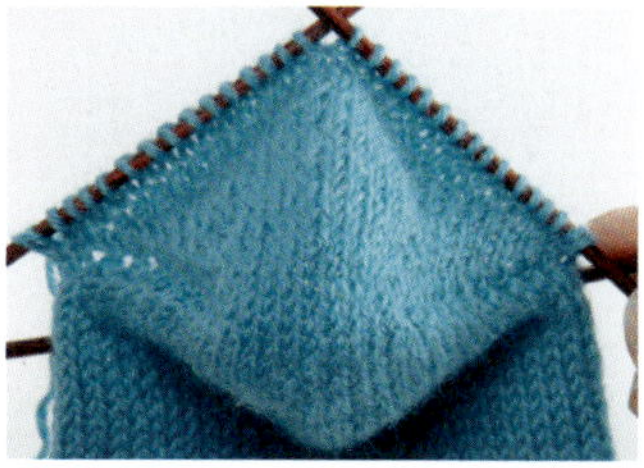

TIPP: Zwischen der 1. und 2. bzw. 3. und 4. Nadel entstehen bei dieser Ferse oft kleine Löcher. Das liegt daran, dass die Fadenspannung zwischen Fersenmaschen und der ersten bzw. letzten Masche des Oberfußes nicht so fest ist. Mithilfe eines kleinen Tricks können diese Löcher vermieden werden. Nach dem ersten Teil der Ferse, wenn 2 Runden über alle 4 Nadeln glatt rechts gestrickt werden, wie folgt arbeiten: Nachdem die Maschen der 1. Nadel rechts abgestrickt wurden, einen Maschenmarkierer setzen und die ersten 2 Masche der 2. Nadel mit der gleichen Nadel abstricken. Die Maschen der 2. Nadel wie gewohnt stricken. Anschließend die Maschen der 3. Nadel bis auf die letzten 2 Maschen stricken. Diese beiden Maschen auf die 4. Nadel schieben. Die 4. Nadel abstricken und nach den beiden zusätzlichen Maschen einen Maschenmarkierer setzen. Den zweiten Teil der Ferse nach Anleitung stricken, jedoch die beiden zusätzlichen Maschen vor bzw. nach dem Maschenmarkierer nicht als Doppelmaschen abstricken. Die zusätzlichen Maschen nach dem Beenden der Ferse noch ein paar Runden auf der 1. bzw. 4. Nadel liegen lassen. Danach werden sie wieder auf ihre ursprünglichen Nadeln zurückgehoben.

JACQUARDMUSTER (4-fädiges Sockengarn, Lauflänge 210 m/50 g)

Größe	36/37	38/39	40/41	42/43	44/45	46/47
Maschenzahl gesamt/pro Nadel	64/16	64/16	68/17	68/17	72/18	76/19
Fersenbreite, Maschen 4. und 1. Nadel	32	32	34	34	36	38
Einteilung Fersenmaschen	10/12/10	10/12/10	11/12/11	11/12/11	12/12/12	12/14/12

RECHTS-LINKS-MUSTER, RINGEL & CO. (4-fädiges Sockengarn, Lauflänge 210 m/50 g)

Größe	36/37	38/39	40/41	42/43	44/45	46/47
Maschenzahl gesamt/pro Nadel	60/15	60/15	64/16	64/16	68/17	72/18
Fersenbreite, Maschen 4. und 1. Nadel	30	30	32	32	34	36
Einteilung Fersenmaschen	10/10/10	10/10/10	10/12/10	10/12/10	11/12/11	12/12/12

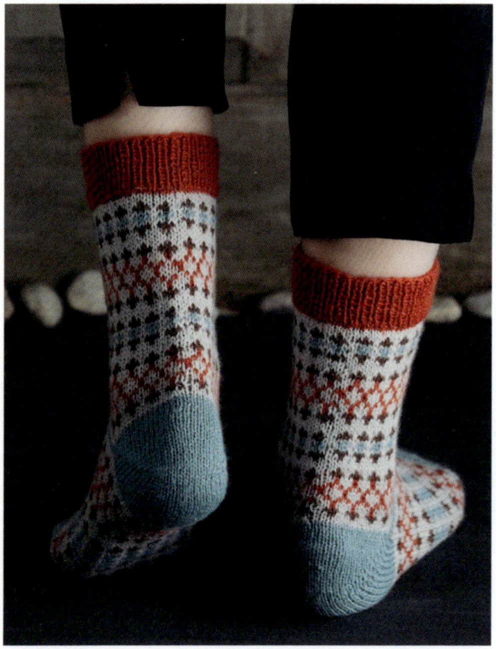

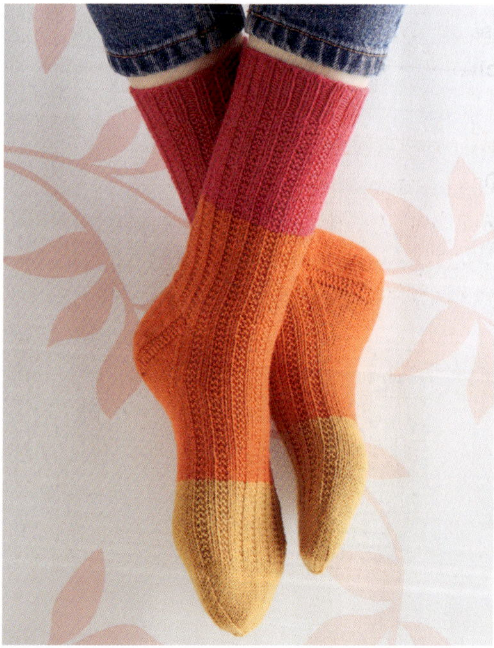

HERZCHENFERSE

Video 10

Die Herzchenferse glatt rechts über die Maschen der 4. und 1. Nadel stricken. Dafür alle Maschen auf einer Nadel zusammenfassen. Die ersten und letzten 3 Maschen bilden die Randmaschen und werden immer rechts gestrickt (= Perlrand).

FERSENWAND

1. Reihe (Hinreihe): Die erste Masche wie zum Rechtsstricken abheben, alle Maschen rechts stricken, wenden.
2. Reihe (Rückreihe): Die erste Masche wie zum Rechtsstricken abheben, 2 Maschen rechts, bis 3 Maschen vor Reihenende links stricken, 3 Maschen rechts, wenden.
Die 1. und 2. Reihe so oft wiederholen, bis die gewünschte Höhe erreicht ist (siehe Tabelle Seite 182), dann das Herzchen stricken.

HERZCHEN

Das Herzchen wird mit den mittleren Maschen der Fersenwand begonnen.
1. Reihe (Hinreihe): Die Hälfte der Maschen und die erste Masche der zweiten Hälfte rechts stricken. Die folgenden 2 Maschen rechts überzogen zusammenstricken (siehe Seite 162), 1 weitere Masche rechts stricken, wenden.
2. Reihe (Rückreihe): Die erste Masche wie zum Linksstricken abheben, 3 Maschen links stricken, die nächsten 2 Maschen links zusammenstricken, die folgende Masche links stricken, wenden.
3. Reihe (Hinreihe): Die erste Masche wie zum Rechtsstricken abheben, 4 Maschen rechts stricken, die abgehobene Masche der Rückreihe mit der nächsten Masche rechts überzogen zusammenstricken, die folgende Masche rechts stricken, wenden.
4. Reihe (Rückreihe): Die erste Masche wie zum Linksstricken abheben, 5 Maschen links stricken, die abgehobene

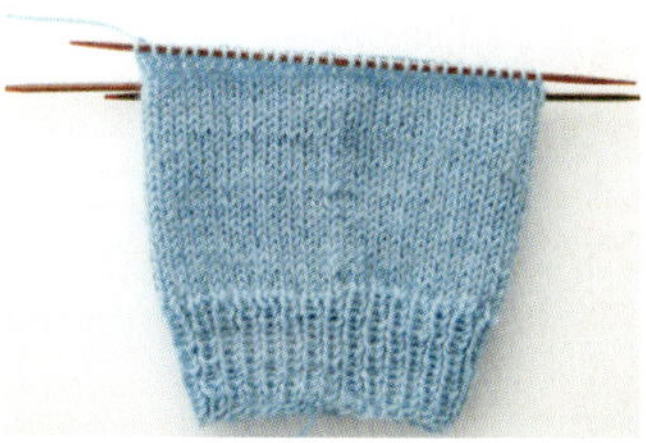

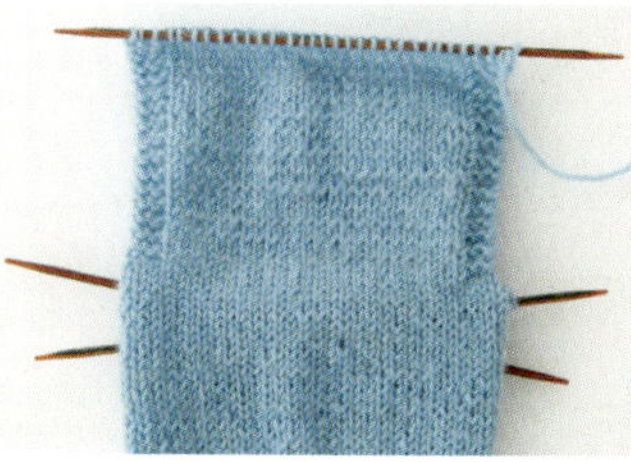

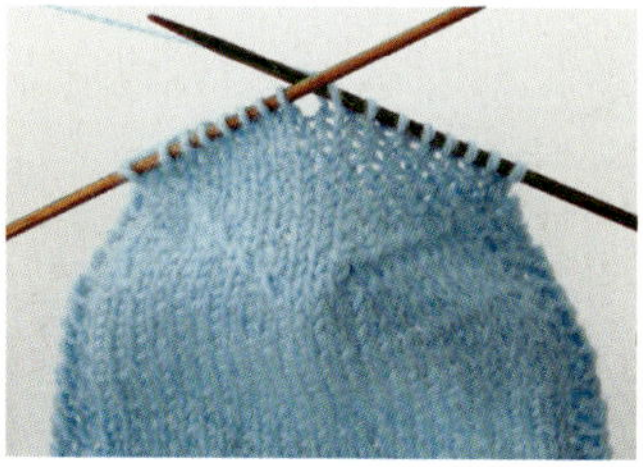

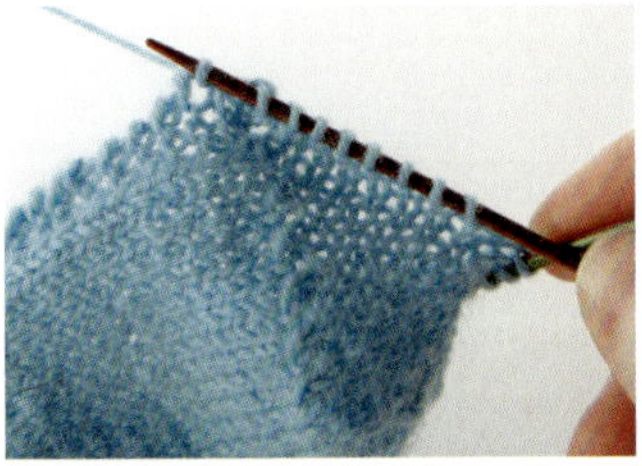
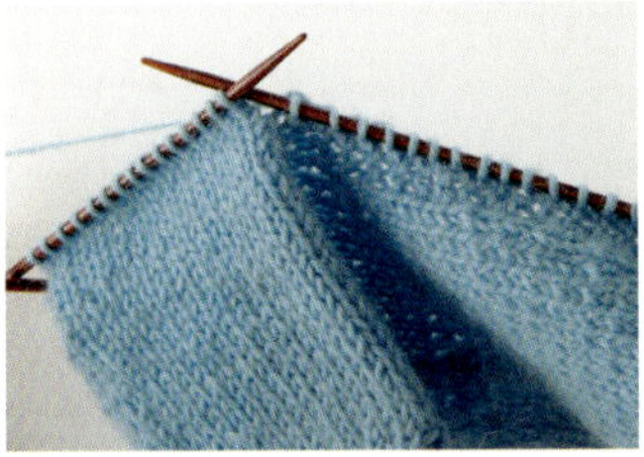
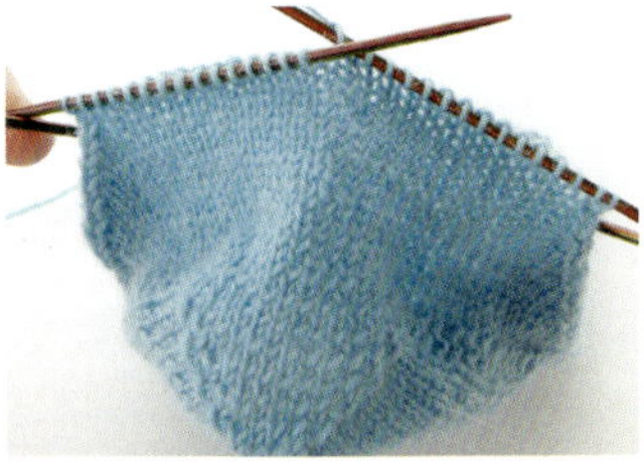

Masche der Rückreihe mit der nächsten Masche links zusammenstricken, die folgende Masche links stricken, wenden. Die 3. und 4. Reihe fortlaufend wiederholen. Dabei immer die erste Masche der Reihe abheben und die abgehobene Masche der Vorreihe mit der nächsten Masche zusammenstricken, 1 weitere Masche abstricken und wenden. In jeder Reihe wird das Herzchen um eine Masche größer. Beim Erreichen der Randmaschen ist das Herzchen fertig.

MASCHEN AUFFASSEN

Nach dem Herzchen weiter glatt rechts in Runden stricken. Die Herzchen-Maschen gleichmäßig auf zwei Nadeln verteilen. In der ersten Runde aus jeder „Perle" der Fersenwand 1 Masche auffassen.

ABNAHME FÜR DEN SPICKEL

Nach Fertigstellung der Ferse liegen mehr Maschen auf der 1. und 4. Nadel als zuvor. Diese überzähligen Maschen müssen nun in jeder 2. Runde abgenommen werden. Dafür die Maschen der 1. Nadel rechts stricken, dabei die zweit- und drittletzte Masche rechts zusammenstricken (rechtsgeneigte Abnahme), die letzte Masche rechts stricken. Bei der 4. Nadel die 1. Masche rechts stricken, danach die 2. und 3. Masche rechts überzogen zusammenstricken (= 1 Masche wie zum Rechtsstricken abheben, die nächste Masche rechts stricken und die abgehobene Masche darüberziehen = linksgeneigte Abnahme).

Diese Abnahmen werden so oft wiederholt, bis die ursprüngliche Maschenzahl erreicht ist.

BANDSPITZE

Video 11

In der 1. Runde auf der 1. und 3. Nadel die zweit- und drittletzte Masche rechts zusammenstricken (Rechtsneigung) und auf der 2. und 4. Nadel die 2. Masche abheben, die nächste Masche rechts stricken und die abgehobene Masche darüberziehen (Linksneigung). Die nächsten beiden Runden ohne Abnahmen glatt rechts stricken. Die Abnahmen in der 4., 6. und 8. Runde wiederholen. Danach in jeder Runde abnehmen, bis nur noch 2 Maschen auf jeder Nadel liegen (= 8 Maschen). Faden abschneiden, mit einer Wollnadel durch die 8 Maschen führen und diese fest zusammenziehen. Dann den Faden nach innen ziehen und vernähen.

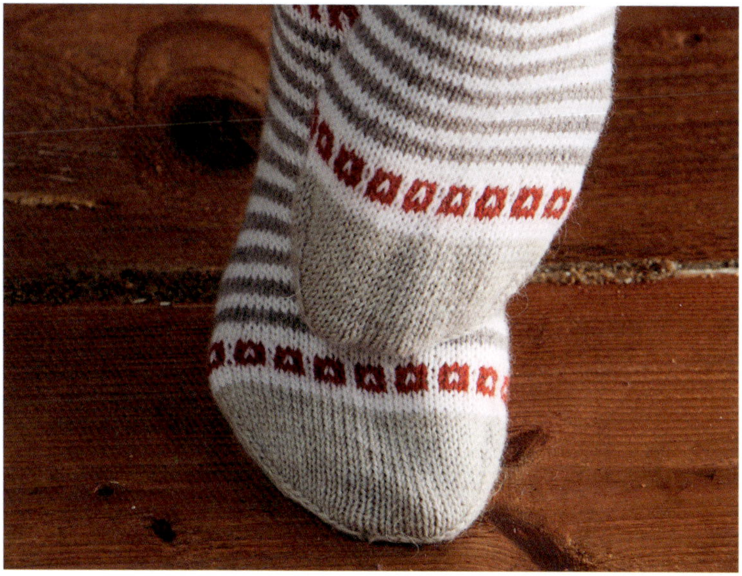

STULPE MIT DAUMEN

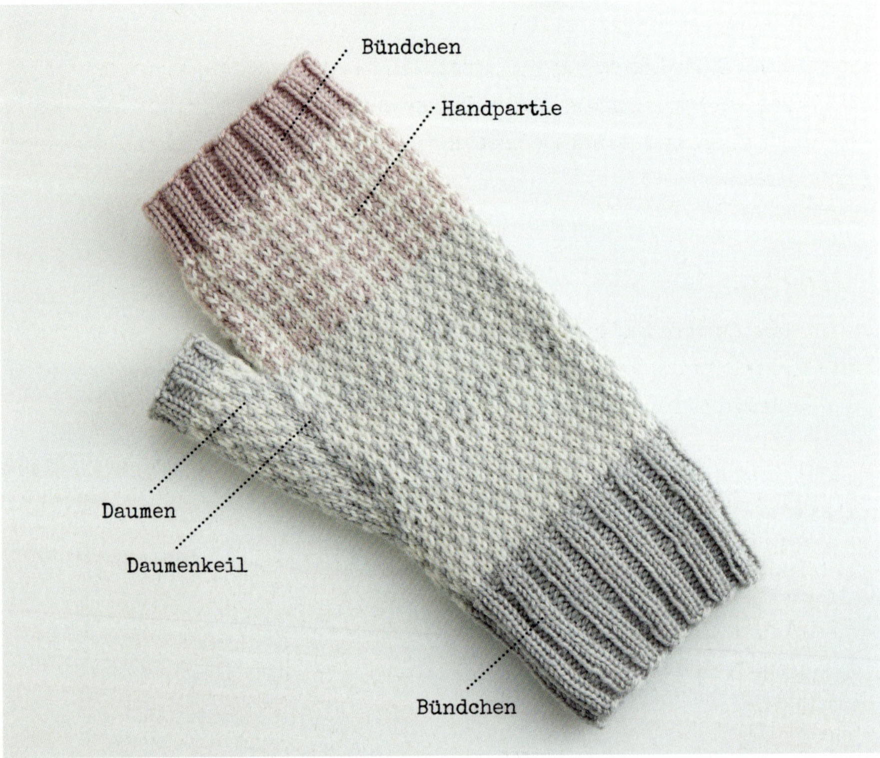

Die Stulpe mit Daumen wird mit dem Bündchen begonnen, dann wird die Handpartie gestrickt. Gleichzeitig wird durch Zunahmen am Rundenende ein Daumenkeil gearbeitet. Diese Maschen werden zwischenzeitig stillgelegt und die Handpartie wird beendet. Dann werden die stillgelegten Mschen wieder aufgenommen und der Daumen (mit Bündchen) gearbeitet.

MÜTZEN UND STIRNBÄNDER

PASSFORM

Damit Mützen und Stirnbänder nicht rutschen, werden sie etwas kleiner (ca. 8 %) als der eigentliche Kopfumfang gestrickt. Dabei muss beachtet werden, dass Jacquardmuster nicht so elastisch sind. Am besten die Mütze oder das Stirnband zwischendurch anprobieren.

MÜTZENRUNDUNG

Für die Rundung der beiden Mützenmodelle in diesem Buch wurden zwei verschiedene Arten von Abnahmen verwendet. Die Anzahl der abgenommenen Maschen pro Runde ist bei beiden Modellen gleich.

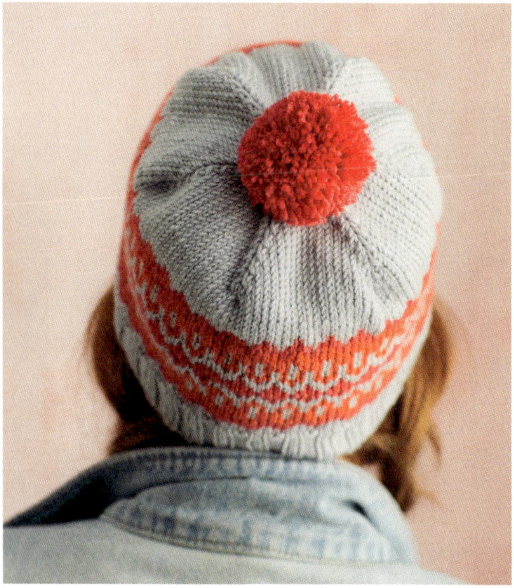

Bei der Mütze SoxxLook No. 1 werden sowohl links-, als auch rechtsgeneigte Abnahmen gestrickt. Dadurch sieht die Rundung der fertigen Mütze wie ein Stern aus.

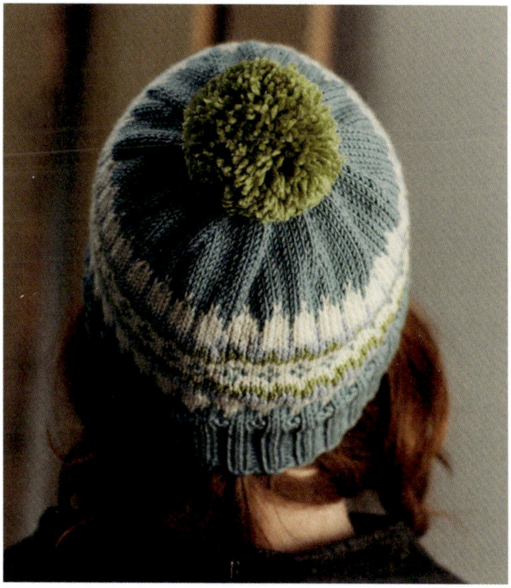

Die Abnahmen der Mütze SoxxLook No. 6 und der Mützen-Variante von Seite 142 neigen sich immer nach rechts, sie verlaufen spiralförmig um die Mützenrundung.

POMPONS FERTIGEN

Für die Mützen in diesem Buch werden Pompons mit einem Durchmesser von 6–7 cm benötigt. Es gibt mehrere Möglichkeiten, einen Pompon zu fertigen.

MIT EINEM POMPON-MAKER

Am einfachsten lässt sich ein Pompon mit einem Pompon-Maker herstellen. Dieses Werkzeug besteht aus zwei aufklappbaren, gleichgroßen Ringe aus Kunststoff.
Die beiden Ringe öffnen und übereinandergelegen. Die eine Hälfte mit dem Garn umwickeln und dabei darauf achten, dass der Faden nicht zu stramm angezogen wird. Wenn die erste Hälfte fertig umwickelt ist, die Prozedur bei der zweiten Hälfte wiederholen.
Anschließend die Ringe schließen. Nun mit einer Schere den Pompon entlang der Rille aufschneiden. Einen Faden durch die Rille führen und mehrmals um den Pompon wickeln. Die Enden verknoten und den Pompon-Maker entfernen. Danach den Pompon in Form schneiden.

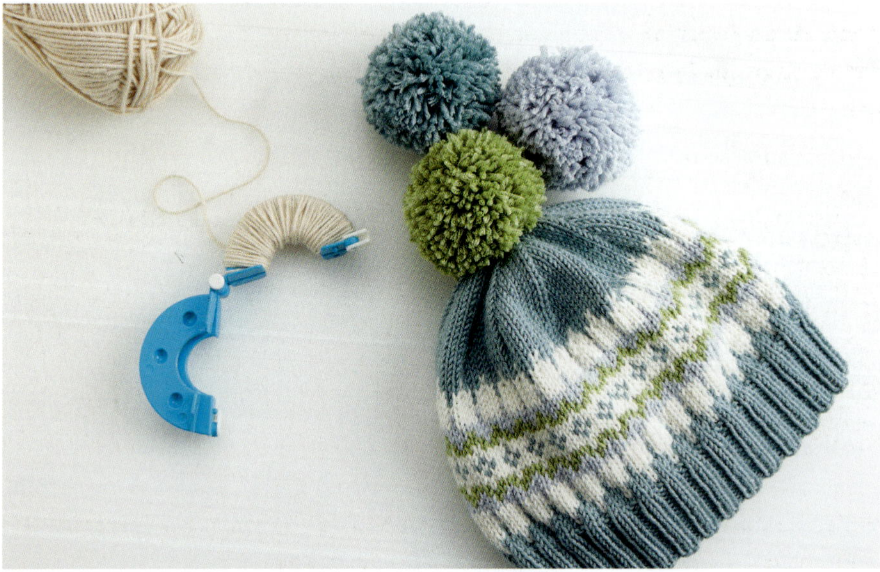

MIT ZWEI PAPPRINGEN

Ein Pompon kann auch ganz einfach mit Hilfe von zwei Pappringen gebastelt werden. Dazu zwei gleichgroße Ringe aus einer stabilen Pappe zuschneiden, eine Schblone findest du auf Seite 189.

Die Ringe übereinanderlegen, ein langes Stück Garn abschneiden und zu einem kleinen Knäuel aufwickeln. Nun das Garn um beide Pappringe wickeln. Dabei den Faden nicht zu festziehen. So lange Garn um die Ringe wickeln, bis das Loch ausgefüllt ist.

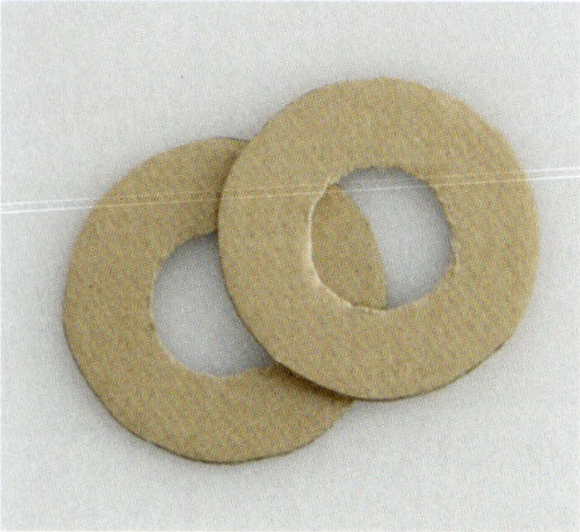
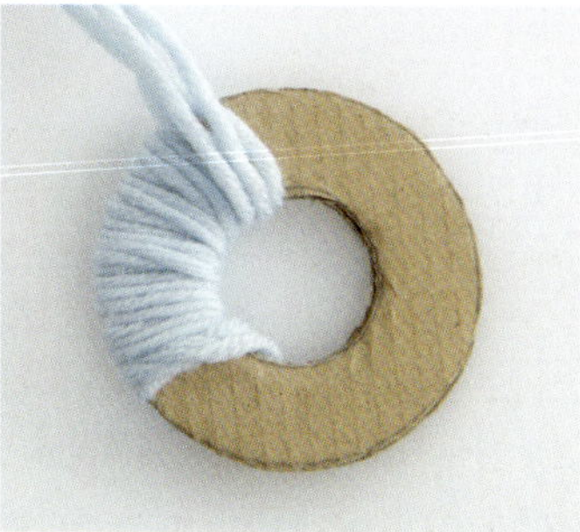
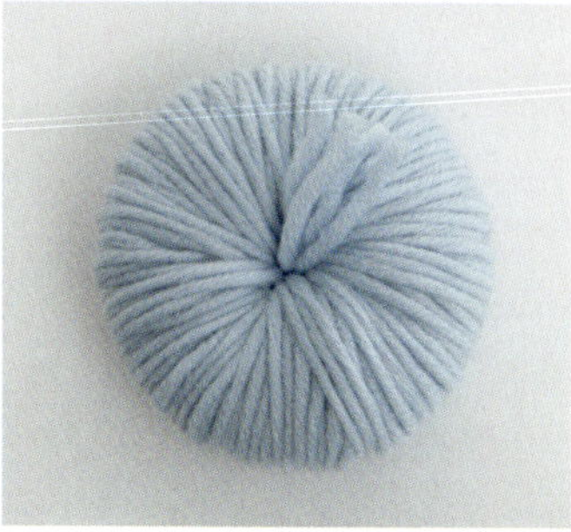

Den Pompon mit einer Schere zwischen den beiden Pappscheiben aufschneiden. Anschließend einen Faden zwischen den beiden Scheiben um den Pompon wickeln und die Enden verknoten. Die Pappringe auseinanderziehen und den Pompon in Form schneiden.

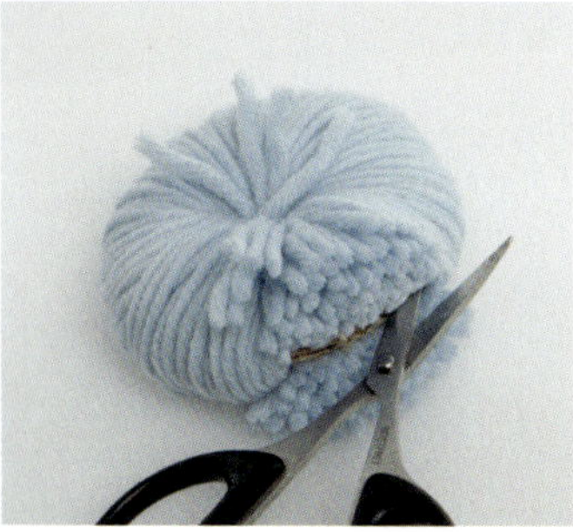
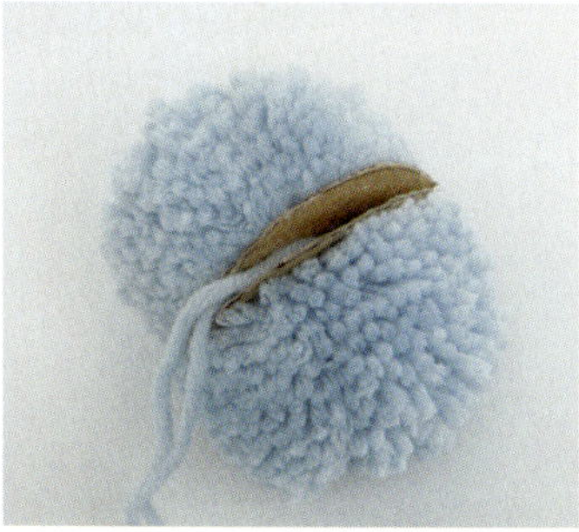
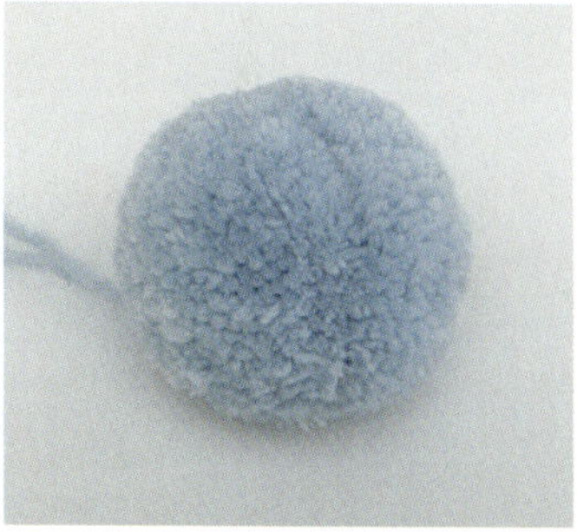

HINWEIS: Bei beiden Techniken hat der Außenkreis des Rings einen Durchmesser von 7 cm und der innere Kreis des einen Durchmesser von 3 cm.

FÄDEN VERNÄHEN

IM BÜNDCHEN

Mit dem Faden die kleine Lücke im Maschenanschlag schließen und anschließend in den linken Maschen der Rippe vernähen. Dabei immer eine Runde auslassen. Anschließend wenden und den Faden in die andere Richtung einweben. Noch einmal wenden und den Faden dicht neben der Rippe einweben. Darauf achten, dass er von der rechten Seite nicht sichtbar ist.

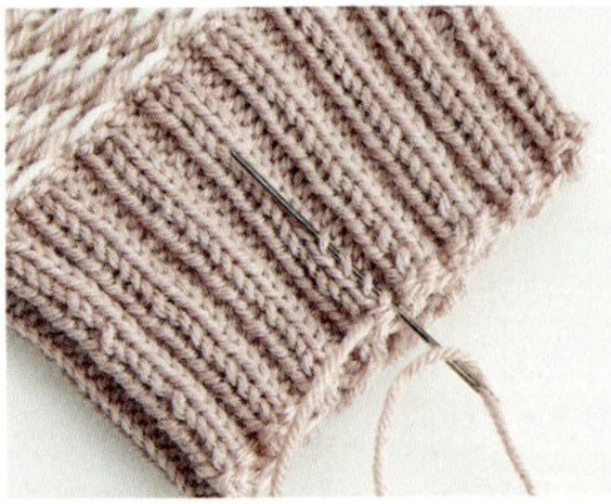
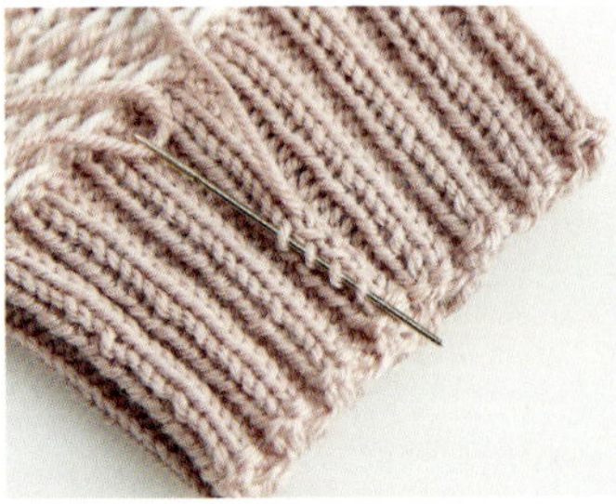
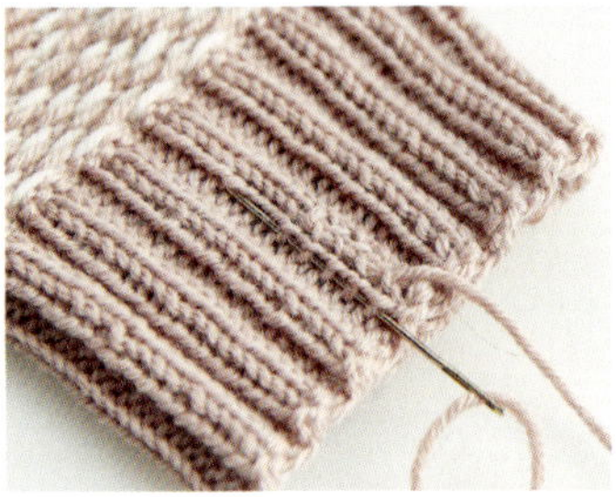

IM JACQUARDMUSTER

Den Faden möglichst in gleichfarbigen Maschen vernähen, damit er von der rechten Seite nicht sichtbar ist. Die Nadel durch die Schlaufe einer Masche führen, über den Faden der mitgeführten Farbe und anschließend wieder durch eine Masche. Diesen Vorgang so oft wiederholen, bis der Faden durch 4 bis 5 Maschen geführt wurde. Wenden und den Faden durch genauso viele Maschen in die andere Richtung vernähen. Noch einmal wenden und den Faden wie gehabt vernähen. Nicht zu kurz abschneiden.

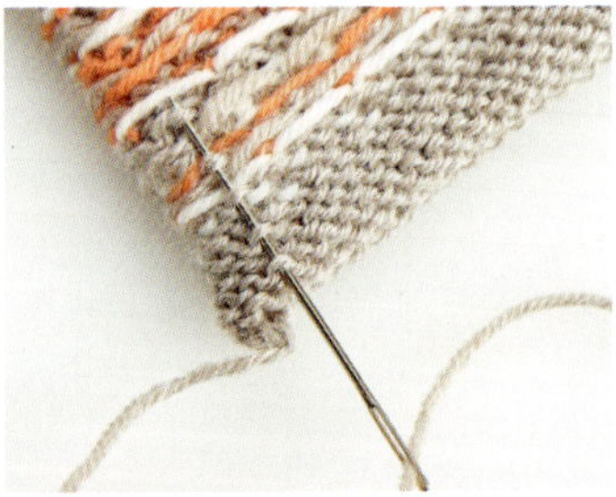
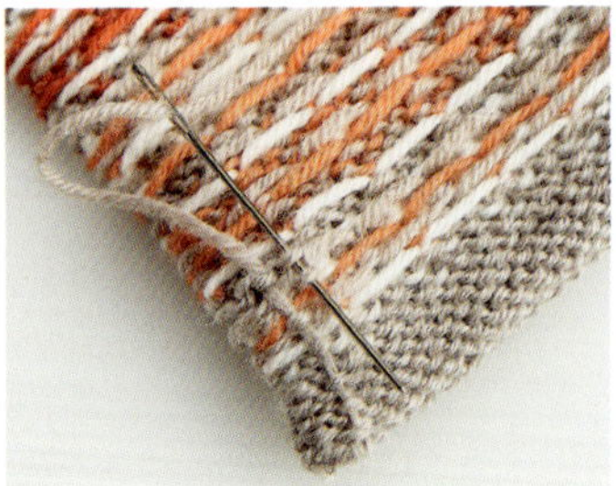

POMPON-SCHABLONE

Damit es mit dem Herstellen der Pompons etwas schneller geht, findest du hier eine Vorlage. Pause die Linien ab, übertrage sie auf Pappe, schneide die Form aus und schon kann es losgehen.

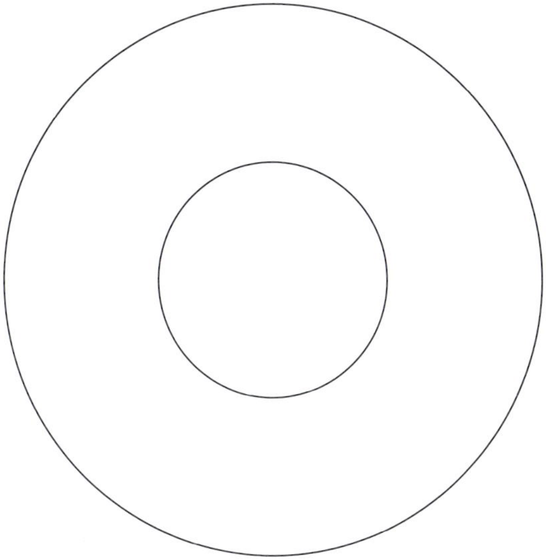

ABKÜRZUNGEN

abk = abketten
anschl = = anschlagen
arb = arbeiten
Fb = Farbe(n)
Hinr = Hinreihe(n)
LL = Lauflänge
M = Masche(n)
Nd = Nadel(n)
R = Reihe(n)
Rd = Runde(n)
Rückr = Rückreihe(n)
Spielnd = Spielnadel(n)
str = stricken
U = Umschlag
wdh = wiederholen

Buchempfehlungen für Sie

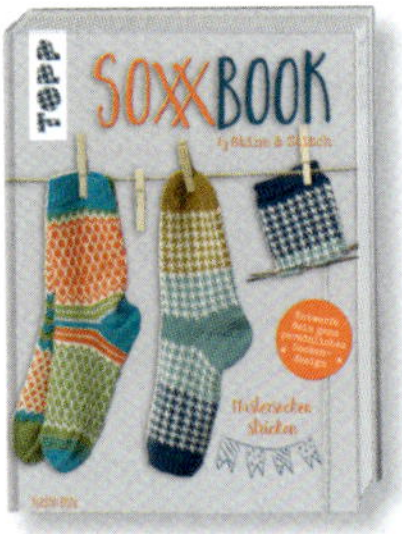

ISBN 978-3-7724-6495-9

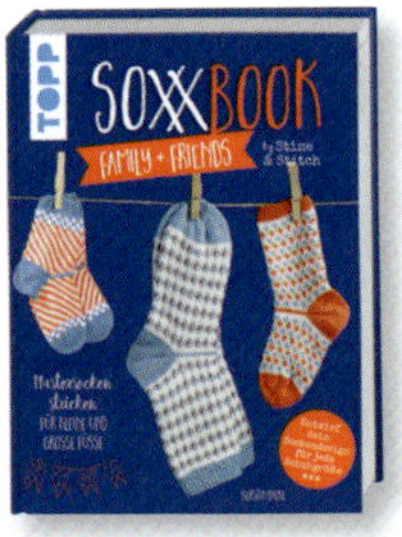

ISBN 978-3-7724-8136-9

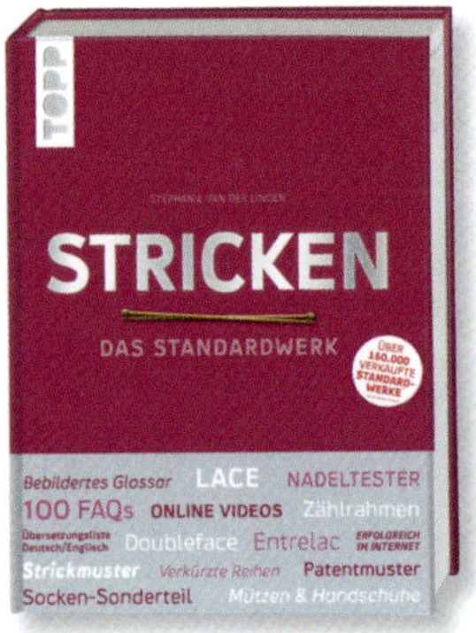

ISBN 978-3-7724-8122-2

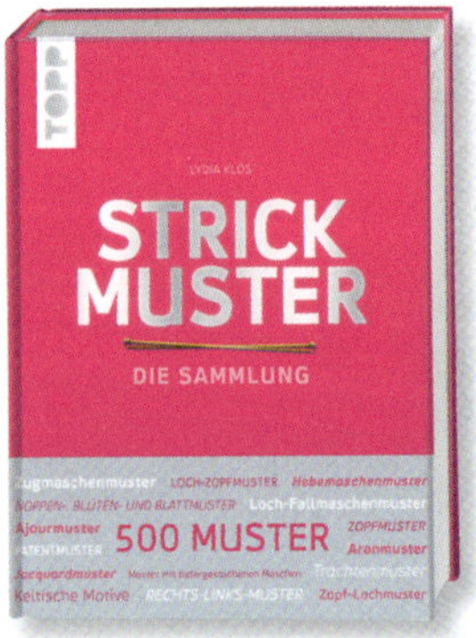

ISBN 978-3-7724-6480-5

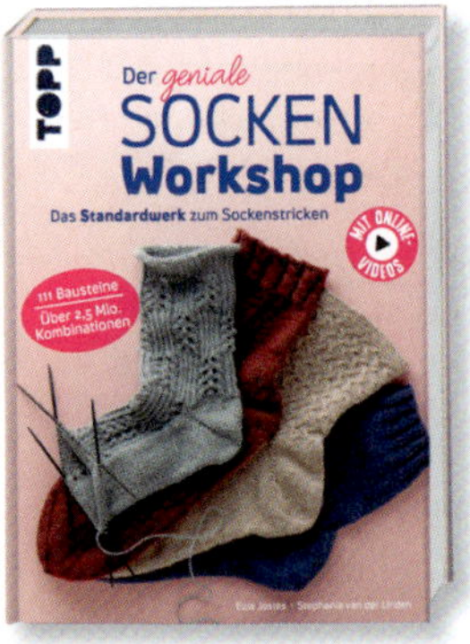

ISBN 978-3-7724-8151-2

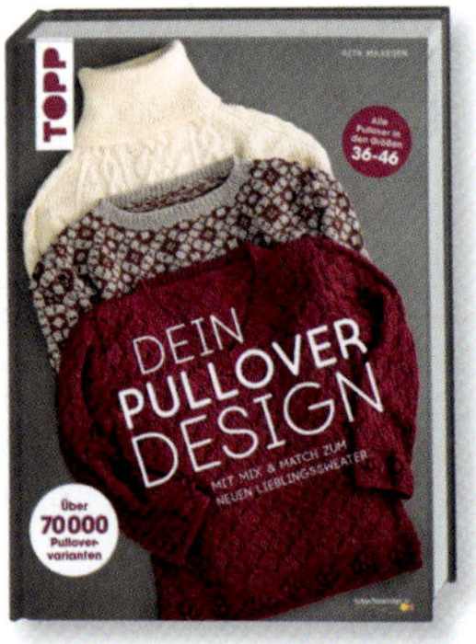

ISBN 978-3-7724-8113-0

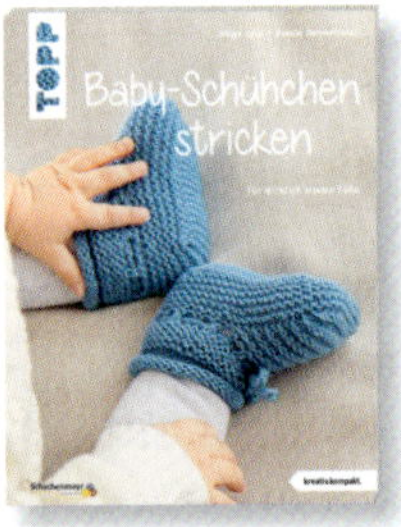

ISBN 978-3-7724-6838-4

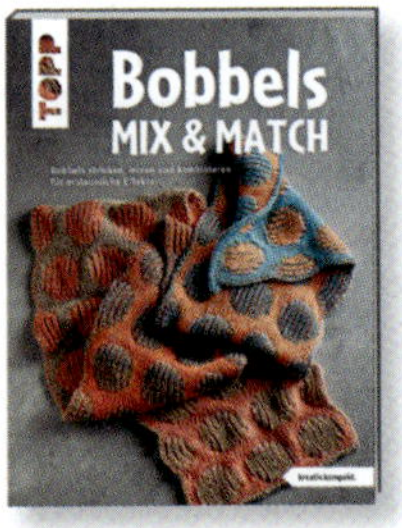

ISBN 978-3-7724-6828-5

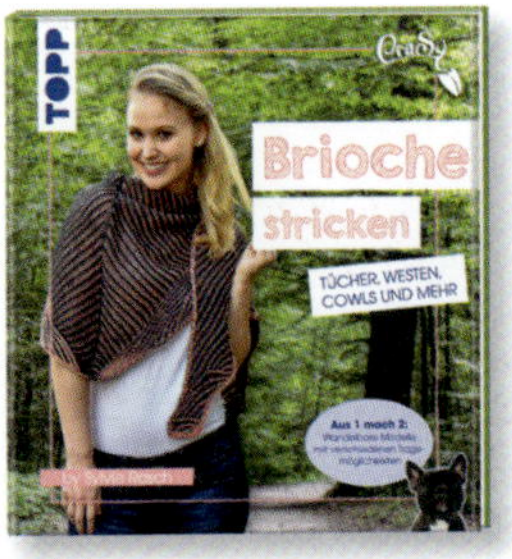

ISBN 978-3-7724-8161-1

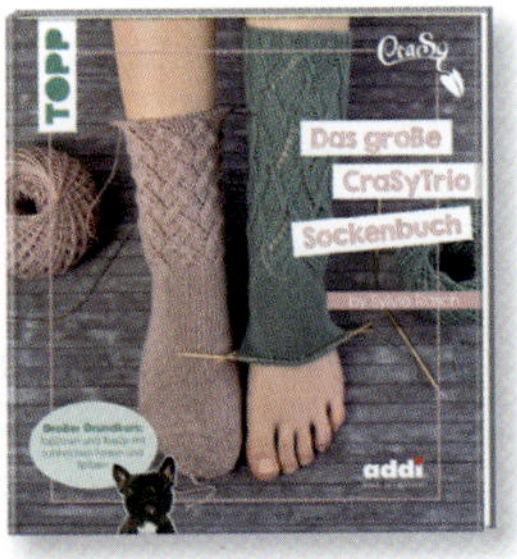

ISBN 978-3-7724-8160-4

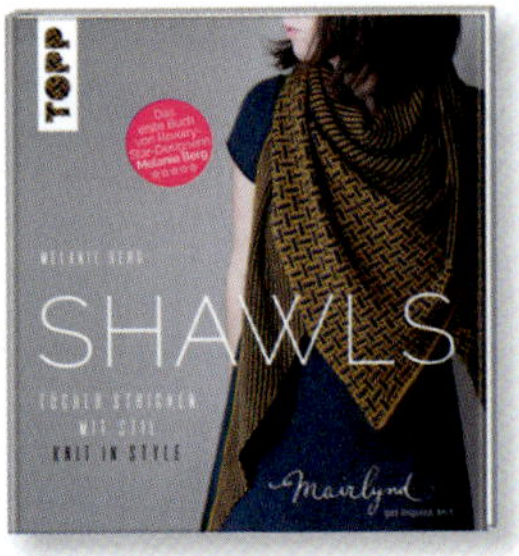

ISBN 978-3-7724-8140-6

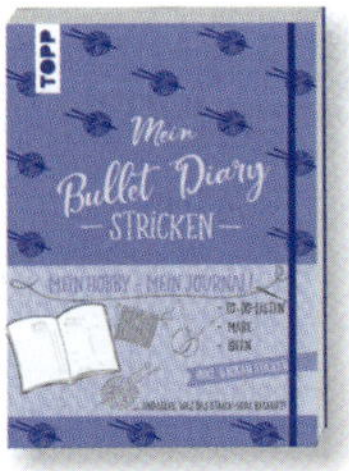

ISBN 978-3-7724-8149-9

Kreativ-Bücher finden Sie auf www.TOPP-kreativ.de

Weitere Ideen zum Selbermachen gesucht?

Lieblingsstücke von einfach bis einfach genial finden Sie bei TOPP! Lassen Sie sich auf unserer Verlagswebsite, per Newsletter oder in den sozialen Netzwerken von unserer Vielfalt inspirieren!

Website

Verlockend: Welcher Kreativratgeber soll es für Sie sein? Schauen Sie doch auf **www.TOPP-kreativ.de** vorbei & stöbern Sie durch die neusten Hits der Saison!

TOPP-Autoren

Sie wollen wissen, wer die „Macher" unserer Bücher sind? Wer Ihnen nützliche Tipps &Tricks gibt? Auf **www.TOPP-kreativ.de/Autor** warten jede Menge spannender Infos zum jeweiligen Autor auf Sie. Finden Sie heraus, welches Gesicht hinter Ihrem Lieblingsbuch steckt!

Facebook

Werden Sie Teil unserer Community & erhalten Sie brandaktuelle Informationen rund ums Handarbeiten auf **www.Facebook.com/Mitstrickzentrale**

Wer sich für Basteln, Bauen, Verzieren & Dekorieren interessiert, ist auf **www.Facebook.com/Bastelzentrale** genau richtig!

Pinterest

Sie sind auf der Jagd nach den neusten Trends? Sie suchen die besten Kniffe? Die schönsten DIY-Ideen? All das & noch vieles mehr gibt es von TOPP auf **www.Pinterest.com/Frechverlag**

Newsletter

Bunt, fröhlich & überraschend: Das ist der TOPP-Newsletter! Melden Sie sich unter: **www. TOPP-kreativ.de/Newsletter** an & wir halten Sie regelmäßig mit Tipps & Inspirationen über Ihr Lieblingshobby auf dem Laufenden!

Extras zum Download in der Digitalen Bibliothek

Viele unserer Bücher enthalten digitale Extras: Tutorial-Videos, Vorlagen zum Downloaden, Printables & vieles mehr. Dieses Buch auch? Dann schauen Sie im Impressum des Buches nach. Sofern ein Freischaltcode dort abgebildet ist, geben Sie diesen unter **www.TOPP-kreativ.de/DigiBib** ein. Nach erfolgreicher Registrierung erhalten Sie Zugang zur digitalen Bibliothek & können sofort loslegen.

YouTube

Sie wollen eine ganz neue Technik ausprobieren? Sie arbeiten an einem spannenden Projekt, aber wissen nicht weiter? Unsere Tutorials, Werbetrailer, Interviews & Making Of's auf **www.YouTube.com/Frechverlag** helfen Ihnen garantiert dabei, den passenden Ratgeber von TOPP zu finden.

Instagram

Sie sind auf Instagram unterwegs? Super, TOPP auch. Folgen Sie uns! Sie finden uns auf **www.Instagram.com/Frechverlag**

Möchten Sie uns an Ihrem Lieblingsprojekt teilhaben lassen? Am besten posten Sie gleich ein Foto mit dem Hashtag **#frechverlag** & wir stellen Ihr Werk gerne unserer Community vor – yeah!

Alles in einer Hand gibt's hier:

Kreativ-Bücher finden Sie auf www.TOPP-kreativ.de

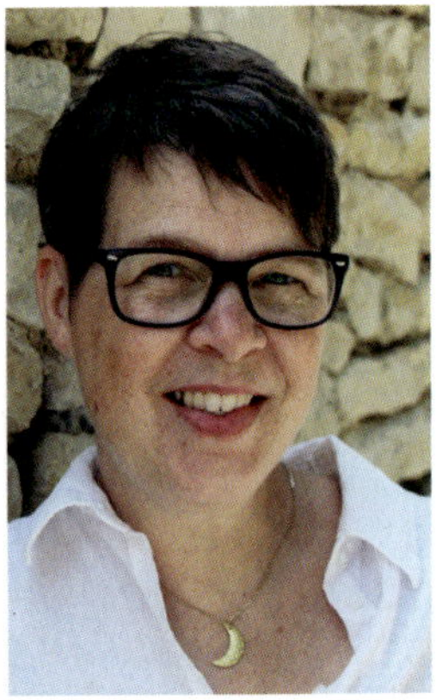

Kerstin Balke, auch bekannt unter dem Synonym Stine & Stitch, hat das Stricken im Alter von 6 Jahren von ihrer Oma gelernt. Pullover, Jacken, Schals, Mützen, Socken und sogar feine Tischdecken sind im Laufe der Jahre entstanden. Seit mehreren Jahren entwirft sie eigene Muster. Meist farbenfroh, manchmal auch ganz dezent, aber immer mit mehreren Fäden. Bei Instagram unter @stine_und_stitch zeigt sie ihre neuesten Entwürfe und gibt Tipps und Tricks rund ums Stricken. Nebenbei verkauft sie in ihrem Onlineshop (www.stineundstitch.de) Garne, Strickpakete und Zubehör. Mit ihrer Familie lebt sie zwischen Hamburg und Lübeck.

DANK

Vielen Dank an meine Familie: an Rieke, die sich für dieses Buch fotografieren ließ, an Nele, die mich schon so oft bei Computerproblemen gerettet hat, und an Olaf, der mir den Rücken freihält, wenn es bei mir mal wieder drunter und drüber geht.

Meine Probestrickerinnen sind immer ein wichtiger Teil meiner Bücher. Vielen Dank Andrea (@natuerlichkreativ), Barbara (@thoni_mara), Claudia (@reetselig), Isa (@luisa_wolkenschein), Kirsten (@knightlyart), Lydia (@lydiafisch), Sabine (@hexbexhamburg), Steffi (@lille_boat) und Svenja (@foerdefaden). Ihre Werke kann man bei Instagram bewundern.

Den Firmen Lang Yarns GmbH (www.langyarns.com), Lana Grossa GmbH (www.lana-grossa.de) und MEZ GmbH (www.schachenmayr.de) danke ich für die Bereitstellung der Garne.

DER CODE ZU FREISCHALTEN DER VIDEOS LAUTET: 17584

FOTOS: frechverlag GmbH, 70499 Stuttgart; lichtpunkt, Michael Ruder, Stuttgart

PRODUKTMANAGEMENT: Mareike Upheber

LEKTORAT: Regina Sidabras, Berlin

ILLUSTRATIONEN: Josy Jones Graphic Design & Illustrationen

GESTALTUNG: Petra Theilfarth

DRUCK: Drukarnia Interak Sp. z o.o.

1. Auflage 2019

ISBN 978-3-7724-8175-8 • Best.-Nr. 8175

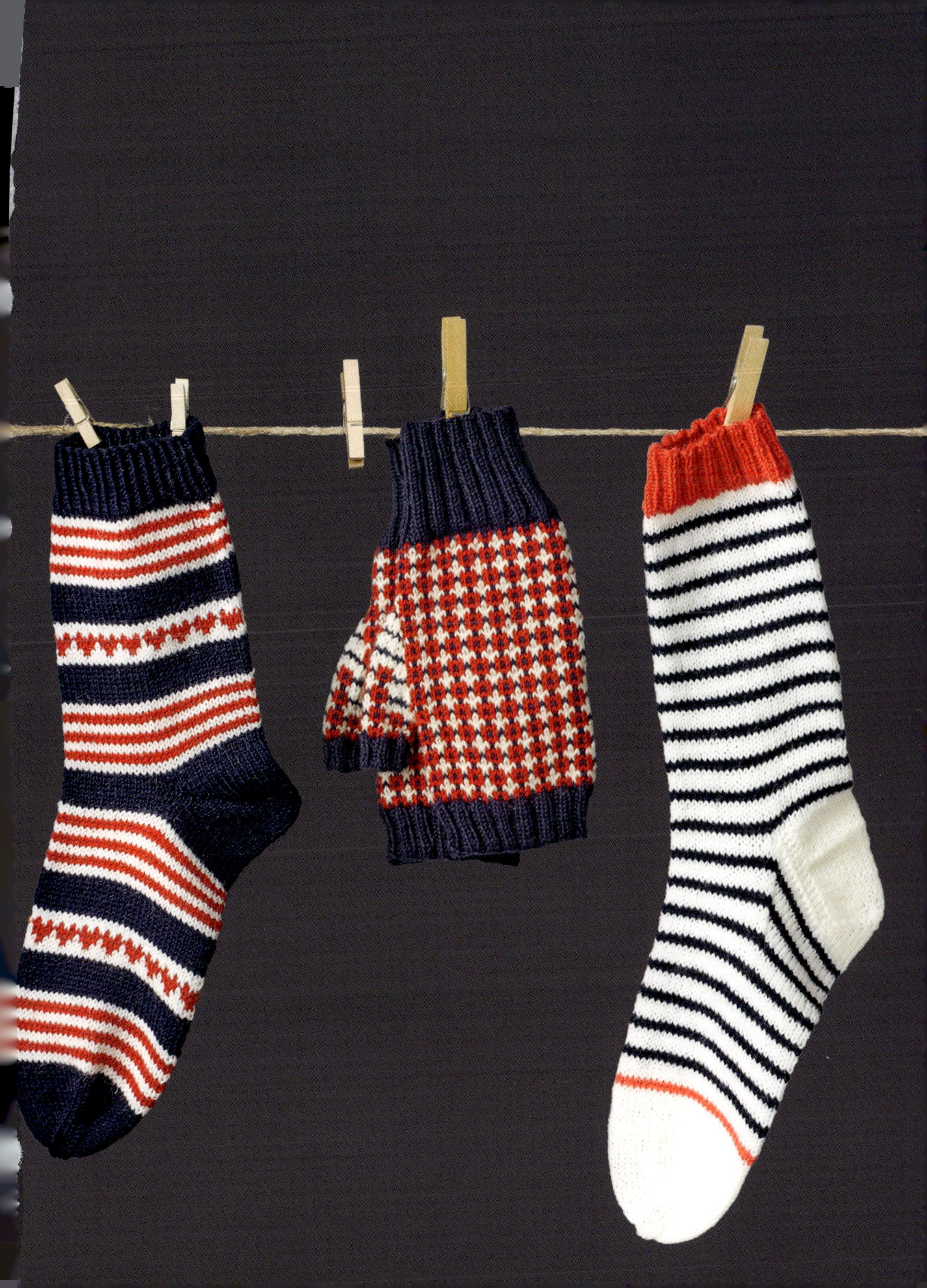

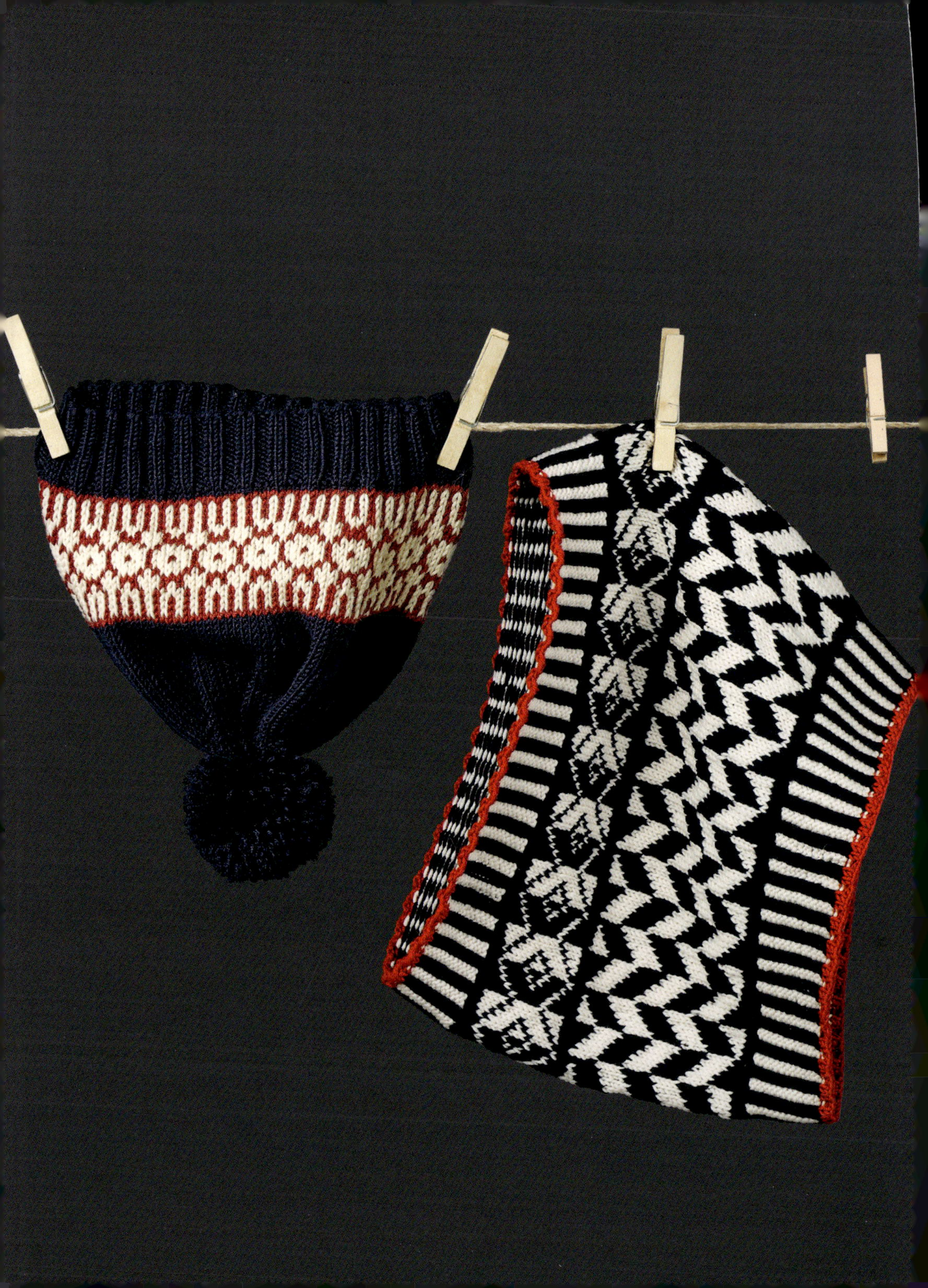